山大英烈

山东大学档案馆、校史办 编

赵 海 史永志 主编

山东大学出版社
SHANDONG UNIVERSITY PRESS
·济南·

图书在版编目(CIP)数据

山大英烈 / 山东大学档案馆、校史办编 ; 赵海，史永志主编. -- 济南 : 山东大学出版社，2025. 3.
ISBN 978-7-5607-8571-4

Ⅰ. K820.852.1

中国国家版本馆 CIP 数据核字第 20252NF590 号

策划编辑　董　戈
责任编辑　朱若翌
封面设计　王秋忆

山大英烈

SHANDA YINGLIE

出版发行　山东大学出版社
社　　址　山东省济南市山大南路 20 号
邮政编码　250100
发行热线　(0531)88363008
经　　销　新华书店
印　　刷　济南乾丰云印刷科技有限公司
规　　格　720 毫米×1000 毫米　1/16
　　　　　14.75 印张　279 千字　1 拉页
版　　次　2025 年 3 月第 1 版
印　　次　2025 年 3 月第 1 次印刷
定　　价　79.00 元

《山大英烈》编写组

主　　编　赵　海　史永志

副 主 编　路云生　苏红燕

编写成员　（以姓氏笔画为序）

于梦文　田雪华　史永志　孙　华　苏红燕

李　晨　杨　洁　初　桐　张　鹏　郑　毅

赵　海　耿德良　常　杰　楼蔚文　路云生

樊树娟

前　言

红色基因是中华民族的生命密码和精神纽带，红色基因传承是我国高校历史发展进程中的优良传统。习近平总书记反复强调，要用好红色资源，传承好红色基因。2022 年 4 月 25 日，习近平总书记在中国人民大学考察时强调，要加强校史资料的挖掘、整理和研究，讲好中国共产党的故事……激励广大师生继承优良传统，赓续红色血脉。

作为中国近代高等教育的起源性大学，创办于 1901 年的山东大学始终与国家和民族同呼吸共命运，具有光荣的革命传统，蕴含着深厚强大的红色基因，积淀形成了鲜明的办学特色和优良的办学传统。2014 年制定、2023 年修订并经教育部批准的《山东大学章程》中指出，山东大学以“为天下储人才，为国家图富强”为办学宗旨，以“学无止境，气有浩然”为校训，弘扬“崇实求新”的校风，践行“为国育贤”的理念，努力为实现中华民族伟大复兴和人类文明进步作出应有贡献。

在中华人民共和国成立 75 周年之际，为传承红色基因，赓续红色血脉，全面加强和推进百廿山大校史研究和利用，《山大英烈》选取了山东大学不同历史发展时期、不同发展阶段为中国革命和社会主义建设作出贡献的 38 位英烈人物，收集整理他们始终与国家和民族同呼吸共命运的英雄事迹，突出讲述英烈人物在山东大学时的英雄故事，凝练爱国报国精神，激励广大师生医务员工厚植爱国情怀、坚定理想信念、强化使命担当，团结凝聚全面图强精神力量。这 38 位英烈人物按照人物所处的时代划分为四个历史时期，分别是辛亥革命时期、中国共产党建党初期、抗日战争和解放战争时期、社会主义革命和建设时期，每个时期的英烈人物以其牺牲时间先后为序。这 38 位英烈人物中，有一颗红心忠勇为党的革命烈士刘谦初，有魂撼天地的抗日名将张自忠，有民主斗士和红色诗人闻一多，有为国尽忠的“两弹一星”元勋郭永怀，等等。

《山大英烈》采用以史纪事的方法，内容上以山东大学档案馆馆藏档案为基础，全面广泛地搜集资料，通过对资料的消化、吸收、整理和解读，力求客观、真实、准确地记录英烈人物的生平和英雄事迹，还原历史事实。同时，为了使读者更清晰地了解英烈人物所处的山东大学不同历史时期，本书于《前言》后附上山东大学历史沿革图，以供参考。

《山大英烈》的编写出版将进一步丰富山东大学校史研究内容，填补校史研究空白。通过对山东大学历史上英烈人物革命事迹的深入挖掘和整理，全面梳理山东大学校史上不同历史发展时期红色基因脉络，有利于进一步总结凝练山大精神谱系，充分发挥其存史资政、以文化人、以史育人独特价值。

《山大英烈》编写组

2024年10月

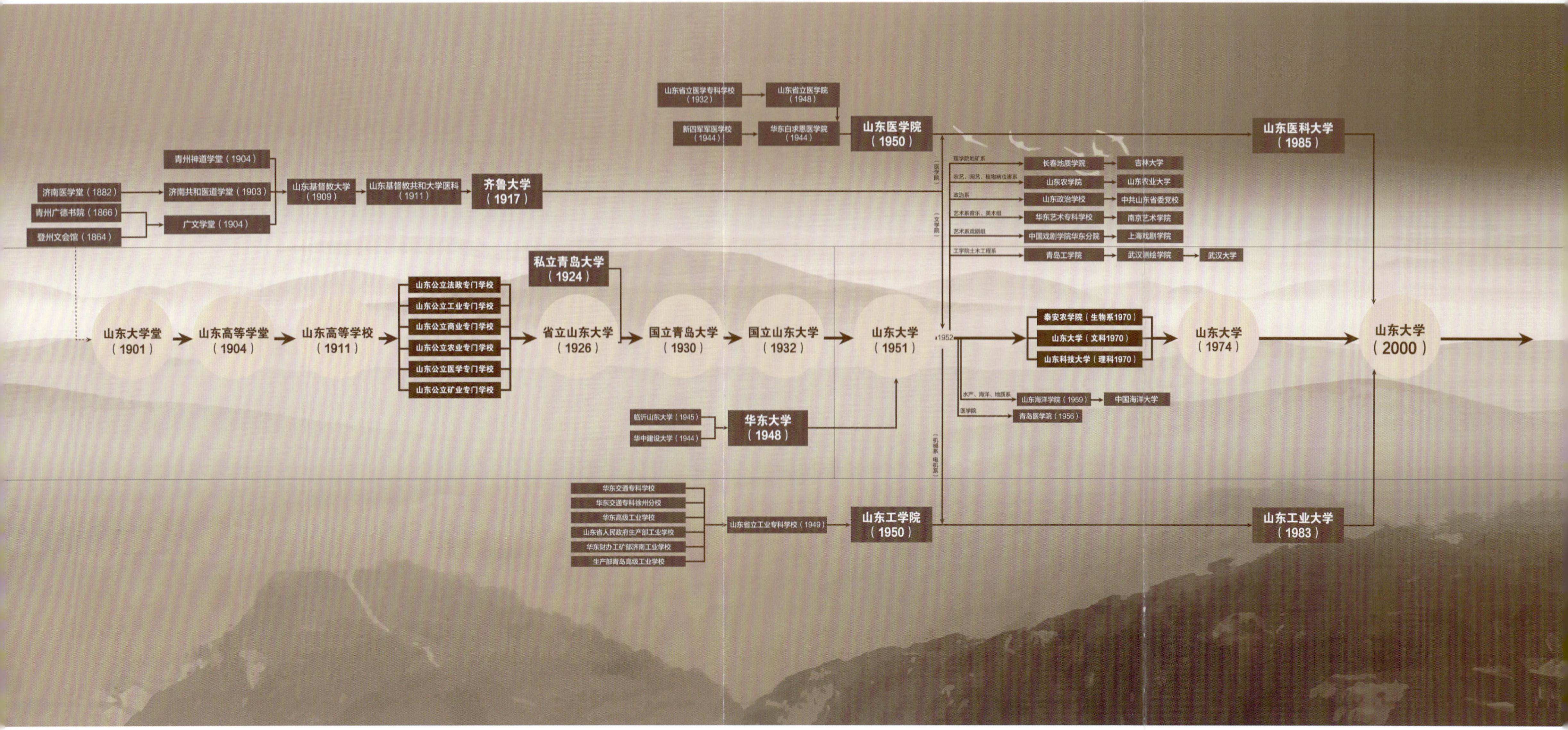

山东省立医学专科学校（1932）
山东省立医学院（1948）
新四军军医学校（1944）
华东白求恩医学院（1944）
山东医学院（1950）
山东医科大学（1985）
青州神道学堂（1904）
济南医学堂（1882）
济南共和医道学堂（1903）
青州广德书院（1866）
广文学堂（1904）
登州文会馆（1864）
山东基督教大学（1909）
山东基督教共和大学医科（1911）
齐鲁大学（1917）
（医学院）
（文学院）
理学院地矿系
长春地质学院
吉林大学
农艺、园艺、植物病虫害系
山东农学院
山东农业大学
政治系
山东政治学校
中共山东省委党校
艺术系音乐、美术组
华东艺术专科学校
南京艺术学院
艺术系戏剧组
中国戏剧学院华东分院
上海戏剧学院
工学院土木工程系
青岛工学院
武汉测绘学院
武汉大学
私立青岛大学（1924）
山东公立法政专门学校
山东公立工业专门学校
山东公立商业专门学校
山东公立农业专门学校
山东公立医学专门学校
山东公立矿业专门学校
山东大学堂（1901）
山东高等学堂（1904）
山东高等学校（1911）
省立山东大学（1926）
国立青岛大学（1930）
国立山东大学（1932）
山东大学（1951）
1952
泰安农学院（生物系1970）
山东大学（文科1970）
山东科技大学（理科1970）
山东大学（1974）
山东大学（2000）
水产、海洋、地质系
山东海洋学院（1959）
中国海洋大学
医学院
青岛医学院（1956）
临沂山东大学（1945）
华中建设大学（1944）
华东大学（1948）
（机械系 电机系）
华东交通专科学校
华东交通专科徐州分校
华东高级工业学校
山东省人民政府生产部工业学校
华东财办工矿部济南工业学校
生产部青岛高级工业学校
山东省立工业专科学校（1949）
山东工学院（1950）
山东工业大学（1983）

山东大学历史沿革图

目 录

辛亥革命时期

中国共产党建党初期

抗日战争和解放战争时期

社会主义革命和建设时期

辛亥革命时期

舍身向革命　从来是先锋

——丛琯珠烈士

从氏一族自古就是文登望族，出过许多名人，其中就有近代牺牲于辛亥革命的“一门三烈”——丛琯珠、丛琦珠、丛环珠三兄弟。1912年，丛琯珠三兄弟一心报国、投身革命，组织领导了文登光复，但他们的革命行为遭到顽固势力的疯狂反击，最终丛氏三兄弟在与封建势力的武装斗争中英勇捐躯。

丛琯珠(1878—1912)，字燮臣，山东文登人，辛亥革命烈士。1902年，考入山东大学堂师范馆。1903年，作为清政府选派的学子赴日本留学。1905年，在日本加入同盟会。1911年，回国后参与山东独立运动。山东独立运动失败后返回家乡文登，领导文登独立运动，建立文登临时军政分府。1912年2月9日在与反革命武装斗争中不幸牺牲。

勤学苦读　弱冠入泮

丛琯珠1878年出生于山东文登县北宫村(今属文登区天福街道)。其父丛麟洲文化程度不高，遇有重要事务，还得求助于人，常常受奚落。因此，丛父在家设立私塾，请先生教育子女，决心培养下一代。丛琯珠与兄弟丛琦珠、丛环珠以及丛禾生、丛哲生等同姓子弟一同就读于家塾。丛琯珠勤学苦读，后与丛琦珠、丛禾生一同考中秀才，传为佳话。他生性豪爽果敢，曾对人说：“我平生无他长，惟事无巨细，勇往直前，成败得失，在所不计。”

赴日留学　忧国忧民

1901 年，袁世凯上书朝廷奏请兴建山东大学堂。1902 年，山东大学堂增设师范馆。同年秋，丛琯珠考入山东大学堂师范馆，并于第二年春被清政府选派赴日本留学。他在日本同文书院学习两年后进入早稻田大学，学习政治、经济。当时甲午战争刚刚结束，清政府内外交困。丛琯珠在日本留学期间看到日本民富国强，更加为孱弱的祖国而焦灼不安。他每次给朋友或家人写信，一定会谈论国事，常常写着写着就声泪俱下。读书期间，丛琯珠广泛联络海外志士，并鼓励其弟丛琦珠、丛环珠到日本留学。1905 年，孙中山在日本组织同盟会，丛琯珠积极加入，致力于革命。

投身革命　英勇捐躯

1911 年，丛琯珠学成回国。不久，武昌起义爆发，丛琯珠急忙奔赴济南，多次面见山东巡抚孙宝琦，向他宣传革命思想，促使其于 11 月 3 日宣布独立。但孙宝琦与袁世凯及清朝实权派庆亲王奕劻都有亲缘，私交很好，不可能真心支持革命。11 月 24 日，孙宝琦出尔反尔，宣布取消山东军政府，搜捕革命党人，山东独立运动宣告失败。丛琯珠被迫返回家乡，为再次起义做准备。途经烟台时，丛琯珠与留日同学徐镜心、于镛等北部共和促进会领导人相见。他们商定由丛琯珠先回文登为发动起义做准备工作。

12 月初，回到家乡的丛琯珠联络了丛琦珠、丛环珠等新学界 128 人，于 1912 年 1 月 18 日夜攻入文登县署，驱逐县吏岳宝树，宣布建立文登革命军政分府，丛琯珠被选为民政长。革命军政分府成立后，实行民主管理，公布库余，清理积案，持平诉讼，扩建新学，提倡工商，赈济饥民。半个月左右，各方面秩序井然，社会稳定。

革命政权的建立，引起了封建顽固势力的无比仇恨。1 月 27 日，受烟台军政府委派，左雨农来文登募捐北伐款项。他先以红帖邀请当地豪门富户，全部遭到拒绝，接着采取强硬手段，发拘票传押，强令捐款，引起城内绅商的不满。清朝文登籍旧势力利用这一矛盾，散布谣言，召集土商官绅、地痞流氓，蒙骗不明真相的群众，策划发动复辟武装叛乱，并于 2 月 8 日包围了文登城。革命军政府很多人主张武力解决，但丛琯珠等认为群众大多是受蛊惑蒙蔽的，应积极疏导，不能直接用武力，于是一方面派刘维信赴烟台求援，另一方面派林基逵和林均宝叔侄二人出城交涉。结果，三人均被杀害。

复辟势力封锁了文登城西、城南两门，在东门进行火攻（文登城无北门）。

在内无兵力、外无援军的严峻形势下，丛琯珠和丛琦珠等人于 2 月 9 日夜由城西门突围，慌乱中兄弟失散。丛琯珠走到城西北处胡家庄一带被捕，当场遭乱棍打死，又被棉布缠尸，浇煤油焚烧，尸骨无存，年仅 34 岁。

参考文献

1.威海市博物馆编:《威海民国人物》,北京:国家图书馆出版社,2011 年。

2.山东省政协文史资料委员会编:《辛亥革命在山东——纪念辛亥革命八十周年》,济南:山东人民出版社,1991 年。

余固不惜死　唤醒梦中人

——王以成烈士

1912年2月14日，诸城起义失败，王以成被俘。但即使面临死亡，他也没有放弃自己的信念。他临难不畏，凛然疾呼："速倒尔戈，共图富强。不然，余固不惜死也，天下党人，滔滔皆是，均能继续革命，独不能杀汝辈乎！"话语未毕，壮烈殉难。

王以成（1877—1912），字箫九，山东海阳人。他从小勤奋好学，虽生在官宦世家，却弃浮华、绝权欲，关注国家命运。1898年考入登州文会馆，1903年留学日本，在日本留学期间与同盟会创始人之一丁惟汾结识，成为密友，后经丁惟汾介绍加入同盟会。1912年，王以成率领革命军发动诸城起义，兵败牺牲。

早期经历和学业

王以成1877年出生于山东省海阳县（今海阳市）磐石店村一个在当地享有盛誉的名门望族。王以成的家族历来重视文化教育，这种背景为他的成长提供了良好的教育环境和文化熏陶。

王以成21岁时以优异的成绩考入了登州文会馆。在这里，他不仅汲取了丰富的知识，还培养了自己对国家命运的深切关怀。他心中萌发的强烈革命情感在他的诗中得到了生动的表达，"箫声夜半惊残云，九州梦中醒睡人"。这些诗句不仅抒发了他卧薪尝胆的壮志雄心，还体现了他投身革命、振兴中华的决心。之后，王以成加入青岛工部局学习绘图。

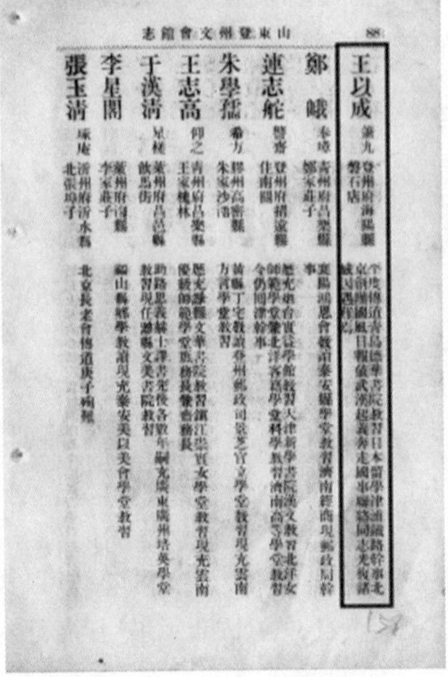

山东省档案馆藏登州文会馆毕业生名单

1903 年，王以成东渡日本，就读于工手学校，专门学习土木工程专业。在赴日深造期间，王以成并未忘记祖国沉沦的景象。那时的日本是众多中国青年追求新知识和接触新思想的地方。王以成在异国他乡的求知旅途中不仅汲取了现代科学技术知识，更重要的是，他开始接触新思想并思考国家的未来与民族的命运。他专攻土木工程，磨炼了自己的技术与策略思维，并在此过程中结识了志同道合的革命友人丁惟汾。此时，孙中山于日本东京成立中国同盟会，广集革命人才。王以成经丁惟汾推荐，加入了中国同盟会，正式走上了反清救国的道路。

1908 年，在充实的日本留学生涯之后，王以成带着新知和革命梦想以优异成绩返回了祖国。他凭借扎实的专业知识和超群的技术能力，获得了津浦铁路工程师的职位。在那个铁路建设被视为国家现代化标志的年代，王以成凭借对桥梁学的精通，为中国铁路事业的发展作出了贡献。

1909 年，清政府明知法国人吞没公款却不追究，王以成深刻地感受到了清政府官僚体系的腐败与无能，于是毅然辞去了铁路工程师的职务。辞职后，王以成并未放弃自己的学术追求和政治抱负，继续投身于著书和革命宣传工作。他撰写了《论铁路工程》和《论铁路测量》两本专业书，旨在传播铁路工程知识，提高国人对现代交通建设的认识。

1910年，王以成赶赴北京，担任《国风日报》的编辑。他利用这一阵地批评时政，宣传革命思想，唤醒民众意识。后来报馆被清政府查封，王以成认识到笔杆子并不足以改变国家命运，于是弃笔从戎，以实际行动推动革命事业。

辛亥革命与诸城起义

1911年10月10日，武昌起义爆发，各省相继响应。王以成奔走于天津、济南、青岛、安丘、乐陵、寿光、广饶、临淄等地，联络王长庆（王永福）、邓天乙（邓振德）等数十人，组建民军，计划光复胶东诸县。后来，即墨、高密等地起义受阻，王以成于是决定进攻诸城。

1912年2月1日，身为民军司令的王以成率领数百人，从安丘进攻诸城。他们臂裹白布，使用土枪古炮，英勇奋战，一举攻占诸城城北五里堡，逼近县城。清兵撤退，知县吴勋逃匿天主教堂。革命军开仓放粮，救济贫苦百姓，赢得了民心，扩大了革命的影响力。

王以成不仅参与战略策划，更亲赴前线与清军展开直接对抗。王以成的这段经历，不仅是他个人革命理想的生动体现，而且是中国近代史上推翻封建统治、争取民族独立和自由民主的重要篇章。他的名字与辛亥革命紧密相连，成为那个时代革命英烈的象征之一。

王以成原本希望获得外援，但未能如愿。然而城外清兵却将枪弹藏在高粱秆中，伪装成卖柴，成功运入城内，同时沂州巡防营出兵反攻。最终，在清兵的内外夹击之下，诸城起义失败。

女儿王隽英

王以成生前留下诗作《箫九箴女》："俊杰英豪，壮志凌空，允文允武，矢勤矢忠。"还将女儿的名字"隽英"嵌入诗句，"隽笔绘宏图，英才绣锦程"。这不仅是对幼女王隽英的勉励，更凝聚了他对女儿的殷切期望。

王以成的女儿王隽英

王以成去世后，年仅4岁的王隽英被丁惟汾收为义女。她先后就读于烟台毓瑛小学和真光女中，后进入燕京大学深造，毕业后公费留学美国，就读于密歇根大学，获得教育硕士学位。在燕京大学就读期间，她编写了《伟伟华夏》三辑（《物华天宝》《人杰地灵》《励精图治》），由中华书局出版，展现了对祖国的深情厚谊。

王隽英历任四川教育学院教授、国立社会教育学院教授、沙滋区女青年联谊会理事长、山东旅京妇女教育促进会理事长、国民参政会参政员、中国国民党中央执行委员会候补委员等职，曾获“品学兼优，政教并茂”之誉。

王隽英的丈夫丁观海也是一位学术造诣高深的教育家，20 世纪 30 年代从美国学习归国后曾在山东大学任教。丁观海在山大任教期间，王隽英是山东大学的旁听生，兼任图书馆管理员。

王隽英夫妇都有着很高的学术造诣，同时注重培养子女，他们的儿子丁肇中成为 1976 年诺贝尔物理学奖获得者，也是第三位华裔诺贝尔奖得主。

参考文献

1.山东省政协文史资料委员会编：《辛亥革命在山东——纪念辛亥革命八十周年》，济南：山东人民出版社，1991 年。

2.徐友春主编：《民国人物大辞典》，石家庄：河北人民出版社，1991 年。

3.顾迈南：《丁肇中》，北京：新华出版社，2002 年。

4.山东省档案馆馆藏档案，档号：J109-01-0306-022、J109-01-0446-002。

铮铮铁骨志　视死如归期

——张同普烈士

1912年9月22日，张同普被押往刑场。张同普面无惧色，沿途之中，滔滔不绝地向群众高声演讲，揭露袁世凯的独裁罪行，宣传革命。群众对此无不动容。

张同普（1890—1912），山东潍县人。辛亥革命先驱，中国近代民主革命家。1905—1908年，求学于广文大学（齐鲁大学前身）。1907年，加入同盟会，在广文大学成立中国同盟会小组。武昌起义后，被推举为潍县代表赴上海参加十七省代表会议。1912年，张同普被黄兴委任为鲁东革命军支队司令，组织反对袁世凯专制独裁运动，为掩护战友脱险被捕，壮烈牺牲。

出身名门　家庭开明

张同普幼年时期随父亲张连元居于潍县城东乐道院北村。张连元曾在潍县乐道院参与创办广文书院，管理图书数十年。他与妻子孙志贞在乐道院附近的虞河边栽植葡萄，学习酿酒技术，开办了一个小型葡萄酒作坊和马车店。家庭生活富裕后，张连元出资在潍县东关外创办养正小学。张同普在校读书时，痛心于清政府腐败无能，积极寻求救国之道，认识到只有彻底推翻清朝专制政府，实行民主革命，才能拯救中国。此时，孙中山以“驱除鞑虏，恢复中华，建立民国，平均地权”为革命宗旨，在日本东京创建了革命组织中国同盟会。1905年，张同普在广文大学读书时结识了就读于文美女子学校的何纫秋，二人倾心相交。1909年，张同普与何纫秋结为连理。

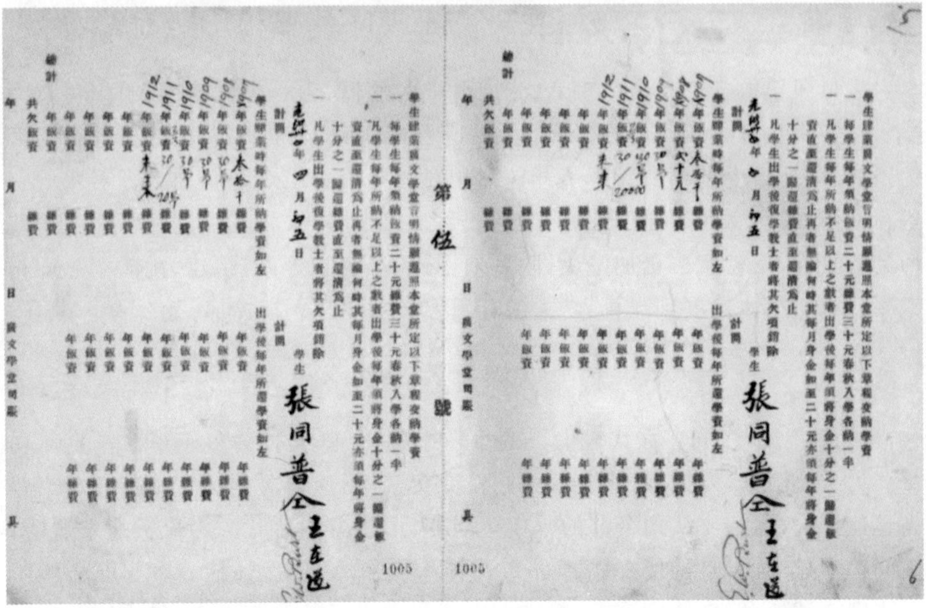
第伍號
張同普
1005
1005

山东省档案馆藏张同普缴纳学费证明

年少有为　入同盟会

1907年，在广文大学求学的张同普加入了中国同盟会，并与安丘的秦文斌、曹志新及临朐的张延禄等成立中国同盟会小组，开始秘密宣传革命思想。他们的活动范围由潍县逐渐扩展到昌乐、安丘、昌邑、诸城、寿光、广饶、高密等地，对昌潍一带的民主主义运动产生了极大影响。1911年10月10日，辛亥革命在武昌爆发，湖北、湖南、陕西、甘肃、山西、贵州、江苏等省纷纷响应，宣告独立，在山东省内，烟台、诸城等城市也先后宣布独立。张同普、郭恩敷、程瞿梅、郭柏民、张永和等人敦促驻潍陆军第五师标统马良宣告独立，马良以势孤为由拒绝。在此形势下，潍县的中国同盟会会员先后到诸城、高密、烟台及省城济南参加革命活动。武昌起义成功后，张同普作为潍县代表，于1911年12月下旬赴上海参加十七省代表会议。会上，他宣讲了革命军北上、山东如何策应等问题，受到孙中山的重视。会后，孙中山专门会见张同普，并鼓励他前往南京，参加山东北伐革命军。1912 年 1 月 11 日，张同普等在南京加入革命军，随部北上徐州，恰巧这时烟台革命军起义，张同普又奉命绕道上海，经水路到达烟台，随军转战登州、黄县等地。在胶东一个多月的斗争中，他经常深入敌后，组织革命力量，曾六次遭到清军追捕，他都机智脱险。

思想先进　组织讨袁

袁世凯窃取辛亥革命果实后，张同普极为愤慨，于是来到济南，组织讨袁力量。在济南军官学校，张同普对袁世凯迫害革命党人、排斥进步力量等行为大为不满，联络数十名革命骨干展开针锋相对的斗争。山东都督周自齐对张同普进行劝阻，见无效后，唯恐连累自己，下令逮捕张同普，将其押送回乡。张同普回到潍县后，反袁意志更加坚决，联系刘德铭、秦明堂等人，组建"桃园军"(即讨袁军之意)，很快发展到数百人，并在青州宏文书院设立指挥部。

不幸被捕　英勇就义

1912 年夏，张同普派代表前往南京，黄兴委任张同普为鲁东革命军支队司令。为扩充力量，筹措武器装备，张同普变卖家产，从青岛购买了枪支。正当势力迅速扩大之际，支队司令部的曾广生叛变，形势急剧恶化。为掩护战友脱险，张同普不顾劝说，坚持留在指挥部布置转移工作，后不幸被捕。军阀靳云鹏听说张同普被抓，即命押往济南，并亲自出面利诱张同普改变立场，但张同普不为所动，痛斥袁世凯专制独裁，还劝说靳云鹏"不要为虎作伥"。在袁世凯的指使下，靳云鹏下令判处张同普死刑。9 月 22 日，张同普在被押往刑场的路上面无惧色，滔滔不绝地向群众高声演讲，揭露袁世凯的独裁罪行，宣传革命。群众对此无不动容。刑场上，张同普高声怒斥袁世凯，英勇就义，年仅 22 岁。

参考文献

1.陈瑞曾、穆锡罡:《辛亥革命英烈张同普及其遗孀何幼秋》,《春秋》2011 年第 3 期。

2.山东省档案馆馆藏档案，档号:J109-04-0284-002。

毅魄归来日　空际看灵旗

——秦明堂烈士

1912年，徐州古城烽火连天。一股浓烈的硝烟味弥漫在空气中，天空被战火染红，地面上则是一片泥泞不堪的景象。在停战的间隙，一支疲惫的义军队伍在缓缓行进，军需官秦明堂的小腿刚刚在战斗中被爆裂的弹片刺伤，一股温热的血还在往外涌，黏在他的裤腿上。他一瘸一拐地往前走，感到又困又冷。但18岁的他已经习惯了这样的场面。

秦明堂(1894—1913)，山东安丘人。1908年入潍县广文学堂学习，1911年转入安丘中学，同年加入中国同盟会。武昌起义成功后，在安丘中学联络同志共赴青岛，随赵魏、邓天乙等一同起义。后来，与邓天乙等人光复诸城。不久赴徐州任义军军需官，部队遣散后赴济南，于山东高等学校修学。1913年，二次革命爆发，联络革命党人赴青州策划陆军独立运动。后赴寿光，途中不幸被捕，英勇就义。

无名少年　心怀远方

秦明堂出生于山东的一个小村庄，家境贫寒，但他从小就展现出了非凡的才华和坚强的意志，学会了坚韧和勇敢，对国家的命运与前途十分关心。小时候，秦明堂就喜欢听父辈们讲述关于国家命运的故事，对于中国的未来充满了向往和憧憬。他立志要成为一个有用之才，为国家的繁荣昌盛贡献自己的力量。

在家庭的支持和鼓励下,秦明堂勤奋好学,成绩优异。1908 年,年仅 14 岁的他踏入潍县广文学堂的校门,开始了他的异地求学之旅。他在学堂里刻苦钻研,初步接受了进步的思想,渴望改变家庭的贫困命运,更渴望担起扶危济世的责任。武昌起义烽火的燃起,更加激起了他内心对国家命运的关注。他性格坚毅,领导才能和组织能力出色,成为同学们眼中的楷模和领袖。

烽火聚义　革命召唤

1911 年春,因鼠疫广文学堂停课,秦明堂转入安丘中学。每谈国事,他都悲惋慷慨,常常说要牺牲自己以救国家。不久,他加入中国同盟会。

恰逢此时,武昌起义的消息传来,震动了整个中国。秦明堂心中的梦想被迅速点燃,他义无反顾地投身于革命的洪流之中。此后一段时间里,他随叔父秦文彬、哥哥秦华堂,在广文学堂组织大汉共和学生团,联络各处学生,准备响应革命。在安丘中学,他组织同学们传阅革命书籍,宣传革命思想,激发了同学们的民族自尊心和爱国热情。

1912 年 1 月,赵魏、邓天乙两人在青岛揭竿而起。秦明堂闻讯,立即带领同学前往青岛加入战斗。在并肩战斗中,他与赵魏、邓天乙等人成为肝胆相照的同志。不久,赵魏牺牲在青州。顾不得悲痛,秦明堂与邓天乙怀着义愤,与义军一同克复诸城。城破,秦明堂大腿被炸弹炸伤,回家后,怕母亲知道伤心,谎称大腿生疮流血。

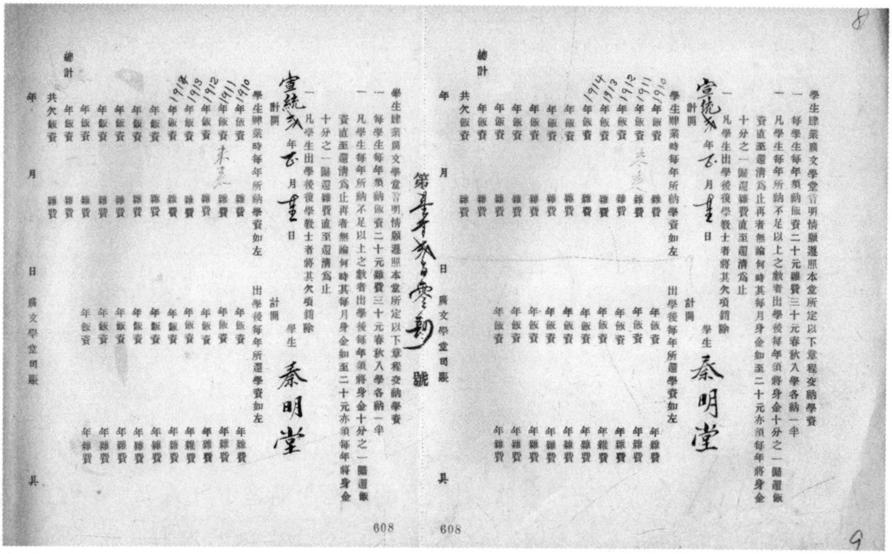
學生肄業廣文學堂皆明情願遵照本堂所定以下章程交納學費
一 每學生每年須納飯費二十元雜費三十元春秋入學各納一半
一 凡學生每年所納不足以上之數者出學後每年須將身金十分之一歸還飯費直至還清爲止再者無論何時其每月身金如至二十元亦須每年將身金十分之一歸還雜費直至還清爲止
一 凡學生出學後復學教士者將其欠項銷除
宣統貳年正月十二日
計開　學生　秦明堂
學生肄業時每年所納學費如左
年飯費　雜費
年飯費　雜費
年飯費　雜費
年飯費　雜費
年飯費　雜費
年飯費　雜費
年飯費　雜費
年飯費　雜費
年飯費　雜費
年飯費　雜費
共欠飯費　雜費
總計
計開
出學後每年所還學費如左
年飯費　年雜費
年　月　日　廣文學堂司賬　具
第　號
608

山东省档案馆藏秦明堂入学缴费名册

坚忍不拔　一战到底

1912 年，秦明堂赴徐州任义军军需官，经历了大大小小几次惨烈的战役。不久，革命宣告暂时的胜利，义军部队被遣散。他前往省城济南，考入山东高等学校，接受继续教育——先前投笔从戎安天下，如今卸甲求学报国家。

很快，风波又起。1913 年 3 月 20 日，宋教仁被袁世凯派人暗杀，袁世凯窃国称帝的野心暴露。孙中山旋即通电全国，发布《讨袁檄文》，号召一起发动二次革命。秦明堂等召集多人，一起到青州策划陆军独立。

青春无悔　难释壮怀

1913 年 9 月 9 日，在筹划军事行动之际，秦明堂与五位同志不幸遭到了北洋军阀的突然袭击并被逮捕。随后，他们被押送至济南军法处，遭到严酷的拷问和折磨，被诬蔑为土匪。面对如此境遇，秦明堂凛然正色地说："我等欲响应革命，恢复民权耳。今日虽死，必有继志进行者，奈何哉土匪吾辈耶？"

10 月 1 日上午 9 时，秦明堂等六位同志一同英勇就义。在牺牲之前，敌人试图用酒来迷惑秦明堂，并说："饮此则迷心。"然而，秦明堂却坚决地回答："吾素不嗜酒，谢君厚意。且为国而死，心所甘也，奚以迷为？"秦明堂沿途发表演说，深深打动了在场的每一个人。

位于济南千佛山辛亥革命烈士纪念陵园的秦明堂烈士墓

秦明堂毫无惧色，从容就义，时年 19 岁。

参考文献

1.孙震、张大乾编：《烈士绝笔》，重庆：重庆出版社，1988 年。

2.山东省档案馆馆藏档案，档号：J109-04-0285-003。

天下奇男子　乾坤扭转来

——徐镜心烈士

1914年4月9日，徐镜心在《顺天时报》报馆被袁世凯的密探逮捕。狱中，袁世凯指使军法处长陆建章对徐镜心先是百般利诱，继之“淫刑拷掠，备极惨苦”，企图迫使他屈服。但徐镜心始终恪守民主共和信仰，大义凛然，宁死不屈。1914年4月14日清晨，徐镜心被押解刑场，临刑前大骂袁世凯，慷慨就义。

徐镜心（1874—1914），原名文衡，字子鉴，山东黄县人。民主革命家，辛亥革命先驱，追授陆军上将。1902—1903年，于山东大学堂求学。1903年，被选派赴日本早稻田大学留学。1905年，加入中国同盟会，任中国同盟会北方支部支部长兼山东分会会长，后任中国同盟会山东主盟人。1912年，参加山东独立运动，任山东军政府总务部部长，后任国民党山东支部理事长。1914年4月14日被袁世凯秘密杀害。

一身正气　励志革命

徐镜心出生于山东黄县的一个富裕家庭。他自幼聪慧过人，读书过目不忘，读历史英雄人物传记，倜傥有大志。他胆略过人，自少年起便敢做敢当。他博览群书,20 岁时就写得一手好文章,与兄徐镜清(徐乐三)同考取廪生。

徐镜心的家乡黄县,古称“东莱”“莱芝故国”,富渔盐之利,自古繁华。徐镜心在家乡读书期间,目睹农民生活的贫困、清朝官吏的腐败。甲午战争后,帝国主义列强掀起了瓜分中国的侵略狂潮,民族危机空前严重,他忧心如焚,开始深切关注国家民族的命运,广泛涉猎新学诸科,努力学习新知识,吸收新思想,积极探求救国救民的真理,立志改革中国政治,谋求祖国独立富强。

徐镜心渴求新知,崇尚进步。1901 年,徐镜心入烟台毓材学堂读书。1902 年,他转入山东大学堂深造。山东大学堂除设置经学外,还有外语和西方社会科学、自然科学等 20 多门课程。在这里,徐镜心有机会学习西方文化,不仅接触到新鲜知识,而且开阔了眼界,革命思想逐渐在他的心中悄悄萌发。

留学日本 投身革命

为了寻求救国之道,1903 年春,徐镜心同许多青年志士一起赴日本留学。此时的日本,国势日强,明治维新后的发展为世界各国所瞩目,强烈吸引着大批有志于改造国家的中国青年。徐镜心入日本早稻田大学攻读政法,积极探索救国救民真谛。目睹邻邦之富强,回忆祖国之微弱,徐镜心未尝不痛哭流涕。徐镜心进一步接触了西方社会政治学说后,感念民族之危亡和民主革命之必要,迅速走上了反清革命的道路。他常参加政治活动,很关心家乡的命运,常常在烟台《芝罘报》上发表倡导民主的文章。他还鼓励、动员家乡的青年自费到日本留学,在日期间被选为山东同乡会会长。

徐镜心(后排左二)与早稻田大学导师及同学合影

1905 年夏,孙中山由欧洲到达日本,在欢迎会上发表了革命演说。徐镜心对其演说至为叹服,从此决心追随孙中山先生进行革命斗争。8 月 20 日,孙中山等人在日本创立中国同盟会,徐镜心首批入会,并被推举为山东分会第一任主盟人,正式开始了专门从事民主革命的生涯。数月之间,经徐镜心介绍加入中国同盟会的山东留日学生达 50 人之多。

1905 年底,日本政府发布了规定,禁止中国留学生的政治活动。留日学生罢课示威。徐镜心回到故乡后在烟台秘密设立同盟会烟台机关部,积极开展革命宣传和组织发动工作。

为培植革命人才，扩展革命组织，徐镜心大力创办学堂。他从家乡做起，办起了明新学堂和坤元女子学堂。他十分重视对学生进行思想教育，教唱自编的革命歌曲。他还提倡学生剪掉发辫，反对妇女缠足，以此灌输反清革命思想。在他的倡导和带动下，革命党人和有识之士纷纷响应，黄县一时形成了废私塾、办学堂的热潮。此外，徐镜心还与谢鸿焘等人在烟台创办了著名的东牟公学，专门招收爱国青年，发展同盟会员，由徐镜心担任监学。这些学校成为宣传推翻帝制、开展革命工作、培养革命骨干和扩充革命组织的重要基地。

为了革命事业，徐镜心劝说父亲变卖家产，筹集枪支弹药，联络各地义士投身革命。在徐镜心等人的积极工作下，同盟会的组织和力量在山东得到了迅速发展。“万里阴霾打不开，红羊劫日运相催。顶天立地奇男子，要把乾坤扭转来!”这是当时民间流传的一首称赞徐镜心的歌谣。同时，徐镜心从革命全局出发，跋山涉水，不畏艰险，在东北各地宣说主义，结交豪侠，结纳志士，先后发展同盟会会员 300 余人。1907 年 4 月，徐镜心等人在大连创建了同盟会辽东支部作为领导东北革命的指挥机关，东北各地的革命运动进入了一个新的阶段。6 月，南方传来孙中山领导惠州起义的消息，徐镜心等人决定在东北起义响应，但因事机泄露，起义很快遭到清朝官府镇压，多名革命同志被捕，徐镜心侥幸逃脱。

策划独立　领导革命

1911 年 10 月 10 日武昌起义爆发，山东革命党人积极响应。徐镜心立即与聚集省城济南的同盟会同志筹划策动山东独立。他与王厚庵等拟定了《山东独立大纲》。11 月 5 日，在革命党人的号召和组织下，济南各校学生及商民数千人集会咨议局，议定推举各界代表前往巡抚衙门，以图迫使山东巡抚孙宝琦宣告山东独立，但遭到孙宝琦的拒绝。为了加速实现山东独立，徐镜心等人多次联合各界人士在济南集会，要求山东当局宣布独立。

11 月 13 日，山东独立大会召开，徐镜心联合革命党人迫使山东巡抚孙宝琦承认山东独立，同时改巡抚官署为山东军政府，推举孙宝琦任山东都督。不久在袁世凯的阴谋操纵下，孙宝琦又于 11 月 24 日宣布取消山东独立，并变本加厉地对山东人民进行镇压。徐镜心决心以武装斗争光复山东，夺取革命的真正胜利。

徐镜心南下上海，与沪军都督陈其美取得联系，相约南北策应，计划先据烟台，再取登州，后图济南，进而戡平山东全省。1911 年 12 月，徐镜心率领十余名同志由上海辗转返回烟台，与革命党人刘艺舟等成立了北方共和急进会，徐镜心任会长。同时，徐镜心等人推动改烟台军政府为山东都督府，在与都督府旧官僚争夺军权的过程中，革命党人一度受挫，徐镜心等 40 余位共和促进会的同志被迫撤至大连。

1912 年 1 月 1 日,孙中山在南京就任中华民国临时大总统后认为山东举足轻重,关系全国革命大局,指示徐镜心等人在烟台、大连等地积极活动。徐镜心迅速召集同志,在大连设立共和急进会总部,并派人分赴山东各地筹划起义。徐镜心统筹全盘并直接负责登州、黄县两地的联络策应事宜。1912 年 1 月 14 日,徐镜心等十余人率领所募民军 200 余人乘船由大连出发奔赴登州,在城内革命党人的配合下,民军兵分两路,攻占登州,成立军政府。众人推徐镜心为都督,他固辞不就,于是举连承基为都督,徐镜心为参谋长。

登州、黄县相继光复后,胶东革命形势大好。窃据烟台军政府权柄的王传炯惊恐异常,急忙电邀清军登州镇总兵叶长盛进攻黄县。1912 年 1 月 20 日,叶军与民军激战于北马、黄山馆一带。民军失利,退守黄县。第二天,徐镜心与连承基亲率民军 200 余人到黄县增援,迫使敌军退却。黄县暂时解围。接着又成立黄县军政府。连承基任都督,徐镜心任参谋长,布置战守。此后在与清军的反复战斗中,徐镜心严格督战,并在沪军北伐先锋队刘基炎部的支援下,一度大败清军,迫使敌人退至招远城西不敢东进。但刘基炎因与连承基争夺军政府都督职位发生矛盾,竟于 2 月 1 日率沪军退回烟台。进攻黄县的清军乘机反扑。民军势孤,黄县城危。民军两署职员大半逃走。都督连承基准备放弃黄县。面临危局,徐镜心一面力劝连承基坚守都督岗位,一面积极组织力量坚守阵地。徐镜心急电南京临时政府陆军总长黄兴,请求速派援兵。2 月 11 日,终因民军力量单薄,援兵不至,黄县被清军攻陷。徐镜心、连承基等突围至登州。不久,胡瑛奉命抵达烟台就任山东都督,以徐镜心为参谋。经徐镜心等人督促,沪军刘基炎部在黄兴电催下西援登州、黄县,与当地民军合力,于 1912 年 2 月 13 日再次收复黄县。

以光复登州、黄县为标志的一系列胶东战事,关系山东和全国革命全局甚巨,被誉为“埋葬帝制的最后一战”。徐镜心以出色的革命活动赢得了崇高的声誉。后人评价说,徐镜心“不仅为山东主盟人,亦为北方之领袖。尝赴东北掘满人之根,下登州拊京师之背;虏廷震怖,志士景从,时有‘南黄北徐’之誉——黄为黄克强(即黄兴),徐即徐子鉴也”。徐镜心已成为饮誉全国的民主革命领导者之一。

矢志反袁　献身革命

1912 年 2 月中旬,南北实现议和,山东战事也随之结束。徐镜心认为建立民国的任务已经实现,今后应致力于民生主义。为实现“平均地权”的目标,他发起成立了山东垦殖协会，开发移民关外垦殖事业。为振兴山东的渔业和航运交通，他又创办了泺口河船协会。其间，山东都督周自齐为瓦解革命党人，曾以济南道等官职相笼络，均被徐镜心拒绝。徐镜心对议会政治抱有希望，积极参加政党活动。1912 年 8 月，同盟会改组为国民党。徐镜心便联络山东同盟会会员，建立了中国国民党山东支部。徐镜心任山东支部理事长。同年冬，被选为参议院议员。1913 年，徐镜心赴北京就职。当选民国宪法起草委员会委员的徐镜心以国会为阵地，开展反袁斗争。

徐镜心等宪法起草委员会委员在天坛前合影

随着袁世凯加强专制独裁，徐镜心对袁世凯日益不满，他利用合法身份和手段，积极从事保卫辛亥革命成果的斗争。他曾面见袁世凯，直陈实行民主共和制度的意义和必要性，并告诫袁世凯："总统者，公仆也。国民者，共主也。""水可载舟，亦可覆舟。"为了笼络徐镜心，袁世凯以甘肃都督职位相诱，遭到拒绝。从此，袁世凯对徐镜心大存戒心。

1913 年 3 月 20 日，袁世凯为清除实行独裁统治的障碍，派人暗杀了在国会大选中获胜的国民党代理理事长宋教仁，制造了震惊中外的宋教仁案，引起革命党人的激烈反抗。在京的一些国民党议员纷纷出走躲避。一些革命党人劝说徐镜心离开北京，但徐镜心不避风险，坚决留京计划倒袁，并在参议院首倡弹劾袁世凯，在《泰东日报》上发表讨袁文章，痛斥袁世凯倒行逆施，力逼追查凶手，以谢国人。1913 年 4 月，袁世凯又与英、法、德、日、俄五国银行团签订善后借款合同，准备发动内战，消灭南方革命力量。徐镜心发表宣言，公开揭露袁世凯背着国会向列强大借外债及镇压革命的可耻罪行。孙中山看清袁世凯的反动面目，从日本回国，力主武装讨袁，发动二次革命，结果被袁世凯残酷地镇压下去。二次革命发生之际，徐镜心与广东胡汉民、江西李烈钧、安徽柏文蔚三位都督暗通声气，计划倒袁，更加遭到袁世凯的忌恨。1913 年 8 月，徐镜心在天津组建中国同盟会北方革命行动委员会，任理事长，领导北方讨袁斗争。

二次革命失败后，袁世凯加快了称帝步伐，为准备复辟帝制大造舆论，公开鼓吹中国不适合搞共和政体，必须集权于袁世凯一人。当时，"国人知其谬而不敢有异言"，而徐镜心"独奋笔为驳议"，立即著文痛加驳斥，并在北京的《顺天时报》上连续发表，详细阐明民主共和制度的优越性和在中国实行民主共和的必要性，反复强调国会、司法机构对行政权的限制作用。在国会，徐镜心发表言论近 60 次，宣讲革故鼎新、兴国安邦之方略。同时，他痛斥袁世凯倒行逆施、恢复帝制、卖国求荣之卑鄙行径。袁世凯对徐镜心恨之入骨。

1913 年 11 月，袁世凯下令解散国民党，表面上迫使国民党籍议员交出议员证，驱逐国会中的国民党议员，暗地里派人跟踪重要的国民党议员，并伺机捕杀。此时，大部分国民党人为躲避袁世凯追杀，被迫逃到国外。当时毅然留在国内继续从事反袁斗争的国民党重要成员凤毛麟角，徐镜心便是其中之一。徐镜心还打算找机会诛除袁世凯，特密约关东侠士鲍某谋划行刺，但事泄未成。徐镜心更加成为袁世凯的眼中钉，袁世凯必欲杀之而后快。袁世凯先是罗织构陷，接着秘密逮捕，并对外封锁消息，最后将徐镜心秘密杀害于北京。徐镜心被捕后，丁佛言等多方奔走，设法营救，甚至计划筹款赎出，终未能成。1914 年 4 月 14 日凌晨，徐镜心被押赴刑场，临刑大骂国贼，慷慨就义。

后人敬仰和纪念

1935 年 6 月 10 日，徐镜心被追授陆军上将，进行国葬，后迁葬于济南千佛山辛亥革命山东烈士墓。

1936 年，徐镜心迁葬济南千佛山

徐镜心是孙中山先生的亲密战友，为推翻清朝政府，结束统治中国两千多年的封建制度，创建中华民国，立下了不朽功勋，被誉为革命巨子。他长期在山东和东北地区从事革命活动，与黄兴、宋教仁齐名，被誉为辛亥大潮的北方舵手。

参考文献

1.李日、徐学航主编:《革命巨子徐镜心》,济南:山东大学出版社,2011 年。

2.李日、郭春香、徐学航:《徐镜心手稿〈光复登黄战事纪实〉笺注》,《民国档案》2015 年第 4 期。

3.李宏生、冷家煜:《山东辛亥革命志士:徐镜心》,《春秋》2021 年第 5 期。

4.徐聪口述,王倩整理:《我的祖父徐镜心　他领导了北方八省的革命》,《生活日报》2011 年 10 月 9 日。

5.刘国林:《辛亥先驱徐镜心:后人的祭奠》,《齐鲁晚报》2012 年 2 月 9 日。

6.徐春辉:《缅怀高祖父徐镜心》,《团结报》2022 年 5 月 12 日。

护国义旗举　以身许共和

——吴大洲烈士

1916 年 5 月，山东革命党人吴大洲、薄子明举反袁旗帜，武装攻占周村，成立护国军政府。吴大洲任都督，薄子明任山东讨袁护国军总司令。两人各刻木质关防，径五六寸，并以布告形式，出讨袁檄文，维护共和。

吴大洲（1884—1918），原名吴廷桢，字佐周，后改作舟，山东诸城人。民主革命家，同盟会早期会员。1904 年，在山东高等学堂学习。1909 年，加入中国同盟会。1911 年，武昌起义爆发后任山东军政府都督。1915 年，任山东革命军司令长官。1916 年，任山东护国军都督。1917 年，被段祺瑞诱捕入狱。1918 年 11 月 12 日病逝狱中。

加入同盟会　投身革命

吴大洲幼年就读私塾，聪敏过人，进入青州中学学习，后升入山东高等学堂。不久，转入省城警察学堂学习。未等毕业，又报考北洋陆军速成学堂，因近视未被录取。吴大洲向往革命，追求革命。1909 年，经山东著名革命党人刘冠三介绍，吴大洲加入中国同盟会，从此走上革命道路。

1911 年秋，吴大洲先后赴太原、滦州等地与有关同志共商革命之事。1912 年 1 月 16 日，革命党人暗杀袁世凯未成，吴大洲因参与此事为反动势力所怀疑，便离开北京返回济南。吴大洲和济南的革命党人臧文山等策划刺杀袁世凯爪牙山东巡警道吴炳湘未成，奔赴诸城，开展独立活动。2 月 3 日，诸城宣布独立，山东军政分府成立。临时议会选举臧汉臣为临时民政长，王景檀为议长兼副民政长，教育由隋理堂、臧秀池、王景韩负责，财务由臧著兴、孟昭沄、臧梦螭负责，农务由臧少梅负责，文牍由张子良、王曾唯负责，庶务由王文山、夏洛堂负责。设司法科，吴大洲任团防和巡警警长。受山东军政分府之命，吴大洲率一部分军民进驻泊镇。不久，诸城被清军攻陷，城内 300 多名军民惨遭杀害。吴大洲因当时不在城里，幸免于难。他迅即乘船到烟台，谒见山东军政府都督胡瑛，请兵复仇。胡瑛婉言谢绝。3 月，吴大洲随同徐镜心从烟台回到济南。4 月，山东省临时议会成立，吴大洲被选为省议会议员。1913 年春，吴大洲被任命为烟台警察厅长。7 月，二次革命爆发，李烈钧、黄兴、陈其美等相继宣布江西、南京、上海独立，起兵讨伐袁世凯。山东革命党人推举吴大洲南下与黄兴、陈其美取得联系，协商讨袁计划。二次革命失败后，吴大洲等革命党人逃往青岛。当时占领青岛的德国侵略者仇视中国革命，帮助山东都督靳云鹏驱逐在青岛的革命党人，吴大洲、薄子明、邓天乙等革命党人一起前往大连，并经常往来于青岛、上海等地，继续进行革命活动。

讨袁护国　矢志不渝

1914 年 7 月，孙中山在日本组建中华革命党，继续进行反袁斗争。吴大洲闻讯后赶赴日本与孙中山取得联系，加入了中华革命党。吴大洲建议策划山东革命，得到孙中山的赞许。同年冬，吴大洲受命回国，在大连与薄子明等建立中华革命党山东支部，吴大洲任总干事。为了更好地开展山东的反袁斗争，1915 年 1 月，吴大洲与薄子明、邓天乙等人回到青岛进行活动。经过数月的积极筹备，5 月中旬，薄子明等人计划沂州独立。失败后，被日本宪兵逮捕

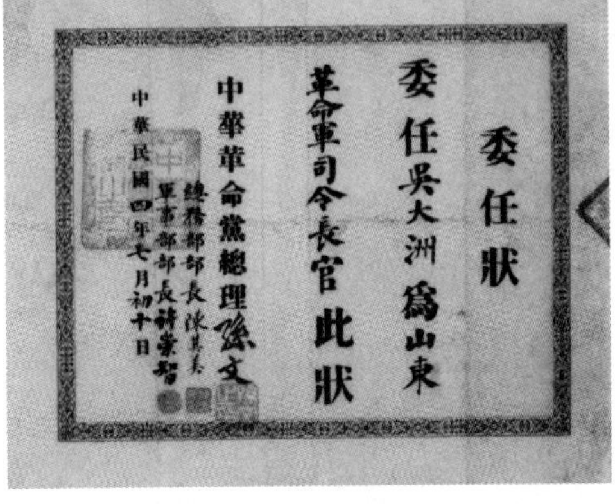
委任狀
委任吳大洲爲山東革命軍司令長官此狀
中華革命黨總理孫文
總務部部長陳其美
軍事部部長許崇智
中華民國四年七月初十日

1915 年 7 月，孙中山任命吴大洲为山东革命军司令长官委任状

入狱。靳云鹏按照袁世凯的授意，与驻青岛日军联系，要求将他们引渡，以便杀之。吴大洲得知消息后急电孙中山。孙中山致电驻青岛日方交涉，使薄子明等获释。8月，驻青岛日军司令部下令驱逐革命党人。吴大洲等十余人被迫离开青岛，前往上海。在上海期间，吴大洲、薄子明等与中华革命党本部总务部部长陈其美取得联系，积极参加反袁活动，并准备随时返回山东进行革命斗争。经陈其美向孙中山推荐，吴大洲被委任为山东革命军司令长官。

1915年12月12日，袁世凯推翻共和复辟帝制。他的倒行逆施立即遭到了全国人民空前激烈的反对，更激起了革命党人和进步群众的愤怒声讨。12月25日，蔡锷等在云南宣布独立，组织护国军讨伐袁世凯。1916年2月，吴大洲、薄子明等秘密返回青岛，积极筹备、发动讨袁护国武装斗争。3月，孙中山发布《致直鲁晋省革命同志函》，强调山东等省的反袁斗争具有极为重要的战略意义，同时委派中华革命党党务部长居正为中华革命军东北军总司令，统筹直隶、山东、山西革命军事宜。居正到达青岛后，集合各路革命党人，成立了中华革命军东北军司令部，下设两个本队、五个支队。薄子明被任命为第一支队司令。吴大洲以中华革命党山东支部领导成员的身份，与薄子明共同指挥革命军第一支队。在居正主持下，他们制定了革命军在山东的作战方略，即沿胶济铁路西攻潍县、青州、周村等重镇，然后攻取省城济南，以定山东，再图中原。

1916年5月4日，吴大洲、薄子明等率革命军第一支队乘火车从青岛出发，对高密、潍县、周村等地发起进攻，沿线纷纷响应。经过激战，占领了高密、潍县、周村、安丘等十余城镇，革命军发展到数万人，编成两师一旅。攻占周村后，吴大洲、薄子明成立山东护国军政府，吴大洲为都督，薄子明为总司令。同时，吴大洲、薄子明还以山东护国军都督、山东护国军总司令的名义发表讨袁布告和檄文。立足既稳，他们迅即向西南进发，并购置军械，招兵买马，扩充势力。吴大洲、薄子明等率军先后攻占长山、高密、诸城、潍县、邹平、淄川、桓台等地，切断胶济铁路交通。

1916年5月中旬，革命军到达济南附近，向军阀靳云鹏发出通牒，要他独立讨袁。靳云鹏阳奉阴违，想采取缓兵之计。吴大洲、薄子明识破其阴谋，分别以山东都督和护国军总司令的名义发出《讨袁电》和《讨袁檄》，号召军民杀贼护国，“勿堕奸诈之谋，勿中缓兵之计”。为稳住山东局势，袁世凯派张怀芝督理山东军务。5月30日，孙中山致电居正：“先遣汝为助兄，哲谋助吴。宜联络，重实力，不必争旗帜名称等问题。望兄与吴、薄等调和。”孙中山派来参谋军事的“汝为”是中华革命军军事部部长许崇智，“哲谋”是中华革命军军事部副部长周应时，都是一等一的军事人才。对吴大洲、薄子明另立的护国军政府，孙中山着眼反袁大局,始终以宽容和克制的态度待之。周应时前往周村,既参谋战事,也协调吴大洲与居正携手共同对敌。

1916 年 6 月 3 日,孙中山致电居正:“吴、薄托周转电文求助外交,军火已嘱周起云,统一后立即订购。周村告急,能援甚好。”吴大洲多次请孙中山购置军火、枪炮,孙中山都慨然应允,立即着人办理,并随时查问督促,可谓支持备至。“周村告急”是吴大洲谋划已久攻击济南的事。吴大洲派邓天乙、王瑞五等潜入济南,在北洋军第五师中串联发动军官作为攻城内应。邓天乙这时电告周村,“守军多欲为内应,可速进军”,吴大洲于是电请居正派军支援。6 月 4 日,吴大洲等率军攻进济南城内,将靳云鹏部打垮,后又将北洋军第五师击溃,俘其官兵 7000 余人。山东各路讨袁护国革命军的节节胜利,给予袁世凯的反动统治以沉重打击。1916 年 6 月 6 日,袁世凯在全国人民讨伐声中死去,讨袁军由 7000 人发展到 3 万余人。

身陷囹圄　壮烈牺牲

袁世凯死后,黎元洪继任大总统,恢复国会,裁撤袁世凯设立的参政院,由段祺瑞出任国务院总理。他出示文告,其中有废除党禁、重开议会、宣抚与整编各省反对帝制的军队、追究筹安会首要分子等内容。山东将军张怀芝改称督军并兼省长,以其所部北洋系军队乘机反扑,夺占地盘,袭取安丘、临朐、邹平等地,与薄子明、居正等率领的各路讨袁护国军形成对峙。当时,以孙中山为代表的革命党人认为“首恶已除”,北京政府又宣布规复民国法制,因此各路讨袁护国军应停止军事行动,静候中央解决。1916 年 6 月 13 日,孙中山致电吴大洲、薄子明称:“袁死,内外情势变,我宜按兵勿动,维持地方秩序,候商黎大总统解决。”此后经过半年多的反复交涉,吴大洲、薄子明已经迅速扩张至 3 万人的山东护国军被北洋政府缩编为山东新编第二混成旅,薄子明任旅长,并于 1917 年 1 月调离周村驻地,转归张怀芝部下何锋钰管辖。吴大洲、薄子明领导的山东护国军,自 1916 年 5 月进驻,到 1917 年 1 月接受收编,前后共计 8 个多月的时间。

其间,段祺瑞以国务总理身份控制北洋政府,仇视革命党人。就在山东护国军接受收编之前,北京方面两次发函让吴大洲入都述职。1916 年 12 月 3 日,吴大洲离开周村,赶赴北京。吴大洲被召入都后,所住的大同公寓有兵警把守,监视甚严。其间,吴大洲在给薄子明的信中说:“郁郁久居,如困樊笼。”实际上吴大洲已被软禁起来,失去了行动自由。

1917 年 5 月,吴大洲以军律不严等罪名被捕入狱,后经刘冠三(时为国会议员)竭力营救,被判无期徒刑。当时,吴大洲因为革命操劳,经常咯血,身体非常虚弱，监狱生活又使他的病情日趋加剧。1918 年 11 月 12 日，吴大洲病殁于陆军监狱。1919 年 6 月 27 日，孙中山以中华民国总理的名义追赠吴大洲为陆军少将。

参考文献

1.山东省政协文史资料委员会编:《辛亥革命在山东——纪念辛亥革命八十周年》,济南:山东人民出版社,1991 年。

2.李宏生、冷家煴主编:《齐鲁辛亥英烈》,济南:济南出版社,1997 年。

3.山东省地方史志编纂委员会编:《山东省志·人物志》上册,济南:山东人民出版社,2004 年。

4.王志民主编:《山东重要历史人物》第五卷,济南:山东人民出版社,2009 年。

5.李宏生:《山东讨袁护国军司令薄子明》,《山东师范大学学报》(社会科学版)1993 年第 2 期。

6.王瑞华:《空前的悲壮与惨烈:不该被遗忘的山东诸城辛亥起义》,《黄海学术论坛》2013 年第 1 期。

7.龙锋:《孙中山任命吴大洲为山东革命军司令官委任状》,《民国档案》2019 年第 1 期。

头角兮山崩　撞破自由钟

——徐镜古烈士

1914年春，徐镜心被难，徐镜古痛悼手足，伤心国事，借诗酒自遣。后日本要求"二十一条"，徐镜古大愤，在黄县发起讲演团、国货维持会，奔走呼号，废寝忘食，后触暑染疫去世，时年44岁。

徐镜古(1875—1919)，名文茂，字月汀，山东黄县人。徐镜心堂弟，追随徐镜心参加同盟会。1911年，当选为黄县议会议员。山东独立后被推为黄县代表，任龙马镇民政署副民政长兼龙口海关监督。1912年，任山东公立法政专门学校学监。1919年8月感染霍乱去世。

出身书香门第　首批加入同盟会

1875年，徐镜古出生于书香门第，其生性亢直，超逸凡俗。祖父徐作桐因德高望重，名重乡闾。父亲徐金声为太学生，叔父徐德声为贡生。成长在这样一个崇尚功名的家庭环境里，徐镜古自幼便和徐镜清、徐镜心二位兄长一起接受了良好的私塾教育。然而不幸的是，徐镜古6岁丧父，16岁丧母，后由徐德声夫妇(徐镜心的父母)抚养成人。也是这个原因,徐镜古在青少年时期就与长兄徐镜清、次兄徐镜心三人食宿同室,学习同窗,朝夕相处,如亲兄弟一般。1895年,徐镜清、徐镜心同榜考取秀才,徐镜清授贡生,徐镜心次年补廪生,一时名满黄县西乡。两位兄长的榜样作用无时无刻不激励着徐镜古。经过刻苦学习,他不久也考取了秀才。

1904年,徐镜心从日本回国,大力发动山东青年有志之士赴日留学。受徐镜心的影响,1905年徐镜古东渡日本留学,入早稻田大学师范科学习,探求救国真理。同年7月,孙中山由西欧来到东京筹备成立中国同盟会,徐镜心为发起人之一,并作为山东留学生中的唯一代表参加了同盟会筹备会,被孙中山委任为同盟会山东主盟人。在徐镜心的影响带动下,徐镜古很快接受了民主革命思想,并由徐镜心介绍加入同盟会,成为当时第二个(第一个加入者为徐镜心)加入同盟会的山东籍留学生,与其同一天加入同盟会的还有临淄的陈保三、杨佩文以及寿光的傅永昌。

创办革命学堂　实行革命教育

1905年底,日本政府取缔留学生,徐镜古与徐镜心一起回国以示抗议。回乡后,徐镜心腾出自家油坊,自费创办了明新学堂。徐镜古在徐镜心的支持鼓励下,也利用自家客屋创办了坤元女子学堂,与兄徐镜清共同主持明新学堂。在徐镜心和徐镜古的鼓励下,徐镜古夫人刁蕴兰出任坤元女子学堂校长。此举开创了北方革命党人开办新式学堂之先河。1910年前后,徐镜清去世,徐镜古担任明新学堂校长。

明新学堂校歌(徐镜心词曲)

这两所学堂实行革命教育,开风气之先,宣传推翻清朝的革命思想,并动员男生剪辫,女生放足。当时人们的封建思想很顽固,有人扬言:“剪去发辫要杀头,放了脚找不到婆家。”虽然剪辫放足屡遭指责,但徐镜古仍泰然处之,毫不畏惧。在他的坚持和努力下,两所学堂得到了大多数有识之士的支持,取得了很大的发展,为本村及周边村庄培养了许多优秀人才。后来县长胡永年特颁发匾额“乐育英才”以资奖励。明新学堂先后培养出了中共地下党员徐士升、革命烈士徐士溪(徐镜心侄孙)等人才。在徐镜心的倡导和带动下,山东的革命党人和有识之士纷纷响应,一时形成废除私塾、大办新式学堂的热潮。在徐镜心和徐镜古的家乡黄县,新式学堂的创办更是如火如荼。

这些新式学堂,从学校组织到教学内容都遵循传播革命思想、培养革命人才的宗旨,坚持正确的办学方向。它们摒弃旧式私塾的教育模式,实行教学民主化,注重培养学生的能力;同时实行开放式办学,注意加强同社会的联系,不断扩大革命影响。可以说,以革命为主要教学内容的山东新式教育走在了全国的前列。在整个山东地区,在徐镜古的家乡黄县,革命党人办学时间最早、数量最大、成绩最为突出。这些新式学堂为传播民主革命思想、培养革命人才作出了重要贡献。

1906 年,徐镜古与徐云卿、王学锦等在教育会秘设同盟会机关,并担任教育会评议员、农会调查员,以宣传革命为己任。1911 年,徐镜古当选为黄县议会议员,力倡民治主义。同年秋,山东独立,徐镜古被推选为黄县代表。

参加黄县革命　捍卫国家主权

筹备登黄起义前夕,徐镜古回黄县筹款。1912 年 1 月,黄县光复,成立黄县民政署。徐镜古与王日吉率同志 20 余人袭取龙口。龙口驻地的清防营官兵事先得知消息,往西退至招远新城。商会组织龙马镇民政公署,徐镜古被推选为正署长兼海关监督,收回了龙口海关行政权。

其后,清兵反攻,龙口危险在即,徐镜古仍决心抗守不愿离开。事急之下,革命同志数人将其扳住,强行撤离,才转危为安。黄县被清兵围困之际,徐镜古与邹耀廷正在烟台一起面见时任山东都督胡瑛,求其派兵救援。当时是南北议和期间,胡瑛有所顾忌,犹豫不决。过了几天,徐镜古又见胡瑛,极力陈说清兵之残暴,且要其请命于南京,这次胡瑛听从了他的意见。然而,南京同意胡瑛出兵救援时,黄县已失陷。

徐镜古(左)与兄徐镜心合影

1912 年,徐镜古任石岛海关关长,后来又担任山东公立法政专门学校学监。1914 年,徐镜心被袁世凯杀害于北京后,徐镜古痛悼手足,忧伤国事,国仇家恨,奔走呼号,终日借酒浇愁肠,赋诗讨国贼。

1914 年 8 月 23 日,日本为夺取德国在山东胶州湾租借地的特权正式对德宣战。9 月 3 日,3 万日军突然在龙口登陆。西进时路经黄山馆西界河,由于连日暴雨,界河水暴涨漫过了低矮的界河桥,日军为水所阻,驻扎在黄山馆一带。

日军恣意横行,偷鸡摸狗,无恶不作。其中一队日军士兵到后徐家村捣乱时,徐镜古指挥村民用拳棒予以痛击,并抢去日兵军帽。村民徐士清英勇善斗,挥动木棒,连续打倒日兵数人,腿却被日军用刀刺伤,鲜血直流,日军随后逃散。徐镜古作为有气节的中国人,绝不容许日军胡作非为,立即带领村民用门板抬上徐士清,到驻扎在黄山馆的日军总部进行控告。他用熟练的日语义正词严地斥责日军违反国际公法、侵犯中立国主权的暴行。日军长官没想到在偏僻乡村竟有既精通日语又懂国际法的中国人,迫于压力,只好答应到村里察看现场。当其携带随从行至后徐家村"徐氏先祠"(俗称"家庙")门前时,看见高悬的匾额和大门上刻有"功封东海,世衍徐乡"对联,肃然起敬——通晓历史的日军长官知道这个村里住着徐福的后代,于是他请求进庙参观。在其迈步跨越台阶进入参观时,日军随队记者为其照相。参拜结束后,他随即承认错误,张贴布告,禁止日军进村。徐镜古的所作所为,长了中国人的志气,灭了日军的威风,受到人们的普遍赞誉。那张照片现存北京历史档案馆,成为日军侵华的罪证之一。

参考文献

1.中国史学会济南分会编:《山东近代史资料》第二分册,济南:山东人民出版社,1958 年。

2.山东省政协文史资料委员会编:《辛亥革命在山东——纪念辛亥革命八十周年》,济南:山东人民出版社,1991 年。

3.李日、徐学航主编:《革命巨子徐镜心》,济南:山东大学出版社,2011 年。

铁肩担大义　气节凌云霄

——孔祥柯烈士

1919年，巴黎和会时，欧洲与国内的联系主要有三种方式：一是政府外交公务电文，二是旅法爱国华侨及社会报馆媒介，三是国内的巴黎和会外交后援团。爱国仁人志士收集信息，以最快方法传回国内，并将国内的民意民情通告中国政府代表。第三种方式就是孔祥柯赴法的重任。

孔祥柯(1888—1920)，山东曲阜人，辛亥革命先驱。1911—1914年，先后任山东高等学校教务长、校长。1913年，当选山东省议会副议长。1914年，任财政部参事。1915年，任山东公立法政专门学校校长、山东公立商业专门学校教授。1916年，再任山东省议会副议长。1919年，被推举为赴欧和谈代表，赴巴黎向中国代表和巴黎和会呼吁请愿，劝止中国代表团签字。1920年3月9日病逝。

五四运动与外交努力

1919年1月28日上午，在巴黎和会上，针对日本政府提出的"以战胜国身份接管战败国德国在中国山东的一切权益"的无理要求，中国政府代表顾维钧为战胜国中国政府进行了著名的《山东问题之说帖》发言，力陈观点，震动了与会代表。然而，欧美列强出于自身既得利益考虑，竟逼迫中国政府在和约上签字，将德国在山东的权益割让给日本，进而利用北洋军阀政府与日本所签订的丧权辱国的“二十一条”之“密约”条款，阴谋侵略中国内陆诸省。

当时的北洋政府受军阀段祺瑞的控制，企图依靠日本演练新军并购置军需武器，妄想以武力统一中国，暗中授意参加和会的中国代表团中的北方代表——“和谈只许失败，不许成功”，并在团内制造摩擦，干扰正常工作。2月4日，北洋政府准备暗中撤换代表王正廷和顾维钧，此事激起全国民众的愤慨和抗议。2月5日，得此消息的旅京山东同胞千余人，于北京英子胡同赈灾会所集会以示抗议，并且宣布成立“收回山东省巴黎和会外交后援会”，又称“外交商榷会”。后来临近拒签和约的日期，山东省议会又组织各界多次派出代表赴京请愿，还强调“诸愿入国门，尚其坚持斯义”。此后全国各省纷纷响应，成立各省外交后援会，支持力主强硬谈判的中国代表。4月5日，以山东省议会为主联合全省各界，专电出席巴黎和会的中国专使，指出：“此事关系中国存亡，务望力主取消（亡国条约），毋令千载一时之机，败坏于一二宵人之手。”

巴黎和会请愿团代表合影（前排左六为孔祥柯）

在全国民众爱国情绪高涨，而北洋政府意欲屈膝卖国的形势下，为了促进山东问题的解决、废除卖国的“二十一条”，4月上旬，北京和山东省外交商榷会联合山东全省各界集会，公推时任山东公立法政专门学校校长暨山东省议会副议长孔祥柯与许宗祥前往法国巴黎，向巴黎和会的中国专使递呈《万民请愿书》，并协助中国代表进行工作。

肩负着全国人民重托的孔祥柯和许宗祥到达巴黎以后，以极大的爱国热忱投入工作，立即向中国政府巴黎和会专使递交了《万民请愿书》，全面了解会议情况。孔祥柯充分发挥自己通晓外语和涉外法理的特长，在巴黎街头和凡尔赛宫巴黎和会会场内外的多种场合，用流利的外语登台发表演说和抗议，与国内爱国运动遥相配合，义愤填膺地痛斥卖国行径,义正词严地维护国家主权和领土完整,表现了崇高的民族气节。他的演讲使闻者动容,报刊竞相转载,轰动一时。孔祥柯在巴黎向世人直接阐述中国的民情民意,形成了强大的社会舆论,赢得了世界民众的同情和支持。他还及时将巴黎和会的真实动态快讯报告给国人。

随着巴黎和会的进行,国内如火如荼的学潮已经转为由上海产业工人为主导的波及全国的罢工、罢市、罢航的爱国运动。孔祥柯在协助中国政府代表团工作的过程中,坚决支持顾维钧等强硬派代表;同时,他组织华侨请愿游行,总是不怕危险、走在前列,在遭遇旅法日本人挑衅之时,与之抗搏。

4 月 28 日,获知和谈破裂,列强将逼迫中国代表强签和约后,孔祥柯立即传讯回国。北大法政学子首先启动串联,北京各大高校学子闻讯集会,抗议北洋政府卖国行径。5 月 4 日,大量学生会聚天安门广场游行,抗议卖国行径,火烧赵家楼。由北京学生牵头引发的这场爱国运动历时近两个月。

孔祥柯在法国工作期间,因劳累过度,数次在会场咯血,晕倒街头,但他仍然积极组织旅法华侨集会演讲,上街游行请愿,与国内风起云涌的五四爱国运动遥相呼应。自 1919 年 6 月 23 日开始,在法国巴黎,数万华侨民众自发聚集,露宿街巷,阻止中国政府代表前往凡尔赛宫签订和约,这一举动震惊世界。直至巴黎和会签订之 6 月 28 日,孔祥柯与中国政府代表团联名向社会发出通电,宣告不赴凡尔赛宫,拒签巴黎和约。这是自鸦片战争以来,受尽凌辱的中国人第一次在外域为维护国家权利和民族利益在外交上向列强拒和称不。拒签巴黎和约的行为,保留了中国政府日后在国际上再行维护山东权益的机会。1922 年,顾维钧率团参加华盛顿会议,代表中国政府收复了部分原已丧失的山东权益。

矢志革命　致力教育

孔祥柯是孔子第 75 代嫡孙,他的外祖父劳乃宣是清末京师大学堂总监督兼署学部副大臣,在外祖父的疼爱和指导下,孔祥柯接受了系统的初等教育,曾跟随外祖父在直隶、江苏、浙江等地学堂读书。劳乃宣对孔祥柯的教育理念和价值观念产生了重要影响,培养了他对知识的追求和对国家未来的深切关心。

后来,孔祥柯在天津中学完成学业,考入京师大学堂译学馆。在此期间,他不仅在学业上取得了优异的成绩,还积极参与学生运动和社会活动,展现出强烈的社会责任感和改革精神。1911 年，他以卓越的成绩毕业并被授予“奖励举人”称号，这是清朝末年对有成就学子的一种荣誉表彰，这时的他通晓数国外语，国文基础扎实，是法政之通才。

作为一位具有强烈爱国情怀和革新思想的青年知识分子，孔祥柯在辛亥革命爆发后，受时任山东省咨议局秘书、国民政府行政院要员于洪起的邀请回到山东，鼎力反清变革。他不仅从政治上积极呼吁，还实际推动地方政府的改革和现代化进程。随着清政府的垮台，中国开始在全国范围内建立临时省议会，以推动地方自治和政治改革。孔祥柯被选为山东临时省议会议员，并以共和党员身份参加竞选，1913 年当选山东省议会副议长。1916 年，孔祥柯再次任山东省议会副议长。1918 年，为了加强各省之间的合作与沟通，孔祥柯倡导并组织了省议会联盟，推动国家的和平统一。

作为一位具有远见卓识的教育家，孔祥柯一生致力于参与创建学校和改善教育体系。1911 年 11 月，孔祥柯被任命为山东高等学校教务长兼英文教员。1912 年 9 月，被委任为山东高等学校校长。1915 年，担任山东公立法政专门学校的校长。在这些职位上，他致力于教育改革和现代化，推动了学校的发展和教育质量的提升。在认识到教育对于培养新一代青年的重要性后，1912 年 6 月，孔祥柯还联合其他有识之士，在济南共同创办了育英中学，并担任校董兼首任校长，在此期间致力于提供高质量的教育，注重学生品德的培养以及知识技能的提升。

济南育英中学校园内孔祥柯先生像

1914 年，孔祥柯因其卓越的专业知识和能力被任命为财政部参事，任职期间，赴直隶、江苏、广东、浙江、甘肃等地调查财政状况，并对中国财政进行了整体分析规划，对于改善和稳定国家财政具有重大意义。

在 1919 年的巴黎和会后，孔祥柯辗转法、英、美等数国考察访问，受到各国友好人士的欢迎。所到之处，他必登台发表热情洋溢的演说，列举翔实，据理力争，维护国家主权和民族利益。媒体纷纷刊载其演说辞。欧美华侨为褒扬他的爱国之举，特赠送他一架饰有橄榄枝的插屏，现存曲阜孔府内。回国后，孔祥柯又任民国政府经济调查局参议。孔祥柯本可大展才智，报效国家，惜因工作繁重积劳成疾，于 1920 年 2 月 19 日在北京病故，时年 32 岁。

参考文献

1.胡汶本、田克深编:《五四运动在山东资料选辑》，济南：山东人民出版社，1980 年。

2.济宁市地方史志编纂委员会编:《济宁市志》，北京：中华书局，2002 年。

3.王志民主编:《山东重要历史人物》第五卷，济南：山东人民出版社，2009 年。

4.中国社会科学院近代史研究所中华民国史组编:《中华民国史资料丛稿特刊》第 2 辑，北京：中华书局，1974 年。

5.史知:《五四运动前山东各界反对日本设立民政署的斗争》，《山东师范大学学报》(社会科学版)1993 年第 5 期。

兴学启民智　高歌莫蹉跎

——隋理堂烈士

1923 年，隋理堂在济南逝世。运灵回乡时，族中青年义务抬棺木从高密直至家中，沿途同盟会故旧好友设路祭多处，仅 45 公里路，走了三天才到家。家祭时，村中贫丐集资送白布帐一幅，悬在大门外以示悼念。隋理堂一生追随民主革命，关心国家人民，重视教育，启迪民智，生为革命奔走，死为后人怀念。

隋理堂(1870—1923)，名文燮，字理堂，山东诸城人。清末秀才，辛亥革命时期诸城起义领导人之一。光绪末年，考入山东法政学堂，毕业后回到家乡诸城。1908 年秋，加入同盟会。从此，便全身心投入中国革命事业。在兴办学校、宣传新思想和新文化方面作出积极贡献。1923 年在济南逝世。

清末秀才　密谋反清

光绪末年，曾为秀才的隋理堂怀着救国救民、寻求革命真理的抱负，考入山东法政学堂。在校期间，他刻苦攻读，锐意进取，决心走反清救国之路。毕业后，他回到了自己的家乡诸城。

1905 年，孙中山先生在日本成立中国同盟会，短短一年中，国内入会者即逾万人。山东得风气之先，同盟会组织发展很快，数年之间，革命空气弥漫全省。同盟会主办的旨在宣传三民主义、倡导民主革命的进步刊物《民报》和梁启超在日本横滨创刊的鼓吹改良主义思想的《新民丛报》一齐传到诸城。与其他地区相比，诸城的同盟会会员特别多。他们以公学为联络点，秘密进行革命活动。

1908年，济南的山左公学被清政府查封，高密同盟会会员刘冠三同昌邑的陈干和即墨的吕子人等在青岛创立震旦公学，从此即墨、高密、青州、诸城等地区的同盟会会员均以震旦公学为联络点开展革命活动。是年秋，震旦公学又被清政府查封，刘冠三就推起独轮车由诸城开始，周游数省，遍访同志，开展革命宣传联络活动。隋理堂就是经当时在诸城进行革命宣传联络活动的刘冠三介绍加入的同盟会。在刘冠三的影响下，隋理堂发动族中子侄十余人加入了同盟会，每人发会章一枚。章为八角形，黄色镀金，中央铸有“同盟会”三字。从此，他便全身心投入革命事业。在隋理堂等一些同盟会会员的宣传和影响下，诸城一大批有识之士很快倾向革命。

隋理堂同时与诸城城里的同盟会会员王心源、王心葵、臧迪卿、臧少梅等多人及百尺河镇小仁和村同盟会会员钟孝先联系，秘密进行革命活动。当时各地同盟会会员为了进行革命活动，联系甚为频繁，隋理堂家便成了革命党人秘密开会的地点和联络站。本县的同盟会会员王心源、臧迪卿、臧少梅、钟孝先等，邻县的同盟会会员丁惟汾（日照）、李筱岩（临沂）、刘冠三（高密）等，都经常在他家秘密开会。河北著名革命党人商震（同盟会领导人之一）也曾到此联系过。正是由于众多同盟会会员的努力，辛亥革命在诸城的反响特别大。

兴办学校　启迪民智

隋理堂加入同盟会后，除了积极宣传孙中山先生的民主革命思想外，还非常重视教育。他兴办学校，启迪民智，不断提高民众的文化素质。隋理堂先是在本村祠堂的一座旧屋办了一所学堂，使族中青年入学，课程有国文、算术和体操等。同时，他还成立夜校，为成年人扫盲，教授的内容主要是常用字。经过隋理堂的努力，短时间内，族中青年人无一文盲。与此同时，隋理堂还通过移风易俗来开启民智。武昌起义后，他带领本族人进行改革，如推倒土地庙、破除迷信，废除烧纸、焚香、磕头等丧葬旧俗，这些举动遭到村中封建势力的强烈反对和极端仇恨。

清帝退位，中华民国建立，局势渐趋稳定。隋理堂即在本村对族中子弟开展教育，将祠堂里所有祖宗牌位集中，腾出房舍，正式成立男校一所，并把自己家的三间房子作为女校校舍。他的小女儿隋灵璧就是该校第一批学生。同时，隋理堂劝告女子不缠足或放足，未过门的女子出嫁前一律要先放足；主张男子一律剪去辫子；废除跪拜，行鞠躬礼；废除旧历，改行新历；废除贴门神，换新对联等。当时隋理堂自家大门贴的对联是“文明进化，世界大同”。旧俗过年时允许青年进行娱乐活动，包括耍牌、赌钱等。隋理堂为杜绝这些不良习惯，引导青年互相作诗唱和。大家雅俗共赏，喜气洋洋，一派思想解放的新气象。在改革旧习俗的过程中，隋理堂虽然遇到过一些阻力和波折，但由于他的坚持和努力，改革取得了很大成绩。

参与诸城独立　掩护革命者撤离

武昌起义后，山东同盟会会员即密谋在各县策动起义，但是即墨、安丘、高密等地的起义均受到阻碍，未能正式宣布独立。考虑到诸城多山近海，可战可守，作为革命根据地比较理想，革命党人遂计划进攻诸城。王麟阁、邵麟勋等外地同盟会会员曾到诸城串联多次，决定以农林学堂和东武公学为主，成立歃血团，作为诸城独立的中坚力量。农历十月，以臧文山为首的18人组成的歃血团秘密成立。他们宣誓，为了推翻清政府，救我中华，凡参加者定要同生死、共患难，革命到底，决不变节。每人刺破手指，把血滴在一起，歃血为盟，以示决心。歃血团成立以后，秘密与革命党人和开明绅士紧密配合，积极做独立前的组织和物质准备。

1912年2月3日，诸城宣布独立，成立山东军政分府，隋理堂负责文教工作。临时议会选举臧汉臣为临时民政长，王景檀为议长兼副民政长，教育为隋理堂、臧秀池、王景韩负责，财务为臧著兴、孟昭沄、臧梦螭负责，农务为臧少梅负责，文牍为张子良、王曾唯负责，庶务为王文山、夏洛堂负责。设司法科，设立团防和巡警，成立红十字会。山东军政分府成立以后，张贴布告，组织宣传队在街头巷尾开展宣传活动，号召各界人士响应起义，推翻清政府，革命运动热火朝天。

正当革命运动准备向外发展，革命队伍不断壮大的时候，知县吴勋和天主教堂德国神甫顾思德躲藏在天主教堂里，预备破坏革命。他们侦查得知，革命军枪械不足，人数有限，遂电告山东巡抚张广建，从邻近各县调集巡防营数百人，从西、北两路反攻诸城。1912年2月10日夜，清兵攻城，城内军民奋勇抵抗，终因众寡悬殊，力不能支。2月11日，清兵入城，焚杀掳掠，大肆屠杀革命党人和城中居民，凡剪掉辫子的人均被杀害。诸城城里的屠杀和抢劫一连持续了三日，革命党人和无辜百姓被杀戮者达360余人，造成了历史上空前的惨剧。当清兵在全城烧杀抢掠之时，革命党人有的在城内觅地躲藏，有的设法逃往外地亲友处避难。隋理堂家成为不少革命者的藏身处。

据隋灵璧回忆，诸城起义失败后，不少同盟会会员逃到她家。为防清兵捕捉，他们头上戴着假辫子，身上穿着清朝的长袍马褂，关闭好大门后便摘下带有假辫子的小帽垫，脱去外衣，内着圆领长衫，在炕上盘腿而坐，说："还我汉时装。"他们纵情谈论，谈到激昂处，慷慨流涕，引吭高歌："一统旧江山，亚细亚，文明古国四千年。最可怜，犹太、印度与波兰，亡国史读之心寒。我唱爱国歌，爱我同种非爱它，怎奈何，四万万人多睡魔，好男子，切莫蹉跎……"这些革命党人在隋理堂家住了一段日子，隋理堂便找村里可靠的农民，在夜间用小木轮车把他们送到高密蔡家庄上火车。

革命党人藏匿于隋理堂家中的这段时间里，全家老小勇敢地完成了掩护大家暂时撤离的任务。这些革命党人的正义行动和革命激情也深深打动了隋理堂的两个女儿隋焕东、隋灵璧，在她们幼小的心灵里种下了革命的种子，为日后她们参加革命事业打下了坚实的基础。年幼的隋灵璧将革命党人们留下的老刀牌香烟盒上那个持刀挺立的勇士像剪下来贴在墙上。每当看到勇士像，就仿佛看到了那些勇敢的革命党人。

革命党人藏匿的隋家官庄村现貌

被捕蒙难　出狱后继续从事教育工作

1914 年，孙中山成立中华革命党，隋理堂遂即转入。同年，山东革命党人吴大洲、隋即吾等在大连策划反袁，派遣庄维道、孙屹两人持函回山东约隋理堂等举事。庄维道、孙屹两人在路经烟台时，被官兵搜出所携密函。官兵察知了所有被联络者的姓名，于是按名索捕，隋理堂、臧伯勋、王鸿策、方觉、赵华叔等被捕入狱，先被关押在县城，后被押解到济南监狱。被逮捕者皆铐手镣足，囚禁于木笼之中。后来，经过家人努力营救，隋理堂两个多月后被释放出狱。当时，与他同监狱的王竹铭被处死，身后留有妻子。隋理堂将他们接到家中抚养，后来她们返回家乡，隋理堂仍不时以钱粮资助其生活。

隋理堂出狱不久，即在县城内继续从事教育工作，宣传新文化，启迪民智，为革命培养新秀。1919 年五四运动期间，隋理堂在城内组织反日大会，宣传抵制日货，使五四运动深入乡村。他最爱惜青年，注意奖掖后进。隋理堂千方百计让本族子侄辈接受高等教育。20 世纪初，隋理堂宗族的青年在济南求学的就有八人之多，在大学及中专受教育的有五人。隋理堂除鼓励本族青年学习、进步外，对本县其他青年亦奖掖不遗余力。革命烈士路友于以及被誉为“诸城三杰”之一的现代著名作家王统照都尊隋理堂为师。作家陶钝幼年时亦受到隋理堂的鼓励，从农村外出求学，成为后来文艺界的战士。

参考文献

1.山东省政协文史资料委员会编:《辛亥革命在山东——纪念辛亥革命八十周年》,济南:山东人民出版社,1991 年。

2.李宏生、冷家煜主编:《齐鲁辛亥英烈》,济南:济南出版社,1997 年。

3.山东省地方史志编纂委员会编:《山东省志·人物志》中册,济南:山东人民出版社,2004 年。

4.王立鹏:《诸城文苑要义》,《东岳论丛》1990 年第 5 期。

5.王瑞华:《空前的悲壮与惨烈:不该被遗忘的山东诸城辛亥起义》,《黄海学术论坛》2013 年第 1 期。

6.王瑞华:《文学与革命的爱与殇:王统照与隋焕东的一段生死恋情》,《齐鲁学刊》2014 年第 2 期。

7.隋炜凤:《诸城隋氏两姐妹》,《潍坊晚报》2021 年 9 月 12 日。

8.隋炜凤:《父亲参加同盟会启迪民智》,《潍坊晚报》2021 年 9 月 12 日。

不惧为人忌　大勇敢冲锋

——班麟书烈士

1924年的中国局势复杂动荡，军阀林立，民不聊生。军阀郑士琦在各县劣绅的控告下，派周村驻军营长梅褒华赴青岛逮捕班麟书。当时班麟书正全力支援邓天乙的直鲁联军，突然被捕，并被押赴济南。审讯时，班麟书受尽酷刑始终不屈，利用法庭慷慨陈辞，滔滔万言。临刑之日，他体无完肤，从容就义。

班麟书（1886—1924），名启儒，字麟书，山东张店人。1904年入长山县高等小学堂读书，1906年考入山东高等学堂正科，1908年考入青岛特别高等学堂，1909年加入中国同盟会。曾任山东护国军内务司长。山东护国军被北洋政府编遣后，在胶济铁路局工作，秘密从事革命活动。1924年被军阀郑士琦逮捕杀害。

早期同盟会成员

班麟书出生时，他的外祖父焦云龙正在陕西做官。后来，他跟着母亲赴陕省亲，外祖父看他聪慧，就把他留在身边读书，十年之内诗、书、经、史全部贯通。后因科举废止，功名无望，班麟书便跟着再度赴陕省亲的母亲回了山东老家。

在长山县高等小学堂读书期间，班麟书从书本上接触了西方民主知识，思想进步很快。1906年，班麟书考进山东高等学堂正科。此时正值辛亥革命前夕，进步知识分子纷纷参加孙中山领导的同盟会。高密刘冠三在济南创办山左公学，教员有泰安赵心如，安丘周健龙、王讷，潍县于东周、刘东侯、李次久、张恩亭，等等。学生有刘溥霖、邵麟勋、单少泉、周希文、武竞文、毛星帆等。这些人大部分都是同盟会成员。他们把山左公学当作革命机关，凡是从海外回来的留学生、本省愿参加革命的青年一律接待。班麟书在山东高等学堂上学，经常和山左公学的师生接触，不久就参加了同盟会。

1907 年，山左公学的名声越来越大，被清朝当局勒令解散。班麟书因还在山东高等学堂读书，仍留在济南，与各地革命党人暗通声息。

1908 年，班麟书在山东高等学堂正科毕业，又考进了青岛特别高等学堂(系中德合办的大学，因设在德国黑兰军营内，又称“黑兰大学”)。在这期间，他又结识了同盟会成员邓天乙、赵象阙、王麟阁等。

响应武昌起义

1911 年 10 月，武昌起义的消息传到山东。在如火如荼的革命热潮中，班麟书跑回长山家乡，致书周村商会会长王遂善在周村宣布独立。王遂善在所著《痛定思》中说班麟书“性近不慧，而向往革命，狂热特甚。宣统三年冬，南北停战期内，曾来周村鼓吹独立，诒余以书，多致讥笑。未几，遂与于登、黄之乱”。

事实上，班麟书看到周村响应革命者甚少，谋划无成。等他回到青岛特别高等学堂时，已是旧历十一月下旬，山东独立已经取消，且革命党人被大肆迫害。在这种情况下，革命党人不得不另谋他途。刘冠三被孙中山委以领导山东革命的重任。刘冠三率领部分骨干同志前往青岛，联合其他同盟会会员王麟阁、班麟书、邓天乙等组建了同盟会青岛机关部，策划组织武装斗争。

胶东地区有两支相互影响的革命力量，一支分布在以诸城为中心的青州、高密、即墨等胶济铁路沿线县城，一支分布在以烟台为中心的蓬莱、黄县、文登、荣成等海滨县市。胶东方面，由徐镜心、邱丕振、连承基等在东北组织的起义军 200 余人于二十六日攻占登州，二十八日占领黄县，革命声势大振。于是班麟书与王麟阁、邓天乙、赵象阙等商量，认为孙宝琦取消独立反对革命是意料中的事，官僚们绝不会真正革命，要革命只有自己干，决定分两路进行起义。一路由邓天乙、王长庆、赵象阙等独立青州，一路由班麟书、吴鸣岐、邵麟勋、张节堂等独立高密，最后取诸城为根据地，因其依山近海可战可守。

然而青州起义计划失败，赵象阙牺牲。邓天乙、王长庆等数十人经过安丘到了诸城的五里堡，策划进一步占领诸城。班麟书一行在高密的行动却很顺利。先由王麟阁去高密城与驻守南关的一连清军取得联系，许诺给该连发一个月的饷银，让他们在城中发生起义时按兵不动，并把从青岛带来的两位同志安置在离东门不远的劝学所里。农历十二月初九夜间，班麟书、吴鸣岐等十余人在高密车站下车来到东门外，即由这两位同志暗开城门放进，直扑县署。各处手枪、土制炸弹猛烈攻击，吓得清朝县官王鉴清狼狈逃窜。众人推举班麟书为临时司令，张贴安民布告，宣布独立。

当时清军张树元部驻扎在丈岭，听说高密独立，即派兵前来攻打。班麟书等为了保存实力，立即撤出高密，去往五里堡与青州义军会合。

诸城开明士绅臧汉臣、臧少梅、王凤翥等同情起义军，不断资助接济起义军并花钱贿赂追击的清军使其退走。诸城县立农林学堂、高等学堂和东武公学的学生都热心革命，他们组织了学生团、歃血团等，欢迎起义军进城。起义军在城里组织了山东军政分府，推举王长庆为司令，臧汉臣为民政长。派臧文山、裴曾绰负责训练学生军，臧少梅负责往青岛购买枪械，一时人心振奋，准备大举。但清朝县官吴勋并没退走，他和德国神甫顾思德藏匿在县城的天主教堂中，伺机反扑。吴勋探知起义军势力单薄，枪械不足，从天主堂里电告清军驻沂州的巡防营发兵进剿。清军连夜扑来，城内劣绅王少舲等跑到军前献计，令清兵十余人扮作运送柴草的乡民，暗藏武器，蒙混进城潜伏下来。农历十二月二十四日夜间，清军迫近诸城，与起义军展开激战，城内之敌举火相应，起义军遭前后夹击，次日拂晓城被攻破。班麟书、王长庆、邓天乙等被困在县署内，眼看清兵数人托枪冲来，班麟书迎头抛出一颗土制炸弹，门外清兵非死即伤，众人乘机冲杀而出。清军攻占诸城，残杀革命志士 100 余人。班麟书眼见这么多的同志惨遭杀害，十分痛心，但南北已经议和，举国罢兵，只好设法重新回到青岛特别高等学堂。

为保卫共和而牺牲

1912 年，袁世凯僭窃中华民国大总统职位。1913 年 1 月，国会议员选举结果公布，国民党人占大多数。但袁世凯倒行逆施，3 月制造宋教仁案。7 月李烈钧首先发难，在江西湖口宣布独立，南京、芜湖、上海及南方各省的国民党人纷纷响应，二次革命爆发。班麟书在青岛暗中组织反袁武装，但因二次革命失败，遂自行解散，然形迹已露，只好东去日本。次年，孙中山在东京改组国民党为中华革命党，党员重新登记，班麟书成为中华革命党的一员。

1914 年，袁世凯取消国会，肆意改造民国约法，并准备复辟。孙中山派居正担任中华革命军东北军总司令，回国领导在东北的革命队伍，居正到大连组织各部义军先后去青岛。1916 年 5 月，居正自率吕子人、王仲玉一军攻占潍县，吴大洲、薄子明率另一军攻占周村。孙中山得知山东举义首战告捷，急遣刘大同、班麟书、蔡子升、王献之、李宜亭、卞寅宾、孙尧天、齐岐南、李子侠等回山东襄助军务。众人回到青岛组织了一部分武装，并入居正部。班麟书率少数人赴周村，并加入周村护国军。

护国军被裁撤后，班麟书在胶济铁路局工作。此时正当中国北方军阀混战，民不聊生。孙中山在广东计划重新改组国民党，积极酝酿北伐。邓天乙乘海圻号巡洋舰赴上海组织起义活动。班麟书与他们取得联系后，暗中策应。他借职务之便，在铁路两侧绿林好汉中接洽朋友，劝导他们主张正义，坚持公道，准备将来参加革命军，并要他们把“请”来的老财送往青岛，由自己招待食宿并亲与洽谈：“请求某先生捐金××元资助革命。”待捐金汇到，仍用火车将“客人”送回原籍，绝无虐待伤害的事情。筹集之款，一边用来接济南方党人，一边用来谋划寻找适当时机举义。

由于当年班麟书参加过护国军，已为各地官僚、士绅、军阀所痛恨，又干起这“文明绑票”的事，“大土匪班麟书”之名噪于四方，山东军政当局欲将他捉拿归案。华盛顿会议后，日本将胶济沿线主权逐步交还中国，1924 年军阀郑士琦督鲁，将班麟书逮捕杀害。1936 年 6 月 24 日，国民政府追赠班麟书为陆军中将。班麟书的战友邓天乙曾为他题写赠联——“敢于冲锋即大勇，不为人忌是庸才（横批：英雄本色）”，这算是对他恰如其分的评价。

参考文献

1.山东省政协文史资料委员会编：《辛亥革命在山东——纪念辛亥革命八十周年》，济南：山东人民出版社，1991 年。

2.马庚存著，中国人民政治协商会议山东省委员会文史资料委员会编：《同盟会在山东》，济南：山东人民出版社，1991 年。

名节誉山左　震旦纪功勋

——刘冠三烈士

辛亥革命爆发后，刘冠三徒步推车出省漫游全国，从高密出发，后辗转沂州、曹州以及山西、察哈尔、河北、内蒙古、北京等6省市，宣传同盟会主张，网罗天下豪杰加入同盟会，历时2年。刘冠三所发展加入同盟会和会见过的革命同志，多数成长为统领一省或几省革命工作的重要领导人。“南有孙中山，北有刘冠三”之誉由此得来。

刘冠三（1872—1925），名恩锡，字冠三，山东高密人，辛亥革命杰出领导人。1902年，考入山东大学堂师范馆学习。曾任中国同盟会山东分会负责人，中华民国首届国会议员。1925年7月1日病逝。1986年，中共山东省委认定刘冠三为山东辛亥革命杰出领导人之一。

从“小秀才”到“大学生”

刘冠三天性聪敏，勤奋好学。六七岁时，入私塾念《三字经》《百家姓》《千字文》等启蒙读物。13岁应童子试，取得了令人瞩目的成绩，被乡亲们称为“小秀才”，认为他长大后必成大器。父亲因此对刘冠三寄予厚望，托人将他送到当地有名的古文大师李泰运处陪读受业。其间，刘冠三熟读儒家经典和诗文辞赋，学业大进，成为李泰运的得意门生。

1899 年，德国人兴建胶济铁路。高密地势南高北低，北部壕里一带汛期常遭水灾，胶济铁路的修建相当于又筑了一条拦水大坝，洪水更加无法泄出。由此，高密县官厅、康庄一带爆发了由孙文、李金榜等人领导的抗德阻路武装斗争，当地 108 个村数万名农民参与。刘冠三无法安居书斋，回乡积极参加了孙文等领导的抗德阻路武装斗争。但是，刘冠三清醒地认识到，修筑铁路对当地经济发展有利，应争取政府多给些补偿，并采取措施改善被破坏的排涝体系。他不顾亲友阻挠，毅然出任调停的角色，以一个青年学生的身份承担起了重要的责任，“奔走呼号二十昼夜”。一年后，德方铁路公司最终做出让步：铁路北移一二公里，多留泄水桥梁和涵洞。刘冠三的大局观受到乡邻的盛赞。作为一名有勇有谋的爱国知识分子，他由此在高密全县出名，大家亲切地称呼他为“大学生”。

考入学堂　投身革命

1902 年，山东大学堂师范馆首批招生 30 余人，学制 4 年，学员入学资格以“举贡生监”为限。彼时各县学员尚迷恋科场功名，不愿进入新式学堂读书。受维新思想影响，仰慕新式教育、渴望学习新式文明的刘冠三闻讯后立即报考，并以优异成绩考进师范馆长期班。读书期间，刘冠三受到民主革命思想的熏陶，积极参加社会活动，追求新思想、新知识，逐渐成长为一名革命者。

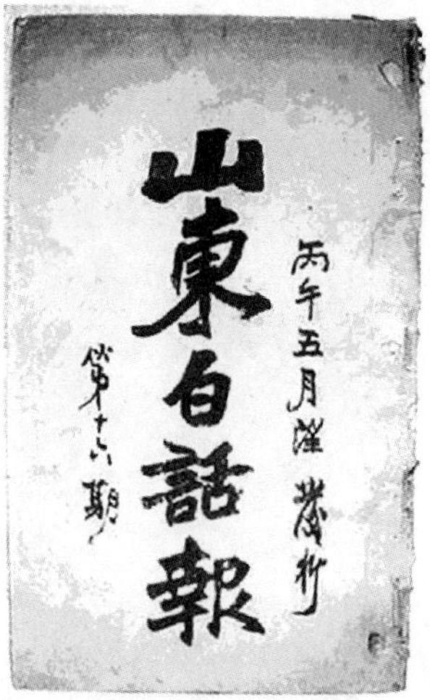

《山东白话报》剪影

1906 年 2 月，在孙中山三民主义思想影响下，刘冠三联合泰安籍同学丁耕农集资，在济南趵突泉东边的白雪楼创办了《山东白话报》，这是山东首例通俗文体刊物，主要内容是宣传新文化，抨击清政府对内愚弄欺压人民、对外丧权辱国的腐败政治，是山东第一份宣传新思想的报纸。因宣传革命，《山东白话报》很快被清政府查禁，刘冠三也被学校开除学籍。刘冠三被开除学籍的决定引发了学潮，学生们举行罢课斗争，向政府请愿，在街头演讲，迫使学校恢复了刘冠三的学籍。

1906 年 6 月，经从日本回国的同盟会会员谢鸿泰介绍，刘冠三加入中国同盟会，成为在山东本地发展的最早的同盟会会员之一，从此他也成为一名不屈不挠、具有献身精神的职业革命家。

热心教育　宣传革命

师范馆的学习，使刘冠三热心教育。刘冠三曾在济南创办第一所盲哑学堂。1906 年 3 月，刘冠三又利用清廷提倡私人办学的机会，与友人刘东侯、丁鸿芹一起在趵突泉创办了山左公学(后迁杨家庄)。山左公学是山东最早的中等教育学校，是百年老校济南一中的前身。山左公学分设中学班和师范班，初期办学条件简陋，经费拮据。学生白天集中上大课，晚上自习；校舍仅有教室及教职员寝室，学生分散在学校附近的乡民家中居住。为保障学生安全，刘冠三无论阴晴雨雪，经常往返六七公里，巡查学生宿舍。尽管是自费学习，生活条件艰苦，但由于全省贤士云集，各地学生慕名而来，一时声名远播，学校规模不断扩大，受业学生由 200 多名增至 3000 多名。

刘冠三充分利用山左公学办学平台，将中国同盟会创办的《晨钟》《民报》《复报》《革命军》等进步书刊送至学生宿舍传阅，宣传革命思想、培养学生爱国爱乡思想。许多留日回国同盟会会员，如徐镜心、刘东侯、鞠思敏、丁鸿芹、酆文翰、齐芾南、左汝霖等，先后至山左公学任教讲学，使山左公学成为向青年学生秘密宣传革命思想的教育基地。

1907 年夏天，山东同盟会主盟人徐镜心前往东北开展活动，将省内的工作交给刘冠三主持。山左公学作为山东同盟会会员和革命党人活动的秘密机关和联络通讯处，成为全省同盟会的领导机关所在地。山左公学的革命活动引起了清廷的注意。1908 年 1 月，山左公学终被清廷查禁，虽然刘冠三已请辞公学监督职务，仍被清廷下令缉拿。山左公学停办后，大部分学生回到原籍，把刘冠三等人宣传的民主精神散布各地。

请辞回乡后，刘冠三带领 30 多名追随他的学生，继续秘密开展活动。被通缉后，刘冠三等赴青岛躲避追捕，随即与在青岛活动的革命党人陈干、李兰佩、谢惠斋等人筹办了震旦公学。“震旦”是古代印度人对中国的称呼，革命党人取之为校名，寓意振兴中华。因有办学经验又有威信，刘冠三被推举为学校的主要负责人。作为正教习，陈干负责去日本与丁惟汾、章太炎等商讨办学事宜，并聘请教员；作为副教习，刘冠三负责多方筹集办校资金。在震旦公学经费困难的时候，刘冠三曾以自己的全部家产作抵押，向别人借款 150 两银子用作办学经费。一批学有所长的同盟会会员吕子人、徐镜心、牟省三等先后在该校任职或授课。在课程设置方面，除文化课外，还开设了军事课和军事技术训练课。

军事教员时常带领学生举行野营训练，指挥实弹演习。震旦师生一律留短发、穿军装；教职员工没有工资，资金全部用于购买军械炸药，暗藏于学校及校外一些可靠地方，以备将来开展武装斗争。全体师生同吃、同住、同操练，团结和睦，严守纪律，忠于职守，是一所新型的革命学校。

震旦公学名声大振，清廷惊恐。1908 年 12 月，清廷与德国驻青岛总督交涉，再次封禁震旦公学，遣散学生，并抓捕引渡刘冠三。虽然学校被查封，但革命思想已经广泛传播，深入人心，为革命播下了火种。辛亥革命爆发后，原震旦公学师生慷慨以赴，很多人成为斗争的骨干力量。

领导山东辛亥革命

1911 年，刘冠三积劳成疾，在北京养病。山东同盟会的同志得知刘冠三在北京后，立即安排吕子人等前去北京探望。刘冠三决定随吕子人返回山东，与刘溥霖、蔡自声等秘密组织山东同盟会机关。10 月 10 日武昌起义后，刘冠三与徐镜心、丁惟汾等决定响应，召集山东各界人士在济南成立山东全省各界联合会。11 月 23 日，联合会推举山东巡抚孙宝琦为总督，山东宣布独立。不出刘冠三意料，“官僚不足恃”，山东的独立很快被袁世凯派员取消。因此，刘冠三联合蔡自声、王林肯、班麟书、邓天乙等同盟会会员开始组织武装力量，策划武装夺取地方政权。刘冠三“劝捐购械，日夜奔走，饮食俱废”，表现出了忘我的革命干劲和极强的组织能力、领导能力。在武装斗争的准备工作稍有头绪之后，刘冠三亲自赶到上海，拜谒孙中山，寻求革命对策，被孙中山委以领导山东军事革命的重任。

回到高密后，刘冠三按照孙中山的指示，继续发动革命，周密策划组织鲁东地区胶济铁路沿线诸县的斗争。刘冠三坐镇青岛，指挥三路革命军，一举攻下即墨、高密、诸城三县城，赶跑旧县官，接管政府，开仓平粜，救济百姓，一时人心大快。虽然这些独立斗争先后失败，但都给垂危的清政府以沉重打击，振奋了革命党人的斗志。在刘冠三的领导下，山东革命党人在斗争中不断成长。

1912 年元月，中华民国建立，共和告成，武装斗争停止，革命党人取得了合法地位，同盟会得以公开活动。1912 年 4 月 14 日，中国同盟会山东分会在济南李公祠召开成立大会，徐镜心被推举为会长，刘冠三为副会长。

鞠躬尽瘁　维护民国

1912 年 4 月 19 日，山东省临时议会成立，刘冠三被推选为副议长，但受到袁世凯委派的山东都督周自齐排挤，任没有实权的山东留日学生监督。刘冠三

孙中山到山东视察时与刘冠三等的合影(左四为刘冠三)

"志不能行",愤慨之余,避居于济南南郊开元寺。9 月,辞去临时大总统职务后的孙中山来山东视察,徐镜心、刘冠三和蒋洗凡一路陪同。途经高密时,经刘冠三提议,孙中山下车接见了高密同盟会组织的迎送人员。孙中山留照并题字"高密同盟会留念,孙文赠",并留下了"要立志做大事,不要做大官"的训言。

1912 年底,刘冠三被选举为第一届国会众议院议员。1913 年春天,履职赴日的刘冠三转道东北回京,出席中华民国第一届国会会议。在北京,刘冠三联合丁惟汾、徐镜心等山东国民党议员,与时任临时大总统的袁世凯展开了激烈的斗争。袁世凯试图以重金收买,但刘冠三等均不为利禄所动,并严厉监督其他议员,防止被袁世凯的高官厚禄所诱惑变质。袁世凯公开叛变革命后,徐镜心等被害,国会内的国民党议员多数离京避难。刘冠三不顾个人安危,继任徐镜心的职务,勇敢地承担起领导山东革命的重任。他一边留京处理徐镜心的后事,一边继续坚持反袁斗争。刘冠三曾用自己的独子刘耀东替换出被捕的革命党人商震,并帮助商震逃走。大义感人,一时传为美谈。

1915 年 1 月 28 日,袁世凯下令逮捕刘冠三。经商震、侯延爽等人全力营救,刘冠三得以出狱。出狱后,刘冠三以寓公为名在袁世凯总统府警卫军统领兼北京军政执法处处长陆建章家中避难。8 月,陆建章被袁世凯派往陕西镇压白朗起义,刘冠三随行至西安。一到西安,刘冠三就与西安的景定成、胡景翼等同志取得联系,秘密策划反袁斗争。1916 年初,陕西反袁行动泄露,景定成被捕,大批革命党人被杀害。刘冠三称病,加上妻子去世,才得以避过这场灾难。1916 年 3 月,革命党人在富平县以陆建章的儿子陆承武为人质,逼迫陆建章下台。经刘冠三调解,陆建章辞职离陕,陕西以较小的代价取得独立。

1916 年 8 月,反袁斗争胜利,国会恢复,刘冠三再次担任国会议员。刘冠三函信孙中山,建议保留军事力量。1917 年,段祺瑞揽权,国会再次被解散。刘冠三南下广州,追随孙中山开始了护法运动,被孙中山任命为山东招讨使,全权负责山东军务。刘冠三率部数万人,与北洋军阀转战于江苏和山东之间。首战,在济宁南部以 5000 余人击败北洋军 2 万多人,大获全胜。山东督军张树元大惊，亲自临阵指挥抵抗。11 月 24 日，又在邹县东南的两下店，以 3000 余人击败强敌张树元军 1 万多人。张树元大败溃逃，侥幸逃脱。正当革命军准备乘胜进军之际，广州国民党中央内部发生政变，孙中山被迫离粤赴沪。刘冠三当即赶赴上海，声援孙中山。

1922 年，北洋军阀恢复约法和国会，刘冠三再次到北京出席国会。这一年，刘冠三不幸患上肺癌。此时正值鲁案谈判期间。鲁案主要是指 1910—1920 年中日之间围绕归还山东问题而展开的一系列交涉事件。刘冠三、于沐尘和山东省议会议长王鸿一等山东籍国会议员联合山东旅京学生，集体到鲁案督办公署示威，向政府施加压力，使中国政府代表对日本的无理要求不敢让步。鲁案办理结束后，北洋政府鲁案督办王正廷说："真佩服山东代表，真正是为国家民族着想，真正是为社会服务，非乘机谋利禄之徒。"

1923 年，野心膨胀的曹锟企图谋取总统职务，对议员进行贿赂。山东籍丁惟汾、王乐平等国民党议员愤而离京，赴上海进行对抗。刘冠三身负在京联络议员抵制贿选的重任，不能离开北京。这时的刘冠三由于身患重症，行动极为困难，反曹工作非常艰难。10 月 15 日，昏迷中的刘冠三被曹锟爪牙用软床抬进会场，转了一圈，算是投了曹锟一票。受此凌辱，刘冠三懊恼悔恨不已，心情更加抑郁，致使病情进一步恶化，于 1925 年 7 月 1 日在北京病逝，终年 53 岁。

1986 年，中共山东省委认定刘冠三为山东辛亥革命杰出领导人。1987 年 6 月，刘冠三灵柩移葬于高密革命烈士陵园。

参考文献

1.山东省政协文史资料委员会编：《辛亥革命在山东——纪念辛亥革命八十周年》，济南：山东人民出版社，1991 年。

2.《辛亥革命先驱刘冠三》，《潍坊晚报》2016 年 1 月 10 日。

中国共产党建党初期

明志以身死　血洒大江流

——彭明晶烈士

1938年，时任八路军115师政治委员的罗荣桓在填写自己革命经历的档案时，曾这样记述："彭明晶同志于1927年介绍我加入C.Y.(共青团)和共产党组织。1927年大革命失败后，他坚持斗争，不幸被捕，英勇不屈，壮烈牺牲。"

彭明晶(1899—1927)，四川安岳人。1924—1926年，在私立青岛大学学习。1926年，先后加入中国共青团和中国共产党。1927年7月，担任中共武昌市一区区委书记，不久被捕牺牲。

求学成都　结识辉代英

1899年，彭明晶出生在一户平民家庭。1907年，8岁的彭明晶进入县立高等小学读书，接受启蒙教育。1916年，彭明晶进入安岳中学读书，经过5年的勤奋学习，以优异成绩考入当时四川省的最高学府成都高等师范学校。就在一年之后，中华人民共和国高等教育开拓者吴玉章受命出任该校校长。在吴玉章的筹划和推动之下，成都高等师范学校思想活跃，校风自由，马克思主义也开始传播开来。在这种背景下，中国共产党早期青年运动领导人之一的恽代英也受邀来校任教，很快成为最受学生欢迎的教师。彭明晶同其他追求进步的同学一道，课后经常来到恽代英在学校的临时住所，阅读马克思主义经典著作等进步书籍，探索革命真谛。在恽代英的熏陶下，彭明晶等学生立志要成为“心地纯洁、理想崇高、立志为人类服务的青年”。

1923年初夏，四川省第一中学校长阎乐锦反对师生抨击时弊，并无理开除一批学生，引发罢课学潮。随即，彭明晶等进步学生在恽代英带领下组织学生声援，提出“保障人权”“保障言论、集会、结社自由”等口号，组织动员成都市10多所学校的青年学子上街示威游行。反动政府派人包围了成都高等师范学校，搜捕进步师生。恽代英只好南下广州，彭明晶回到家乡安岳县实地调查民情。通过这些斗争，彭明晶不仅和恽代英结下了深厚的师生情谊，还在追求民主进步的活动中磨炼了自己救国救民的斗争意志。

负笈青岛　接受革命洗礼

在家乡安岳县实地调查民情期间，彭明晶不仅深入城内，还到城郊农村与各阶层打交道，积累知识，了解社会，逐渐认识到工业和商业乃是国家强盛、民众富裕的基础。这时，他听闻山东省新开办一所私立青岛大学，下设工科和商科两科，便有意报考。他的这一想法得到了父亲的大力支持。彭明晶的父亲彭永贞自幼学得一手酿酒好技术，凭着祖辈传下的一处小作坊，在安岳县城经营了一间小酒馆，维持全家9口人的生计。于是，在父亲的精神鼓励和经济资助下，彭明晶决定投考私立青岛大学，也借机到省外去长见识、学本领，广泛结交有识之士。

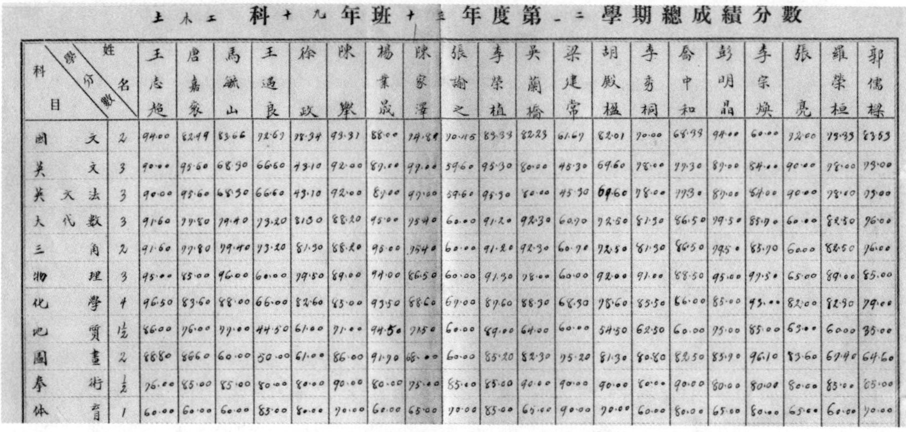

土木工科十九年班十三年度第一二學期總成績分數

科目	學分數	王志超	唐嘉家	馬毓山	王遇良	徐政	陳燦	楊業崴	陳家澤	張諭之	李榮植
國文	2	94.00	82.49	83.66	72.67	78.34	93.31	88.00	74.81	70.45	83.33
英文	3	90.00	95.60	68.90	66.60	43.10	92.00	87.00	97.00	59.60	95.30
英文法	3	90.00	95.60	68.90	66.60	43.10	92.00	87.00	97.00	59.60	95.30
大代數	3	91.60	77.80	79.40	73.20	81.30	88.20	95.00	75.40	60.00	91.20
三角	2	91.60	77.80	79.40	73.20	81.30	88.20	95.00	75.40	60.00	91.20
物理	3	95.00	85.00	96.00	60.00	79.50	89.00	94.00	86.50	60.00	91.30
化學	4	96.50	83.60	88.00	66.00	82.60	85.00	93.50	88.60	67.00	87.60
地質	1½	86.00	76.00	77.00	44.50	61.00	71.00	94.50	71.50	60.00	89.00
圖畫	2	88.80	86.60	60.00	50.00	61.00	86.00	91.70	68.00	60.00	85.20
拳術	½	76.00	85.00	85.00	80.00	80.00	90.00	80.00	75.00	85.00	85.00
体育	1	60.00	60.00	60.00	85.00	80.00	70.00	60.00	65.00	70.00	85.00

科目	學分數	吳蘭椅	梁建常	胡殿楹	李秀桐	喬中和	彭明晶	李宗焕	張亮	羅榮桓	郭儒棵
國文	2	82.23	61.67	82.01	70.00	68.33	94.00	60.00	72.00	73.33	83.53
英文	3	80.00	45.30	69.60	78.00	77.30	87.00	54.00	90.00	78.00	73.00
英文法	3	80.00	45.30	69.60	78.00	77.30	87.00	54.00	90.00	78.60	73.00
大代數	3	92.30	60.70	72.50	81.30	86.50	79.50	85.70	60.00	82.50	76.00
三角	2	92.30	60.70	72.50	81.30	86.50	79.50	85.70	60.00	82.50	76.00
物理	3	78.00	60.00	92.00	91.00	88.50	95.00	97.50	65.00	89.00	85.00
化學	4	88.30	68.30	78.60	85.50	86.00	85.00	93.00	82.00	82.90	79.00
地質	1½	64.00	60.00	54.50	62.50	60.00	75.00	85.00	63.00	60.00	35.00
圖畫	2	82.30	75.20	81.30	80.80	82.50	83.90	96.10	83.60	67.40	64.60
拳術	½	90.00	90.00	90.00	80.00	90.00	80.00	80.00	80.00	83.00	65.00
体育	1	65.00	90.00	70.00	60.00	80.00	65.00	80.00	65.00	60.00	70.00

山东省档案馆藏彭明晶在私立青岛大学就读时期的成绩单

1924 年秋，彭明晶顺利考入私立青岛大学工科预科。入校不久，他就认识了同届的罗荣桓。罗荣桓来自湖南省长沙市协均中学，在和彭明晶攀谈的过程中，了解到彭明晶来自成都高等师范学校，并受吴玉章和恽代英等革命前辈谆谆教诲，且追求思想进步，才华横溢，情怀高尚，两人很快发展成为无话不谈的亲密朋友。

此时的青岛，虽然在名义上已从日本手中收回，但实际上仍在日本势力控制之下。停泊在港口的"比睿丸"号等日舰、开设在青岛的日本企业，使得彭明晶、罗荣桓、张沈川等私立青岛大学进步学生深刻意识到我国工商业落后于发达帝国主义国家的现实。考虑到自己所学的是工科和商科，彭明晶、罗荣恒等决意将自己的所学付诸实践，发起组织三民实业社，准备与日资等外商企业展开商战，走实业救国的道路。该社吸收同学们投资，每股银圆五枚。在彭明晶、罗荣桓、张沈川等人带动下，先后筹集资金三百多元。在聘请一位安徽籍的技师后，同学们便开始加班加点，生产纱布、药棉、墨水、肥皂、蜡烛等日用品。但是，当时中国的民族工商业因为各种原因受到外国资本主义和本国封建主义的排挤、压迫，这个小小的实业社开办不到一年便无法维持。这场实业救国道路探索的失败，给彭明晶、罗荣桓等人留下了深刻的教训，使得他们深刻地意识到要想真正改变中国人民所遭受的残酷剥削，必须彻底推翻腐朽无能的反动政府和肆意欺凌的帝国主义列强。

1925 年 5 月，青岛市大康、隆兴、富士、钟渊等纱厂、布厂的日本资本家阻止中国工人组建工会，并缉拿、拷打、开除了一批先进工人分子。工人群情激愤，在中共地下党组织的策划下，近两万名工厂工人组织了大罢工。在日本人的授意下，山东军务督办张宗昌派遣军警部队包围工人聚集的大康、隆兴等纱厂，开展血腥镇压，最终酿造了 8 人死亡、17 人重伤、75 人被捕的青岛惨案。

惨案发生后，青岛市各界人士义愤填膺，学生罢课，市民罢市，工人罢工，各群众团体自发组织成立青岛惨案后援会。彭明晶与张沈川、罗荣桓作为私立青岛大学学生会负责人，一方面号召全校同学团结起来，支持罢工工人；另一方面成立话剧团，白天走街串巷散发传单，晚上开展巡演募捐活动，并向银行、商业、机关职工兜售戏票，为支援工人罢工提供活动经费。

不久之后，上海五卅惨案爆发。这一消息传到青岛后，群情更为激愤。为此，青岛惨案后援会改名为青沪惨案后援会，进一步组织工人罢工、商人罢市。彭明晶参加的青岛学联召开全市各大、中、小学代表紧急会议，要求全市各校响应号召，一律罢课。彭明晶等青岛学联干事除在青岛宣传、揭露日本帝国主义与军阀张宗昌勾结残酷镇压纱厂工人的血腥罪行之外，还沿胶济铁路深入高密、潍县、张店、周村等市镇进行爱国反帝宣传，激发广大群众的革命热情。

为了扩大宣传活动，青岛学联在派出罗荣桓、孙桂亭到上海联络上海学联的同时，又派彭明晶和胶济铁路总工会代表伦克忠、韩文玉去北京，与全国学联取得联系，分头宣传、揭露青岛惨案真相。为了防备山东地方军警检查，彭明晶与时任青岛学联主席张沈川约定，以作家张恨水的《春明外史》为通信联络的密码本，信中只注明某页某行某些字，即可互通消息。

1925 年夏初，胶澳督办温树德秉承张宗昌的旨意，以武力强行解散了青沪惨案后援会，逮捕了王伦(即李慰农，党中央派驻青岛领导工人运动)和胡信之(《青岛公民报》主编)，并于 7 月 29 日将两人杀害。

8 月初，彭明晶一行在全国学联的支持下，在中山公园的来今雨轩举行招待会，到会的有 30 多个团体、单位的代表。彭明晶在会上痛陈青岛惨案真相以及王伦、胡信之两烈士在青岛被残害的经过。彭明晶还将张沈川秘密寄给他的胡信之烈士尸体的照片展示出来，激发了集会人群的极大愤慨，大家一致通过了五项决议，要求严惩张宗昌，恢复胶济铁路总工会及其他爱国群众团体，抚恤死难烈士家属，释放被捕工人和赔偿工会损失。在彭明晶等的促成下，还决定由到会各团体发起筹办烈士追悼会。不料，张宗昌从山东派到北京的便衣军警将伦克忠带走，追悼会无法召开。彭明晶也受到追捕，到北京四川同乡会馆，依靠乡亲保护。

在四川会馆，彭明晶见到了家乡人，以及留学日本的博士刘云门和住在会馆复习功课的安岳籍同学王永臬、莫正锡。家乡人见面格外亲切。彭明晶抓住有利时机，向这些同乡揭露青岛惨案真相。在与这些进步学生的交流中，彭明晶深深感受到北京学生在十月革命和五四运动的影响下，研究马克思主义、寻求救国真理的热情，他决心把北京的情况和群众运动的经验带回青岛去。

彭明晶回到青岛时，形势已经大变，全市抗日爱国运动已被军阀和日本帝国主义分子用武力镇压下去，反动的政治空气使人窒息。彭明晶、张沈川和从上海归来的罗荣桓从血的教训中深刻认识到，革命单靠一些地方的少数人难以成功，要有民众的大联合才有胜利的可能。

1926 年春，私立青岛大学处于半瘫痪状态，师生四处离散。彭明晶在父亲多次来信催促下也只好启程返回四川老家。7 月，在得知学校近况后，彭明晶又匆匆告别父母返回私立青岛大学。这时，他从一些师生口中了解到，广州新建了黄埔军校和中山大学，革命形势发展很快，国共正联合北伐，无数热血青年投奔其中。彭明晶和罗荣桓、张沈川等分析形势，认定广州的革命势头走在全国前列，有志青年在那里才有广阔发展空间。8 月，彭明晶毅然离开青岛，从私立青岛大学结业，与罗荣桓、张沈川等人奔赴国民革命的策源地广州。

奔走粤鄂　服膺红色信仰

1926年初秋，彭明晶刚到广州，就意外地见到了在中山大学担任教授的刘云门、刘鹤年、王永臬、莫正锡等安岳籍同学，大家久别重逢，格外高兴。在这些同学的帮助下，他得知自己的恩师恽代英在黄埔军校担任政治教官，上课很受欢迎，便火速赶到黄埔军校，请求与恩师见面。此时的恽代英已经成长为中国共产党杰出青年运动领袖，在那个晦暗的时代为整整一代青年送去了思想的火花，埋下了革命的火种。因为当时正值国共合作，恽代英的中共党员身份已经公开，早就一心梦想接受先进党组织领导的彭明晶便借机向自己的老师提出了入党申请。在恽代英的介绍下，彭明晶顺利加入了共产主义青年团，不久就转为中共党员，从此走上了职业革命家的道路。

1926年10月，北伐军攻克了武汉三镇，为培养急需的革命干部，成立了国立武昌中山大学(又称国立第二中山大学)。刘云门应聘去国立武昌中山大学任教。经北伐军广州后方留守处政治部主任孙炳文批准，刘云门率领安岳籍学生王永臬、莫正锡等同行，彭明晶也被党组织安排一道北上湖北。他们带上北伐宣传资料从广州出发，经韶关、赣州、南雄、九江、南昌，一边宣传一边赶路，于1927年2月底到达武汉。

到达武汉后，彭明晶写信给已回湖南老家的罗荣桓，告诉他国民革命军已攻克武汉三镇，革命大业急需有生力量，盼速来汉会聚。罗荣桓读完来信，得知了革命形势的最新发展，稍作安排后即告别家人上路。当罗荣桓抵达武汉时，政治形势发生了大变化。蒋介石反动派背信弃义，武汉地区革命形势恶化，学校的革命师生面临生存危机。在革命高潮中涌入革命队伍的一些青年面对国民党反动派的屠刀，有的退缩不前，有的脱离革命，个别人甚至叛变革命。然而，罗荣桓革命意志十分坚定，当他得知彭明晶已是一名正式的共产党员时，恳切地向他提出入党的请求。彭明晶为战友的进步请求感到高兴，介绍罗荣桓加入共青团，并推荐其担任国立武昌中山大学团支部的组织干事。过后，又经彭明晶介绍，罗荣桓由共青团员转为中共党员。

血洒长江　鸣响信仰之歌

1927年7月15日，曾经扬言“国共合作到底”的汪精卫公开背叛革命，与蒋介石反动派进一步勾结，不久潜去南京与武汉国民政府合流，对共产党员和革命群众实行大屠杀。此时担任中共武昌市一区区委书记的彭明晶，遵照中共湖北省委指示转入地下，在辖区内的工厂、码头、学校宣传党的主张，驳斥国民党反动派的攻击和诽谤，同时与党内同志研究，布置斗争任务，发动工人罢工等。

7月底，汉口人力车工人提出了“要吃饭，要生存”“反对蒋汪合流”等口号，实行罢工。8月初，武汉三镇工人总同盟宣布总罢工，有几千人参加。这时，震寰纱厂一些剪掉长发的女工被资方开除，引起纱厂工人强烈不满。彭明晶和国立武昌中山大学党组织经过多番研究，决定利用这一机会，发动学生支援纱厂工人的斗争。彭明晶等人先组织一批女学生进厂宣传，支持剪发女工的正义斗争，抨击资方的反动行径；接着又组成男女学生混合宣传队，进厂发动群众。震寰纱厂的女工打出“男女平等”“还我自由”“尊重女权”等标语，斗争的浪潮越来越高。反动政府当局连忙派出军警包围了国立武昌中山大学，接连抓走了21名学生，还将9名学生就地枪杀。

此时，彭明晶在武昌见到了罗荣桓，建议他去湖北南部的通城县一带，发动农民暴动，组织农民自卫军，或者去国民政府警卫团，并向他说明警卫团是由叶挺独立团派出的干部组建，实际上是共产党所掌握的革命武装。后来，罗荣桓去了通城县，组织了农民自卫武装，任党代表，并和未赶上南昌起义的原国民政府警卫团合编，不久又参加了毛泽东领导的秋收起义，从此踏上了戎马一生的革命道路。

与罗荣桓分别后，彭明晶仍留守武汉坚持革命斗争。在白色恐怖的笼罩下，彭明晶根据上级党组织指示，安排一些同志撤离武汉，而他本人却留在危险的市区，相机行事，号召、鼓动、组织工人反抗国民党反动派的血腥镇压。在他的这种大无畏革命精神的感染下，许多转入地下工作的同志也安心许多，坚守在岗位上。

1927年9月，在法租界内的一个秘密地点，彭明晶召开紧急会议，布置斗争任务。驻武汉的反动军阀胡宗铎探听到这一情报，立即派军警包围了集会地。情况非常紧急，彭明晶让到会同志赶快从侧门转入邻居家中设法脱身，而他本人却在关闭二堂门时，被冲进来的军警逮捕。

位于安岳中学的彭明晶烈士像

得知彭明晶被捕后，武汉的党组织多方举措，采取行动设法营救。然而，反动驻军宁肯错杀一千，决不放过一个。他们抓捕彭明晶后“如获至宝”，先是利诱，声称他只要提供一两个地下党员姓名或一两个上级机关地址，不仅能将功折罪，还能享受功名富贵。未能奏效之后，又是严刑拷打，然而彭明晶不为所动，在监狱中进行了包括绝食在内的多种形式的斗争，大义凛然地向狱友揭露国民党反动派的反动本质和卑劣行为。

1927 年深秋，年仅 28 岁的彭明晶被押赴刑场，壮烈牺牲，把最后一滴热血洒在了长江之滨。

参考文献

1.《革命烈士传》编辑委员会编：《革命烈士传》第 10 集，北京：中共党史出版社，1991 年。

2.中共内江市委党史工委办公室、中共内江市委组织部编：《内江英烈》第 2 辑，成都：四川教育出版社，1989 年。

3.中共青岛市委党史资料征委会办公室编：《中共青岛党史大事记 1921—1949》，北京：中共党史资料出版社，1990 年。

4.山东省中共党史学会编：《山东党史人物传（社会主义时期）》第 1 卷，北京：中共党史出版社，2004 年。

5.罗东进著，黄瑶执笔：《我的父亲罗荣桓》，沈阳：辽宁人民出版社，2003 年。

6.黄瑶、阎景堂主编：《中国十大元帅》下册，成都：四川人民出版社，2002 年。

7.中国人民解放军总政治部《罗荣桓传》编写组编：《纪念罗荣桓》，北京：文物出版社，1990 年。

8.刘元鸣主编：《话剧与青岛》，北京：中国戏剧出版社，2006 年。

9.李维民编著：《罗荣桓在山东》，北京：中共党史出版社，2005 年。

10.中共青岛市委党史资料征委会办公室、青岛市总工会工运史办公室编：《青岛党史资料》第 2 辑，内部资料，1985 年。

11.青岛市史志办公室编：《青岛市志：人物志》，北京：五洲传播出版社，2002 年。

12.四川省安岳县志编纂委员会编：《安岳县志》，成都：四川人民出版社，1993 年。

13.孙向群：《近代旅京山东人研究》，济南：齐鲁书社，2013 年。

14.黄瑶：《在战斗中成长的罗荣桓》，北京：解放军出版社，1983 年。

15.黄同华、李草晖编著：《1925 年青岛工人大罢工》，北京：中共党史出版社，2005 年。

16.黄瑶：《青年罗荣桓》，广州：广东教育出版社，1995 年。

17.山东省档案馆馆藏档案，档号：J110-01-0214-001。

报国行赴难 殒而重泰山

——秦茂轩烈士

“我已数年未回家过年了。这次得脱身缧绁安然归来，父亲显得特别高兴……唯爱子心切，坚不准我再回津工作……我只好诿称回津作一番安排与交代，方可出国。父亲认为言之有理，这样我才得脱身回津。”1928年春，秦茂轩给妹妹秦缦云去信，不顾父亲的挽留，毅然离家再次投身革命事业。

秦茂轩（1906—1928），名炳丰，字茂轩，山东济南人。1922年夏，入山东公立工业专门学校学习。1925年5月，加入中国共产主义青年团，不久转为中国共产党党员。1925年7月，作为济南代表出席国民党山东省第一次代表大会。1926年初，到上海，在共青团中央秘书处工作。1927年初，任中共天津地委第二部委书记。1928年初被捕，5月就义于北京安定门外。

在大革命的洪流中

1906年5月，秦茂轩出生于山东济南一个渐趋没落的书香世家。他幼年就

山东省档案馆藏秦茂轩毕业证书

读于山东省立模范小学，毕业后考入山东省立甲种商业学校，1922 年夏转入山东公立工业专门学校攻读应用化学，1925 年夏毕业。

秦茂轩自幼就受到严格的家庭教育。从上小学起，除完成学校教授的学业外，还要研读四书五经，练习写作，吟诗作对。在父亲秦芷堂的严格督导和教诲下，秦茂轩除通晓一般古文诗词外，还能作四六骈体文。秦茂轩在山东省立甲种商业学校读书时，利用课余时间在济南尚实英文社进修英语，因成绩优异，被该社聘请为低年级学生的代课教师。后在山东公立工业专门学校读书时，已能阅读英文原版资料。

秦茂轩的少年时代，正是中国社会处在大变革的时期。经过五四运动的洗礼，随着新文化运动的深入发展，社会主义思潮风靡全国，中国共产党应运而生，迎来了中国新民主主义革命的新时期。1922 年夏秋，中国共产党和社会主义青年团的组织在济南正式建立，并领导工人、学生开展了多种形式的反帝反封建的爱国斗争。一向专心读书的秦茂轩也被卷进了革命的洪流之中，他积极追随共产党人，参加各种反帝爱国斗争，如饥似渴地阅读革命书刊。革命的实践，使秦茂轩迅速成长为一名坚定的共产主义战士。1925 年 5 月，经李耘生、丁羊介绍，秦茂轩加入了中国共产主义青年团。

1925 年，上海五卅惨案发生。1925 年 6 月初，济南学生联合会重新建立，秦茂轩当选为总务委员，参与济南学生青沪惨案后援会的领导工作，组织领导全市中等以上学校学生，于 6 月 3 日举行总罢课，并进行了声势浩大的示威游行。6 月 14 日，秦茂轩作为济南学生联合会代表，出席了济南各界代表会议。当时，中共山东地执委委员王翔千建议成立济南市民雪耻会，统一领导全市反帝爱国运动。在代表会上，秦茂轩积极支持这一建议，并被推举为筹备委员。

6 月 17 日，济南各界 50 余个团体的 300 余名代表在省议会召开大会，正式成立济南市民雪耻会，秦茂轩当选为经济委员，负责组织发动劳动界开展反帝爱国斗争。6 月中旬，奉系军阀、山东军务督办张宗昌在青岛策划镇压六大纱厂工人罢工的同时，电令济南各校立即复课。秦茂轩与济南学生联合会中的党员、团员一起，痛斥张宗昌的卖国行径，领导全市学生坚持罢课，并商议：如果中英、中日交涉失败，即开展与英、日经济绝交的斗争，广泛发动市民支持并参加反帝爱国运动。6月19—20日，住在咏仙里和万紫巷的日侨雇用的70余名华工相继离职罢工，决心不为日本人卖命，并举行抗议示威游行，夜宿街头，衣食无着。兴顺福铁工厂60余名工人因参加6月25日全市大游行被工厂开除，其中大部分是群众反帝斗争的骨干。为帮助支持罢工和失业的工人，济南学生联合会和济南市民雪耻会专门召开会议，决定成立救济工人委员会，秦茂轩当选为委员。他与其他委员一起四处奔走，募捐集资，安排罢工和失业工人及其家属的生活。同时，秦茂轩又代表济南市民雪耻会和学生联合会，积极参加与兴顺福铁工厂资方交涉。在各界的支持下，终于迫使该厂撤销开除令，允许被开除工人复工。

7月中旬，济南各校将陆续放暑假，济南学生联合会决定分两路行动：回乡者积极"从事乡村运动"，并编写《乡村运动提要》，广泛发动农民参加反帝爱国运动；留校者由学生联合会统一组织，开展活动。根据学生联合会的分工，秦茂轩负责留校学生工作。7月10日，济南学生联合会召开各校暑假留济学生大会，秦茂轩代表济南市学生联合会报告下一步工作计划，提出组织学生军，武装平民；筹备民众爱国运动大联合；成立济南工商学联合会，继续组织各校留济学生演讲等意见，号召学生把反帝爱国运动进行到底。7月11日，秦茂轩又作为济南市代表出席了国民党山东省第一次代表大会，为推动山东地区的国共合作和国民革命运动作出了贡献。

秦茂轩的父亲秦芷堂在山东黄河河务局任职多年，后又到省长公署任秘书。他虽然受封建传统文化的影响较深，但思想还算开明，对儿女们的革命活动一般不予干涉，还在一定程度上给予掩护和支持。当时的省会警察厅厅长是秦茂轩父亲的老同事，经常到秦家打牌，去时总要带上警卫人员在门口站岗。因此，秦家就成了一个安全的地方。秦茂轩和妹妹秦缦云（团济南地委委员）便利用这一条件，约集同志们在家开会或商讨工作。这样，秦家很快成为济南党、团组织的一个重要联络点和活动基地。中共山东地委妇女部部长王兰英被学校开除后，就曾在秦家住了几个月，后转赴莫斯科学习。父亲管教儿女，儿女也在影响着父亲。时间久了，秦芷堂也有所察觉，并开始主动配合儿女的革命活动。每当看到秦茂轩或秦缦云领人到家议事，便主动去邀请那位厅长来家打牌。当秦茂轩被通缉、秦缦云赴苏学习时，秦母曾抱怨自己命苦，生下两个"叛逆"的儿女，而秦芷堂却说："他们兄妹俩并非盗贼，走的路是对的。要是我再年轻几十岁，也可能和他们一起走这条路。"

参与大连党组织创建

1925 年 8 月，因秦茂轩被奉系军阀张宗昌通缉，不能继续在济南工作。经报请团中央同意，秦茂轩调至北京全国铁路总工会工作。不久，全国铁路总工会委派秦茂轩为巡视员到大连开展铁路工人运动。秦茂轩以大连中华工学会为基地，积极协助该会会长傅景阳开办工人夜校，自己担任教员。他在工学会夜校上课时，桌面上摆的是《白话尺牍》，讲的是工人运动的悲壮事迹，如二七大罢工、五卅运动等。为了培养工人运动骨干，他利用工人夜校，办起了一个高级班，学员"多为工学会会员及办事人，即以训练班形式，培养干部，教科不定，多半选用《工人周刊》《向导》上之文章及工人实用知识，如罢工战术及铁路代表大会决议案等"，极大地提高了工会积极分子的斗争艺术水平。

大连中华工学会旧址

秦茂轩还受傅景阳的委托，创办工学会的秘密刊物《工学会周刊》，报道各地工人运动的消息，并亲自撰写文章，揭露帝国主义和军阀欺压剥削工人的罪行，启发工人的阶级觉悟，增强工人为争取自身解放而斗争的信心和决心。

秦茂轩针对以往工学会发展的情况提出要开展经济斗争。工学会根据秦茂轩的意见，分析了工人工资太低、住房困难的情况，组织工人积极开展经济斗争，既改善了工人的生活待遇，又提高了工人开展革命斗争的积极性。

1925 年 10 月末，共青团大连特别支部划归共青团北方区委领导，秦茂轩等人于 11 月 3 日即向团中央汇报工作。12 月 6 日，共青团北方区委写信给中央，说明"大连方面成年工人甚多，且现有团员有数人已超过年龄，应组织党"。12 月下旬，中央发出《121 号通告》，指示将大连超龄团员转党。共青团北方区委批准将秦茂轩等 8 名超龄团员转为中共党员，正式成立中共大连特支部(1926 年 2 月易名中共大连地委，党团合一)，书记杨志云。

1925 年 11 月，经秦茂轩和傅景阳联名报请全国铁路总工会和党中央同意，在俄国十月革命纪念日以大连中华工学会的名义给苏联驻大连领事馆写了一封贺信，表达了大连工人阶级对十月革命的敬意，并表示了建立友好往来的愿望。由此，大连地区的党、团组织与苏联驻大连领事馆建立了联系。

为了争取团结广大青年，秦茂轩还利用中华青年会的“星期讲坛”于当年 11 月 1 日和 29 日分别发表《社会进化》《此次政变与国民应持的态度》两篇演讲，讲述人类社会发展的规律和北京政变后的中国政局及国民革命的任务。12 月 21 日，为反抗日本资本家和汉奸工贼的欺压，大连机械制作所工人举行了罢工。日本资本家随即通过新闻媒体散布“赤化”谣言，并声称日本警察将出面镇压及开除工人，一时间形势极为紧张。秦茂轩与共青团大连特别支部的成员商量对策，撰写文章刊登在《泰东日报》，对工厂的污蔑一一进行驳斥。文章刊出后，在社会上引起了强烈反响，博得了舆论界对罢工工人的同情和支持。工人罢工和社会舆论的双重压力，最终迫使日本资本家接受了改善工人生活待遇、不得歧视工学会会员等条件，罢工不到一星期便以工人胜利告终。

大连中华青年会会馆旧影

秦茂轩在大连的革命活动，引起了日本当局的注意。他们指使日本宪兵监视秦茂轩，还经常到工学会盘查并威胁说：“你再不离开这里，就给你颜色看！”12 月底，秦茂轩被日本沙河口警察署以“危险分子”的身份拘留，释放后即被逐出大连，于 1926 年初到达上海，在共青团中央秘书处工作。

顽强革命直到牺牲

虽然秦茂轩离开了济南，但济南的党、团组织却始终没有忘记他。1926 年春，随着团组织的不断发展壮大，团济南地委多次向团中央建议，将青州、张店地区的团组织从济南地委划分出去，单独成立地委，并三次致函团中央，请求调回秦茂轩，主持张店地区的工作。为了全局工作的需要，团中央没有马上满足济南地委的要求，直到五六月间，秦茂轩才被调回济南，被选为团地委候补委员，负责工人运动。7 月，共青团山东区执行委员会成立，秦茂轩又奉命去青岛工作，很快又被全国铁路总工会调回，经上海转赴天津，继续在全国铁路总工会的领导下从事铁路工人运动。

当时中共天津地委下设三个部委。1927 年初，秦茂轩调任天津地委第二部委书记，在北洋光纱厂等从事工人运动，不久被捕。狱中他坚贞不屈，始终保持共产党人的高尚气节，与敌人进行顽强而又灵活的斗争。1927 年底，经过多方营救，秦茂轩才得以走出牢笼。

秦茂轩出狱以后，顾不上回家探望年迈的父母，便立即根据党组织的指示投入了新的战斗，奔波于京津之间，组织发动铁路工人与奉系军阀开展各种形式的斗争。反动当局将秦茂轩视为眼中钉、肉中刺，在北京、天津、济南、大连等车站贴出布告和照片，悬赏缉拿。为了儿子的安全，秦茂轩的父亲多次托人传话或去信，让他回家躲避风险，但都被他婉言拒绝了。

在京居住的表姐夫段茂瀚也再三劝他一起合办一家工业用碱厂，理由是：走实业救国之路，亦为当今青年人之正途，同时还可借此暂避风险。但秦茂轩却以坚定的共产主义信念谢绝了表姐夫的劝告，仍然夜以继日地为革命奔走呼号。不幸的是，在进京的列车上他被叛徒发现，叛徒跟踪他至北京梯子胡同12号其三表姐夫段伯泉家。次日清晨，段家忽然来了一群军警，将住宅包围，把秦茂轩逮捕。临行时，秦茂轩非常从容镇静，还安慰表姐说："姐姐放心，只是嫌疑。"表姐夫段伯泉随即设法营救。但是，张作霖把秦茂轩视为要犯，下令从速结案发落。1928年5月，年仅22岁的秦茂轩和其他十余名革命志士一起，在北京安定门外英勇就义。

参考文献

1.大连市史志办公室编:《大连英烈》第2辑，大连：大连出版社，1995年。

2.山东省中共党史人物研究会编:《山东党史人物传》第2集，济南：山东人民出版社，1992年。

3.中共济南市委党史资料征集研究委员会编:《济南中共党史人物》(一)，济南：济南市新闻出版局，1991年。

4.姜晔主编:《大连城市历史文化研究》，沈阳：万卷出版公司，2018年。

5.刘功成:《大连工人运动史稿：1880—2000年》，沈阳：辽宁人民出版社，2013年。

6.黄进华:《马克思主义在中国东北的传播：1900—1931——基于历史学和传播学的视角》，北京：中国社会科学出版社，2012年。

7.陈秋旭:《1918年—1928年〈泰东日报〉宣传报道研究》，东北师范大学博士学位论文，2021年。

8.山东省档案馆馆藏档案，档号：J110-01-0093-004、G001-01-0009-012。

忠肝共日月　浩气啸峥嵘

——于培绪烈士

有一天，于培绪到大槐树（津浦大厂）散传单、贴标语，从清早到深夜，跑了一天还没有吃上一口饭。晚上回来，风趣地对张干民说："我这条皮带可成宝贝了，肚子里无饭，把腰带不断紧一紧，不但可以挺着腰板走路，而且两条腿仍然走得很快。"

于培绪（1901—1928），字赞之，又名茂宁，化名伯涛，山东昌邑人。1924—1926年，就读于齐鲁大学文理学院，成为齐鲁大学第一个中共地下党员。1927年9月，任中共泰莱县委书记、中共鲁北特委委员，后参与领导高唐县谷官屯农民武装暴动。1928年，成立贫民会与中共饮马党支部，筹备昌邑饮马起义。1928年12月26日牺牲。

齐鲁大学第一个中共地下党员

于培绪出生于一个比较富裕的农民家庭，天资聪慧，读书勤奋，才学出众。当时美国基督教沿胶济铁路入侵昌邑南部饮马等较大村镇，成立了会英小学和崇德高小。于培绪在这两所学校完成学习后，于 1919 年考入潍县文华中学。当时，他目睹帝国主义推行奴化教育和侵华暴行，更加激发了内心的爱国热情。由于文学才能出色，能言善辩，谈吐不凡，他在师生中深孚众望。五四运动爆发后，于培绪被选为学生代表，组织学生游行示威，抵制日货，阅读新文化书报，开展爱国反帝宣传。1922 年春，文华中学和青岛一所美侨中学举行篮球比赛。比赛中，文华队频频得分，美侨队十分难堪。中国学生队教练兼比赛裁判姚尔斯感到有损尊严，多次无故判罚文华队犯规。但文华队仍然战胜了美侨队。第二天，于培绪在作文中以《中美篮球赛参观记》为题，用热情洋溢的文字歌颂了文华队学生在球场上奋力拼搏、为民族争光、使中国学生扬眉吐气的爱国主义精神。文章深得国文老师的赞赏，并在同学中争相传阅。

为了进一步揭露帝国主义的侵略本性，唤起民众的民族觉悟，于培绪与进步同学一起创办了不定期出刊的《醒华报》，向附近各校学生散发，长中国人民志气，扩大五四爱国精神的传播。他们撰写的文章，短小精悍，切中时弊，很受当地群众的欢迎。于培绪的爱国行动，使文华中学当局大为不安，不久学校便强令他停学。

被迫停学并没有动摇于培绪坚定的理想信念，反而更加激发了他的爱国情怀。他以顽强的毅力坚持自学，于 1923 年参加了齐鲁大学入学考试并被录取，1924 年秋开始在齐鲁大学文理学院学习。就读期间，他大量阅读革命书籍，经常与进步学生一起探讨救国救民的方法。

1925 年秋，为了在齐鲁大学建立党组织，中共山东区执委派丁君羊考入文理学院。当时一位教会首领来校讲演，丁君羊立即撰文驳斥，印成传单，连夜张贴到学生宿舍门前。第二天早晨，于培绪看到传单后，便和张同俊、曹仲植等好友找到丁君羊，表达了他们自己的意见。不久，于培绪经丁君羊、关向应介绍秘密加入中国共产党，成为党在齐鲁大学发展的第一名地下党员。随

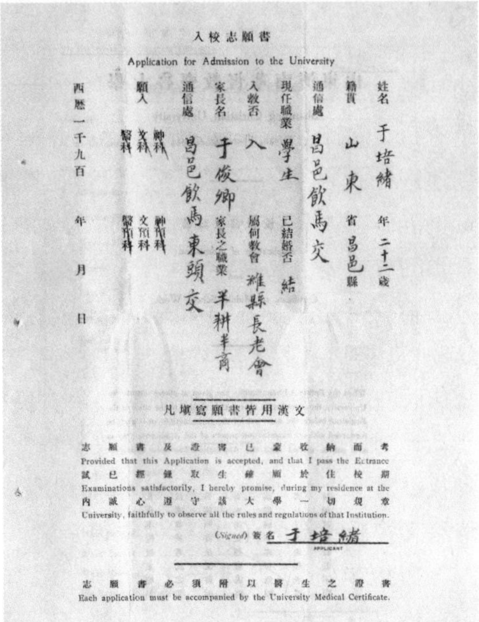

入校志願書

Application for Admission to the University

姓名 于培緒 年 二十二歲

籍貫 山東 省 昌邑 縣

通信處 昌邑飲馬交

現任職業 學生 已結婚否 結

入教否 入 屬何教會 潍縣長老會

家長名 于筱卿 家長之職業 半耕半商

通信處 昌邑飲馬東頭交

願入 神科 文科 醫科 神預科 文預科 醫預科

西歷一千九百 年 月 日

凡填寫願書皆用漢文

志願書及證書已蒙收納而考

Provided that this Application is accepted, and that I pass the Entrance

試已經錄取生鑰願於住校期

Examinations satisfactorily, I hereby promise, during my residence at the

內誠心遵守該大學一切規章

University, faithfully to observe all the rules and regulations of that Institution.

(Signed) 簽名 于培緒

APPLICANT

志願書必須附以醫生之證書

Each application must be accompanied by the University Medical Certificate.

76

山东省档案馆藏于培绪 1923 年入校志愿书

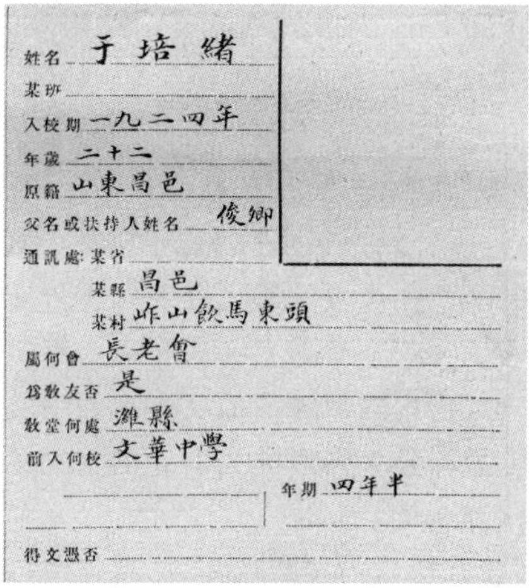
姓名 于培緒
某班
入校期 一九二四年
年歲 二十二
原籍 山東昌邑
父名或扶持人姓名 俊卿
通訊處：某省
某縣 昌邑
某村 岞山飲馬東頭
屬何會 長老會
爲教友否 是
教堂何處 濰縣
前入何校 文華中學
年期 四年半
得文憑否

山东省档案馆藏于培绪学籍学业登记卡

后，于培绪又发展了张同俊、王兴选等同学入党，并成立了齐鲁大学党支部。此时正值第一次国共合作时期，于培绪随即被组织派到国民党济南市党部，从事学生运动和宣传发展工作。

发动农民群体开展革命斗争

1926年国共合作出师北伐。于培绪深入济南鲁丰纱厂开展宣传活动，声援北伐战争，后又到山东南部各地巡视，开辟工作，特别是鲁西南一带，几乎各处都留有他的足迹。在长时间参加学运、工运和农运的实践中，于培绪逐渐成长为一名坚定的无产阶级革命者。同年，他又到泰安开辟工作，任中共泰安县苏维埃支部委员会组织委员。

1927年蒋介石制造四一二反革命政变，大革命失败，全国革命形势由高潮转入低潮。在革命转折的危急关头，于培绪根据省委意见，在新形势下继续坚持革命斗争。9月，中共泰安县苏维埃支部扩大为中共泰莱县苏维埃执行委员会，于培绪被推选为执行委员会书记。他不顾生命危险，克服重重困难，在艰苦的环境中发展党组织，并直接领导了萃英中学等地的革命活动。不久，他参加了省执委在潍县乐道院养正小学召开的传达中央八七会议精神和贯彻省委“要急速进行武装”指示的会议。会后，他按照会议要求到昌邑县饮马镇和黄复兴、黄世五研究饮马镇组织贫民会和建立农民武装的问题，之后立即返回泰莱，认真贯彻省执委会议精神。

根据莱芜一带村村有寨、有土炮等有利条件，于培绪决定在这里组织农民暴动。10月，县委首先从群众切身利益出发，发动盐商对付反动盐巡，捣毁官办盐店，使盐价低落，从而争取了广大农民群众。11月，于培绪向省执委作《泰莱暴动计划》报告，准备发动农民攻打“口子”，然后“里应外合，再去占据县城”。省执委对这个计划十分重视，作了具体指示。但由于形势发生了新的变化，于培绪又接受了新的任务，计划未得实施。

1928年4月，北伐军进入山东。在新旧军阀交替的战争中，张宗昌溃败，其山东势力分崩离析，余孽割据各地，巧取豪夺，以至民不聊生。此时以自卫为宗旨的红枪会在鲁北一带发展很快，鲁北特委准备组织“红团”举行暴动。省执委从泰莱调于培绪到鲁北任特委委员，他和其他领导同志深入农村宣传发动农民，要求加入“红团”的贫农越来越多，“红团”势力控制了高唐县谷官屯周边的25个村庄。在鲁北特委的领导下，“红团”镇压各村恶霸地主，剪除不法盐巡，声势震动了高唐全境，也影响到鲁北各县。鲁北特委决定在5月4日举行暴动，由于计划被异己分子泄露，起义前夕遭到了国民党高唐县大队和土匪集团等反动联合势力的突然袭击，暴动未举而败。高唐谷官屯暴动失败，济南五三惨案爆发，革命形势十分紧张，工农运动又进入低潮。

于培绪从鲁北回到济南，省执委指示他和张干民负责宣传发动工作，向学生和工人揭露日本帝国主义疯狂残杀我军民的滔天罪行，号召广大群众勇敢地和日本帝国主义者进行斗争。他们以复习功课准备报考大学的名义，隐蔽在一个警察家里。此时，于培绪满腔激愤，结合反日斗争的生动事例编写宣传材料和标语小册子，印发至市内学校、工厂和商店。为了写材料和刻钢板，于培绪经常彻夜不眠，印好后不待天亮即赶到各处散发。有一天夜里，敌人密设岗卡，情势森严，搜查甚急，他仍然从南关徐家花园进入齐鲁大学学生宿舍，逐人散发。于培绪履险如夷，毫无惧色，他刚毅泰然的表情给了学生们极大的鼓舞。

于培绪不但在严峻的斗争环境中充满了勇敢无畏的英雄主义精神，而且在艰苦的生活条件下保持着吃苦耐劳的乐观主义精神。他为革命辛苦奔波，因经济困难经常吃不上饭，常常是口袋里装几片豆饼，肚子饿了就吃上几口充饥。尽管经济上十分困难，但他有时还挤出一点钱来给房东的小孩子买小书或糖块，密切群众关系，保证革命工作的顺利开展。

成立贫民会与饮马党支部

1928年，在南北军阀混战中，地处胶潍走廊的昌邑县成为军阀各残部流窜奔命的要道。他们所到之处，横征暴敛，人民群众备受其害。为了自卫，昌邑县各地农民先后自发组织起红枪会，形成对革命有利的形势。早在饮马镇开展工作的党员同志推选黄世五去省委请求派得力同志来领导这场斗争。6月5日，于培绪受省委委派回到了饮马镇。于培绪和黄复兴、黄世五一起，首先抓住了农民抗缴给养的斗争。8月

饮马农民武装暴动遗址

初，军阀王自成勾结饮马镇的地主豪绅向群众诈取“过兵费”，每亩地摊铜钱四十吊，群众根本无力缴纳。于培绪深入贫苦农民之中，宣传动员农民加入贫民会，不久贫民会便发展到150多户，并在饮马镇各街和附近各村成立了贫民分会。高密、平度、安丘等地一些乡村都派来代表要求于培绪去帮助成立贫民会。贫民会提出了“入了贫民会，不纳捐和税”“快入贫民会，一辈子不受罪”“贫苦老百姓联合起来，打倒土豪劣绅”的口号，并张贴布告，印发传单，散发给附近各村的农民。农民斗争形势不断高涨，地主豪绅只得让步，放弃收捐，军阀不敢进镇，取得了抗“过兵费”的重大胜利。

于培绪等领导的贫民会有了很大发展，为组织农民武装打下了基础。接着，于培绪以贫民会的活动分子为骨干成立了红枪会，红枪会很快发展到200余人，并和杨家桥等村组成了联庄会。在于培绪的领导下，以饮马镇红枪会为中心的联庄会很快发展到平度县的白里和高密县的坡子等42个村庄。红枪会站岗放哨，探听情报，设坛练武，防范军阀流寇的侵扰。10月16日，以杨家桥等村为首的红枪会会员200余人，攻打南窜石埠的军阀高化青残部，歼敌100余人，匪首高化青被击毙，依附高匪的伪县长齐杞南逃往泰安。这次抗击军阀的胜利，有力地推动了昌邑县农民斗争的发展。

随着斗争形势的迅猛发展，于培绪和黄复兴、黄世五从贫民会骨干分子中发展了一批党员，于10月成立了饮马党支部。不久，于培绪在饮马召开全县党员会议，讨论了昌邑各地农民斗争的形势，确立了斗争任务，研究了活动方针，使全县的农民斗争有了新的发展。

轰轰烈烈的农民运动使国民党昌邑县党部及军阀豪绅受到了极大的威胁。他们密谋煽动张宗昌残部黄凤岐与饮马镇土豪劣绅勾结起来，围剿饮马红枪会。12月24日，于培绪等负责人根据敌人25日来袭的情报，决定举行暴动，并研究了斗争策略，进行了战斗部署。25日早晨，饮马红枪会会员200余人和联庄的1000余名红枪会会员齐集饮马，列兵布阵，准备和匪军决战。上午10时，黄凤岐部200余人进到饮马镇北，见红枪会声势如此浩大，进退维谷，只得罢兵求和，并假意声明支持饮马贫民会和红枪会的措施行动。下午，各村红枪会陆续撤回。不料，翌日黎明

饮马暴动纪念碑

前，地主豪绅勾结军阀突然返回饮马镇，残杀了 4 名贫民会和红枪会的负责人。于培绪等不幸被捕，押到昌邑城后，于当夜 10 时壮烈牺牲，年仅 27 岁。

参考文献

1.肖明胜主编：《红色丰碑：潍坊红色文化教程》上册，北京：华龄出版社，2022 年。

2.王志民主编：《山东重要历史人物》第 5 卷，济南：山东人民出版社，2009 年。

3.文山诗书社编，王伟波主编：《昌邑历史人物》，北京：东方出版社，1998 年。

4.王蔚成主编：《昌邑文化博览》，济南：齐鲁书社，2000 年。

5.山东省档案馆馆藏档案，档号：J109-02-0033-001。

信仰明且亮　钢铁难撼摧

——王全斌烈士

在抢收斗争中，队员们手持锄头、镰刀，昂首挺胸，士气高昂。随着王全斌的一声号令，队员们冲向麦田：如狂风般扬起的镰刀劈开了千顷金黄的麦浪。在坡头，那磊落的汉子像钢铁般的战士，站成了一座丰碑。

王全斌（1900—1929），又名佑文，山东潍县人。1920年，考入山东公立工业专门学校。1925年，加入中国共产党，并于次年组织召开中共潍县第一次代表大会。1928年，调任高密县委书记，组织贫民武装暴动，建立村庄苏维埃；12月被捕。1929年3月英勇就义。

心怀正义　追求进步

王全斌1900年3月生于地主家庭，家境优渥，自幼聪颖过人，勤勉好学，善于深思。在学校中，他深受师长喜爱，同学亦多敬仰；家中亲人更是对其宠爱有加。少年时期，他性格豪爽，心怀正义，对世间不公之事深感愤慨。1911年，辛亥革命爆发，王全斌受革命风潮影响，逐渐萌生了民主主义革命的思想。

1916 年，袁世凯野心勃勃，意图复辟。各地义军纷纷起事，反抗其暴政。年仅 16 岁的王全斌，毅然投身反袁斗争，决心为国家、为民族尽一分力。后于 1920 年考入山东公立工业专门学校，专攻金工科。在校期间，适逢马克思主义在中国广泛传播，中国共产党的成立更是掀起了工人运动的高潮。这些对王全斌的思想产生了深刻的影响，推动他由民主主义者向共产主义者转变。

毕业后，王全斌返回家乡，先后在东关第一公学和二十里堡师范讲习所任教，传播新知，启迪民智。1925 年春，潍县党的创始人庄龙甲在二十里堡一带积极宣传马克思主义，发展党的组织，创办农民协会。王全斌得知后，立即与庄龙甲取得联系，积极参加革命活动。不久，在庄龙甲的介绍下，他先后加入了中国国民党和中国共产党，成为一名坚定的革命者。

同年 3 月，二十里堡毓华小学发生学潮，进步学生在庄龙甲及国民党左派教师的领导下，成功驱逐了反动校长。秋季，王全斌接任该校校长一职。他一方面积极向学生传授革命思想，扩大党的影响；另一方面，将学校作为阵地，积极开展党的活动。在他的领导下，这所学校逐渐成为潍县党组织的活动中心之一。

当时正值北伐战争时期，王全斌积极参与党组织的各项活动，作出了重要贡献。1926 年 4 月，中共山东地方执行委员丁君羊在潍县参加了国民党山东省的会议后，又在城东黄菜楼召开党的活动分子会议。王全斌作为潍县党的活动分子参加了此次会议。会后，他按照上级党组织的指示，积极协助庄龙甲开展党的组织发展和宣传工作，并着手筹建国民党县党部。5 月，国民党潍县临时县党部召开各区分部代表大会，王全斌以代表身份参加了会议，并参与了县党部执行委员的改选工作。在他和同志们的努力下，共产党员在改选的县党部执行委员中占据了重要位置，进一步巩固了党在潍县的影响力。

潍县第一次党代会会址——王全斌家场院屋

国民党各区分部代表会议后，在王全斌的场院屋召开了中共潍县历史上的首次代表会议。这次会议具有里程碑意义，它选举产生了中共潍县第一届委员会。在这次会议中，王全斌凭借其卓越的政治素养和坚定的革命信念，被选为县委候补委员。从此，县委常以王全斌所在的学校和他的家为据点开展工作，增强了党组织与群众的联系。

同年 10 月，为了适应新的革命形势发展需要，县委进行了改组。在这次改组中，王全斌被委以重任，担任了县委宣传委员的职务，同时兼任西南乡区委书记。

发扬风格　慷慨好义

王全斌的妹妹王全珍

王全斌不仅自己舍弃了舒适的生活，毅然投身革命的浪潮，还动员家中亲人一同参与这一伟大事业。县委成立后，他不仅在农民运动中发挥积极作用，还加强对文华、文美中学以及乐道院医院的领导。他时常前往这两所学校，向在校学习的弟妹、侄女及其他进步学生传授马克思列宁主义思想。在他的影响下，弟弟王全武、妹妹王全珍以及侄女王美德等人积极参与学生运动，并于 1926 年加入了共青团。姐姐王全荣也全力支持革命。

1927 年 4 月，蒋介石发动反革命政变，潍县的国民党右派分子也开始蠢蠢欲动。在这一严峻局势下，王全斌以其敏锐的政治洞察力和坚定的党性，与庄龙甲等同志携手，坚决贯彻我党的统一战线策略，确保国民党县党部领导权掌握在共产党和左派手中。在国民党潍县第一次改组县党部的代表大会上，共产党员成功占据了执行和监察委员的全部席位，王全斌当选为执行委员。

10 月，潍县国共合作统一战线破裂，革命形势更加严峻。面对这一形势，县委根据中央“迅速武装起来”的指示，决定加快建立革命武装。王全斌充分利用家中的资源，说服姐姐王全荣捐出 240 元大洋，购买了两支手枪，供赤卫队长使用。

1928 年春，潍县一带遭遇严重饥荒，党的经费和群众生活都面临巨大挑战，人民的斗争积极性受到影响。为了改善这一状况，王全斌毅然决定将他家的土地及储存的粮食捐献给贫苦农民，用作党的活动经费。当姐姐表示担忧时，他安慰道：“只要群众有饭吃，我们就有饭吃。”此外，他还出资建造了三间房屋，既供贫苦农民子女上学用，又作为党组织的活动场所。这些举动深深打动了广大群众，让他们感受到了共产党人的高尚情操。

身先士卒　领导斗争

在革命斗争的烈火中，王全斌始终挺立潮头。1928 年 4 月，他挺身而出，领导了轰动一时的砸大柳树税局行动，使得那些欺压百姓的收税人员长时间不敢再为非作歹。5 月，济南的硝烟尚未散去，日寇的阴影又笼罩青岛。他凭借自己在山东公立工业专门学校学得的金工技艺，与张同俊等同志合作，秘密制造出两枚炸弹，计划炸毁日军火车。同时，他在白浪河滩上振臂一呼，召集茂子庄、庄家等村庄的群众，计划破坏潍台公路，虽因故未能实现，但斗争之火已然燎原。

麦收时节，为了捍卫农民的权益，在抗租抗税斗争中，王全斌身先士卒，亲自领导了这场斗争。他手持枪支，凛然不惧，使得斗争取得了显著成效，赢得了群众的广泛支持。

革命的道路上总是充满荆棘。1928 年 6 月，潍县的国民党右派分子趁乱而起。同时，国民党二区党部的恶霸地主王全干嚣张跋扈，对革命力量构成严重威胁。县委决定采取行动，王全斌与王兆恭接受了这一艰巨任务。他们果断出击，成功将王全干铲除，为革命清除了一大障碍。

王全斌同志因在革命斗争中表现卓越，成为国民党反动派的眼中钉。反动当局对他进行悬赏缉拿，查封了他的家，企图将他置于死地，但他毫不畏惧，始终坚守在革命斗争的最前沿。党组织为了保护他，将他调往高密县工作，并任命他为高密县委书记。

宁死不屈　壮烈牺牲

1928 年冬，王全斌抵达高密，正值省执委巡视员刘子久在诸城、高密交界的南郭庄一带积极开展革命活动，他与刘子久、王元盛、宋琦（宋国瑞）、郭金祥等人，深入高密、诸城、安丘三县交界处的潍河沿岸，积极动员群众，组建起贫民会。在刘子久、王全斌等人的发动下，自 9 月起，贫民会从抢坡运动逐渐发展为抗租、抢租的斗争。为了消除地主武装对群众的威胁，他们处理了高密西南乡曹家坡的一个庄长，极大地鼓舞了群众的斗争士气。

10 月 4 日晚 8 时许，一场震撼人心的武装暴动在贫民会的组织下爆发。80 余名英勇的群众手持土枪、土炮，成功攻占了南郭庄，摧毁了地主劣绅的房舍、圩子门和场院，并缴获手枪 5 支。同时，他们响亮地提出了“成立游击队”“建立苏维埃”的口号，积极开展抗粮、抗税、抢秋的斗争。6 日，一场盛大的贫民大会召开,100 多人参加会议,并设立了贫民会的正式办公机构。这大大激发了周边农民的斗志,他们纷纷投身抢秋斗争。这场暴动持续了一个月,成为潍河沿岸对敌斗争中最具影响力的一次行动。

11 月 7 日,在高密县夏庄宋琦的家中,王全斌主持召开了一次重要会议。会上,刘子久传达了在莫斯科召开的党的六大会议精神,号召所有党员振奋精神,积蓄力量,为迎接新的革命高潮做好准备。会后,王全斌积极响应中央指示,广泛发动群众,深入开展反帝反封建斗争。

12 月 2 日,王全斌参加了省委在济南召开的扩大会议,并在会后乘火车返回高密。然而,当列车行至黄旗堡车站附近时,王全斌被国民党特务宋法玉认出,不幸落入敌手。

被捕后,王全斌同志被秘密关押在国民党潍县公安局。在那里,他遭受了前所未有的酷刑和折磨,但始终坚贞不屈。每次审讯,他都巧妙地将法庭变为宣传革命的讲台,义正词严地揭露国民党反动派的罪行。敌人气急败坏,对他施加了极其残忍的酷刑,割去双耳、割掉舌头、剁掉双手双脚,甚至挖去双眼。然而,即使遭受了这般非人的折磨,王全斌依然保持着共产党人的凛然正气,宁死不屈。1929 年 1 月 8 日夜,王全斌为党的事业献出了宝贵的生命,时年 29 岁。

中华人民共和国成立后,为纪念这位革命先烈,党和政府将他的家乡命名为"全斌乡"。

参考文献

1.中共潍坊市委党史资料征集研究委员会编:《潍畔英豪》,济南:山东人民出版社,1985 年。

2.《高密党史上第一位为革命壮烈牺牲的县委书记——革命烈士王全斌》,《齐鲁晚报》2012 年 3 月 28 日。

3.《王全斌:二十九载春秋铸铁血英魂》,《潍坊日报》2016 年 9 月 2 日。

慷慨传大道　磊落成高节

——王乐平烈士

1920 年 10 月，陈独秀函约王乐平在济南发起成立共产党早期组织。王乐平把王尽美、邓恩铭介绍给了陈独秀。1921 年初，济南共产党早期组织成立，王乐平不遗余力地给予支持。他发起成立的齐鲁书社也成了济南共产党早期组织的主要活动场所。

王乐平（1884—1930），名者塾，山东诸城人。齐鲁书社创建人，马克思主义在山东传播第一人，国民党政组派领导人之一。1906 年，入山东高等学堂就读。1907 年，加入中国同盟会。1909 年夏，入山东法政学堂。1924 年，出席国民党第一次全国代表大会，会后主持国民党山东党务。1930 年 2 月 18 日因反对国民党军事独裁，不幸遭到暗杀。

勤学苦读　参加辛亥革命

王乐平自幼随父读书，少年英发，胸怀大志，18 岁即中秀才。王乐平深忧民族灾难深重，痛恨清政府的昏聩无能与丧权辱国，于是放弃举业，投身革命，立志报国。1906年夏，考入山东高等学堂读书。1907年底，经同学臧耀西介绍加入中国同盟会，从此走上了革命的道路。1907—1908年，为了保护山东人民的权益，王乐平联络山东优级师范学堂于洪起、陈干等同盟会会员，发动学生组织保矿会，领导群众反对清政府以山东矿产为抵押向德帝国主义借款，迫使德国当局作出让步。最终山东矿权得以维护，而王乐平却被校方以“革命嫌疑”为由开除了学籍。1908年底，奉父亲之命回到诸城，在相州中学任教。1909年夏，王乐平返回济南，考入山东法政学堂继续求学，并开展革命活动。1911年春，丁惟汾以同盟会山东代表的身份任教于山东法政学堂，因王乐平勇敢机敏而对其委以重任。

1911年武昌起义爆发后，革命形势飞速发展，各省纷纷响应，相继宣布独立。在济南，王乐平号召各校学生推荐他作为学校代表加入山东各界联合会，参加山东独立的革命活动。山东独立后，他随即组织革命军，保卫革命成果。1912年，他当选为临时省议会议员，同年赴烟台参加山东军政府工作，并在山东登州、黄县、青州、诸城组织起义，任革命军司令，后任《齐鲁日报》主编。1913年第二次革命失败后，《齐鲁日报》被迫停刊，他转入山东高等学校执教。1914年，王乐平参加讨袁革命，失败后流亡甘肃，任甘肃省教育厅课长，后赴陕西任略阳县厘金局局长。1916年王乐平回到山东，往来于护国讨袁军驻潍县之居正部及驻周村之吴大洲部之间，参与策划讨袁。6月，袁世凯死后，国会恢复。王乐平被推举为参议院议员。1918年8月，王乐平当选为山东第二届省议会议员，并任省议会秘书长。

据理力争　维护国家主权

1919年，五四运动爆发。王乐平不仅是这次运动的积极参加者，还是山东地区杰出的组织者之一。他以省议会代表的身份往来于济南、上海、北京之间，奔走呼号。1919年4月下旬，京、津、鲁、沪之间已常有人联络往来，呼吁民众外争主权、内除国贼。王乐平在山东国民大会召开后，于4月底抵沪，迅速会同山东会馆的旅沪鲁籍爱国商人商讨救国措施，并于5月4日以山东同乡会的名义致电北京政府：务恳大总统钧院饬专使，据理力争。5月8日，王乐平以山东省议会代表的名义，面见鲁籍松游护军使卢永祥，请其设法力争青岛主权；又与鲁籍国会议员张瑞萱等人联合致电鲁籍湖北督军王占元和北洋军阀吴佩孚，请他们迅速致电政府惩处国贼。与此同时，王乐平还积极鼓动与组织旅沪山东民众，开展爱国运动。5月11日，山东旅沪同乡会在山东会馆召开力争山东主权爱国大会，王乐平任主席。会上决定抵制日货，并设立旅沪山东民众开展爱国运动的领导机关山东协会。

5月28日，王乐平等人领导的山东协会致电京、津、沪学联，赞扬和支持他们的总罢课，并由山东会馆“特备山东草帽千顶，以为分送各校学生之用”。6月5日下午，王乐平以山东省议会代表的身份参加了上海工商学报各界联合大会。此次会议坚定了上海民众进行“三罢”（罢工、罢市、罢课）斗争的决心。

6月上旬，王乐平返回山东，于10日会同省议会部分成员召开教育会、商会、农会、报界联合会及学生代表会议，分析形势，并于翌日下午召开了各界联合会成立大会。在大会上，王乐平报告了上海民众“三罢”斗争的情况，并强烈主张罢市。在他的影响下，大会决议商人罢市、学生罢课。

为阻止北洋政府在丧权辱国的巴黎和约上签字，王乐平于6月19日率领由各界代表86人组成的山东请愿团赴京请愿。他们经过坚持不懈的斗争，迫使北洋政府代总理龚心湛和总统徐世昌分别于6月21日和6月23日面见了请愿团5位代表。王乐平对请愿诸要求“反复陈述，声泪俱下”，再三痛陈鲁人誓不签字之决心，强烈要求徐世昌容纳民意，维护国家主权，拒绝巴黎和约，连“执戟的卫士，也不断以巾拭泪”，但徐世昌却无动于衷。后来，王乐平在山东第二批请愿团及北京学界、报界等的支持下，再次迫使徐世昌面见请愿团代表，并应诺拒绝签约。

创办书社　宣传进步思想

五四运动和新文化的广泛传播，让王乐平意识到要实现民族独立和国家富强，必须开启民智，广泛动员社会力量。于是，他在济南先是发起创办了宣传新文化运动的《民治日报》，而后又在其天地坛街的家中发起创办了齐鲁通讯社，并以此为阵地，经销进步书刊，宣传新文化、新思想。1920年10月，鉴于齐鲁通讯社所产生的积极影响，为了适应发展需求，王乐平将社名改为齐鲁书社，并迁址到大布政司街（今省府前街）北首路东。

齐鲁书社与上海、北京、广东等地的众多新书出版机构建立联系，广泛搜求各种进步书刊，其经销的进步书刊主要有《俄国革命史》《资本论入门》《唯物辩证法研究》《社会科学大纲》《辩证法》，以及《新青年》《觉悟》《共产党月刊》《新潮》《每周评论》《奔流》《建设》《曙光》《创造》《新生活》等。当年陈独秀主办的《新青年》杂

齐鲁书社旧址

志，曾连续几期为齐鲁书社刊发宣传启事。

作为推销进步书刊的书店，齐鲁书社还经常举办各类传播新文化、新思想的学术演讲会、研讨会等，因而很快成为进步青年聚集的活动场所。当时，王尽美在省立第一师范就读，邓恩铭在省立第一中学就读，他们都是书社的常客。同时，在他们周围还聚集了一批追求真理、勇于探索的青年学生。1921 年冬，王尽美因为参加革命活动而被学校开除，后暂住在齐鲁书社内，并由此开始了职业革命家的生涯。1922 年，他还以齐鲁书社为阵地组织成立了以进步青年为主体的平民学会，学会以研究学术为名宣传马克思主义。

齐鲁书社所产生的积极影响，让政府当局多有忌惮。1926 年夏，主政山东的奉系军阀张宗昌加强了对齐鲁书社的监视和打压，书社被迫关闭。7 年的历程虽不算太长，但其不平凡的经历却足以让它名垂青史。

深明大义　实践国共合作

1921 年 11 月，王乐平拒绝了北洋政府安排他去美国参加华盛顿会议的派遣，毅然接受了共产党的邀请，作为山东革命团体的代表成员，与王尽美、邓恩铭等共产党人一起，出席了共产国际在莫斯科召开的各国共产党及民族革命团体第一次代表大会。1922 年 5 月，王乐平回国后，赶赴上海向孙中山汇报了苏联之行的观察所得，建议采用“俄国之组织方法”。孙中山“深以为然”，遂派他返回山东主持山东国民党党务，注意同共产党合作。

王乐平自上海返回山东后，同共产党山东组织建立了良好的合作关系，共同建立了平民学会，创办了《十日》杂志。

1923 年 6 月，国会恢复。王乐平重新出任参议院议员，往来于北京、上海、济南、青岛等地，从事反对北洋军阀的革命活动。他和丁惟汾等在北京组织了国民党北方分部，着手党务改组，联络青年，吸收同志。

1924 年 1 月，国民党实行改组，在广州召开第一次全国代表大会。王乐平作为孙中山指派的山东代表和王尽美、丁惟汾等一起出席了这次大会。大会决定了共产党员可以以个人身份参加国民党，确立了孙中山提出的“联俄、联共、扶助农工”的三大政策，为国共合作奠定了基础。会后，王乐平被派回山东，负责建立由共产党人王尽美等参加的国民党山东省临时党部。4 月，国民党山东省临时党部在济南成立，王乐平被推举为执行委员。8 月，他与共产党人一起召集山东 31 个团体开会，成立山东反帝大同盟，开展以废除不平等条约为中心内容的反帝废约运动。

1924 年 11 月 19 日，中国共产党发表了《第四次对时局宣言》，支持孙中山召开国民会议的主张。王乐平积极投入这场革命运动，在北京参加了“国民会议促成会”召开的会议，听取了李大钊、瞿秋白等人的报告。会后，他和王尽美、王哲、阎容德在天津谒见孙中山，被委任为国民会议宣传员、特派员，回省开展国民会议运动。

1925 年 1 月 7 日，王乐平主持成立了济南国民会议促成会，随后又成立了山东国民会议促成会。2 月 1 日，段祺瑞召开善后会议，企图用它代替国民会议预备会。孙中山对此十分气愤，决定尽早召开国民会议促成会全国代表大会与之斗争。王乐平以山东国民会议促成会代表的身份，赴北京参加了 3 月 1 日召开的代表大会，并被选为主席团成员之一。

大会进行期间，孙中山于 3 月 12 日因操劳过度不幸在北京病逝。王乐平任孙中山治丧委员会委员。4 月 17 日，全国国民会议促成会在北京举行第一次会议，王乐平被推举为常务委员。会后，王乐平返回山东，于 4 月 27 日至 29 日在济南公园主持召开了山东各界追悼孙中山先生大会，组织发起孙文主义研究会。7 月 11 日至 13 日，他主持召开了国民党山东省第一次代表大会，正式选举产生了有共产党人参加的国民党山东省党部，王乐平当选为主要负责人之一。

1926 年 1 月，王乐平赴广州出席国民党第二次全国代表大会，当选为国民党候补中央执行委员。会后，他返回北京，和李大钊等一起，领导了三一八反帝爱国斗争。

北伐战争开始后，王乐平奔赴广州，随军北上。因前方军事紧张，王乐平被任命为军事特派员，赴前方协助工作。9 月，王乐平对武昌军第三师团长贺对廷晓以大义，规劝他起义。贺对廷接受了王乐平的意见，于 10 月 10 日开武昌城门，迎接革命军入城。不久，王乐平又赴九江、南昌等地主持对北洋军队的收编工作。之后，邓演达在武汉成立湖北政务委员会。王乐平应邀到武汉担任政务委员会委员兼武汉电政监察委员，旋任中国国民党中央执行委员及国民政府委员临时联席会议成员。他赞同广州国民政府迁都武汉。1927 年 3 月，王乐平在国民党二届三中全会（在武汉召开）上，同国民党左派及共产党员代表一起，与国民党右派势力进行了异常激烈的斗争。会议纠正了二中全会的党务整理案，坚持维护孙中山“联俄、联共、扶助农工”的三大政策，反对蒋介石军事独裁，并撤销了蒋介石的中央常委主席、军事委员会主席及组织部部长等职务。

反对独裁　献身民主事业

为继续探索实现孙中山先生所倡导的三民主义的途径，王乐平在上海竖起了改组国民党的旗帜。1928 年 6 月，王乐平与顾孟余、范予遂创办《前进》《检阅》等刊物，与其他反蒋刊物形成了声势颇大的反蒋舆论战线。7 月，王乐平与王法勤、何香凝、陈公博等发起创办了大陆大学，以培养国民党改组派的人才。同年冬，中国国民党改组同志会（简称“改组派”）总部在上海成立，王乐平分管组织工作，兼管军事。王乐平派人到各地联系，成立了改组派的各省、市党部和海外分部。

1929 年 5 月，王乐平在上海主持成立了护党革命大同盟，发表《宣言》及《缘起》两个文告，历数蒋介石背叛革命、篡夺北伐胜利果实、穷兵黩武、攻桂迫冯、实行个人专制等罪状，宣言“为推翻蒋介石统治，重建革命政府”，故集合同志发起组织中国国民党护党革命大同盟，提出“恢复革命的中国国民党，继续总理革命精神，拥护第一次、第二次全国代表大会宣言及决议案”等。他还利用各派军阀反对蒋介石的情绪组织护党救国军，策动李宗仁、张发奎、石友三等部军事倒蒋。

王乐平所指挥的改组派的活动给蒋介石以极大威胁。蒋介石对王乐平恨之入骨，密谋将其铲除。早在 1928 年秋，王乐平护送其父灵柩从上海回诸城安葬时，蒋介石就一面假意送花圈，一面密令山东党部刘涟漪在高密车站伺机逮捕王乐平。适遇大雨，道路泥泞，王乐平改乘二轮马车急行，才免遭暗算。入诸城县境，他得到杨虎城部属保护，始得安全。9 月初，王乐平乘船返回上海。1929 年 11 月 19 日，蒋介石密令上海国民党军政机关查封了改组派总部。同时，大陆大学也被查封。同仁亲友均劝王乐平注意防范，但王乐平却漠然置之。不久，蒋介石便派其亲信陈希曾到上海，嘱令特务头子杨虎刺杀王乐平。1930 年 2 月 18 日，王乐平不幸遭到暗杀。

参考文献

1.郑自来、徐莉君主编:《武汉临时联席会议资料选编(1926.12.13—1927.2.21)》,武汉:武汉出版社,2004 年。

2.戴维政主编，潍坊市文博学会编:《文博研究》第 2 辑，北京:文物出版社，2002 年。

3.王宪明编:《续东武诗存》,杭州:西泠印社出版社,2007 年。

4.李宏生、冷家熅主编:《齐鲁辛亥英烈》,济南:济南出版社,1997 年。

5.李其鲜:《齐鲁书社:康米尼斯特在山东起飞的地方》,《党建》2023 年第 4 期。

6.山东省档案馆馆藏档案，档号:J110-01-0526-001。

烈士不畏死　所死唯忠贞

——刘谦初烈士

“我现在临死之时，谨向最亲爱的母亲和亲爱的兄弟们告别，并向你紧握告别之手，望你不要为我悲伤，希你谨记住我的话，无论在任何条件下，都要好好爱护母亲，孝敬母亲，听母亲的话！”刘谦初在牺牲前写给妻子的绝笔信中，把党比作最亲爱的母亲，饱含了对党的无比眷恋和坚贞不渝的革命信念。

刘谦初(1897—1931)，原名刘德元，字乾初，后改为谦初，化名黄伯襄，山东平度人。1918—1920年，就读于齐鲁大学预科班。1922年，考入燕京大学。1924年，加入中国社会主义青年团。1927年，加入中国共产党并参加北伐战争。1928年，任中共福建省委书记。1929年，任中共山东省委书记。1929年8月被捕。1931年4月5日英勇就义。

疾恶如仇　弃学从戎

1897年12月2日，刘谦初出生于山东省平度县田庄镇东刘家庄一个农民家庭。兄妹七人，刘谦初排行居长，父亲给他取乳名为光，希望他长大成人后有所作为。刘谦初幼年时常常帮助父亲在田间劳动，自小培养了勤劳、质朴的品德。在刘谦初四五岁的时候，父亲为他讲《水浒传》《三国演义》的精彩故事，在潜移默化中，使他成为疾恶如仇的人。

1904 年，刘谦初进入村里的私塾读书，接受启蒙教育。私塾先生许庆霖给刘谦初起学名为刘德元，字乾初。1913 年春，刘谦初考入平度知务中学，任学校青年会干事。中学读书期间，刘谦初开始受到辛亥革命思想的影响，关心时事，追求进步。那时他就已经认识到，改变国家命运在于变革、在于革命。

1916 年，袁世凯复辟帝制。刘谦初在知务中学的学生会上发表演讲，斥责袁世凯窃国殃民，在学生中引起很大反响。刘谦初怀抱忧国之思，毅然秘密邀十余名同学投笔从戎，乘火车前往青岛，投入讨袁队伍，被编入中华革命军东北军第三支队炮兵团。他先后参加了攻克潍县、高密县城的战斗，因为作战英勇、表现突出荣膺义勇军奖牌一枚。

求学齐鲁　投身革命

刘谦初中学毕业后，于 1918 年春到济南入齐鲁大学预科班暂读，暑假后考入齐鲁大学文科预科。

在齐鲁大学读书期间，刘谦初继续保持昂扬的学习热情，他求知若渴，对所学功课无不细心研读，常常看书入迷。刘谦初对所学功课，特别是英语、国文、历史、作文等，均进行刻苦钻研，悉心揣摩。本来基础就不错，加上自己的刻苦努力，每次考试都深得老师的赞许。他的作文还经常被当作范文在课堂上讲读。刘谦初在齐鲁大学的学习生活为他后来走向革命奠定了坚实的基础。

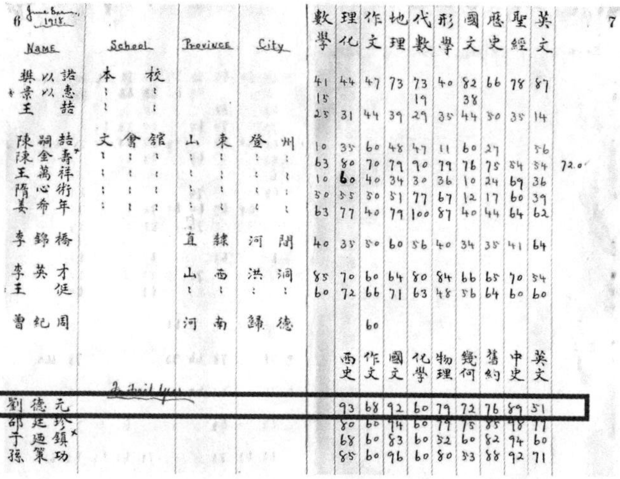

6 June Exam., 1918. 7

NAME	School	Province	City	數學	理化	作文	地理	代數	形學	國文	歷史	聖經	英文	
樊以諾	本校			41	44	47	73	73	40	82	66	78	87	
景以惠	〃			15				19		38				
王喆	〃			25	31	44	39	29	35	44	50	35	14	
陳嗣喆	文會館	山東	登州	10	35	60	48	47	11	60	27		56	
陳金壽	〃	〃	〃	63	80	70	79	90	79	76	75	84	54	72.0
王萬祥	〃	〃	〃	10	60	40	34	30	36	10	24	69	36	
隋心術	〃	〃	〃	50	55	50	51	77	67	12	17	60	39	
姜希年	〃	〃	〃	63	77	40	79	100	87	40	44	64	62	
李錦橋		直隸	河間	40	35	50	60	56	40	34	35	41	64	
李英才		山西	洪洞	85	70	60	64	80	84	66	65	70	54	
王偀		〃	〃	60	72	66	71	63	48	56	64	60	60	
曹紀周		河南	歸德			60								

NAME	西史	作文	國文	化學	物理	幾何	舊約	中史	英文
劉德元	93	68	92	60	79	72	76	89	51
邵廷珍	80	60	74	60	79	75	85	98	77
于廼鎮	68	60	83	60	52	60	82	94	60
孫策功	85	60	96	60	80	53	88	92	71

山东大学档案馆藏刘谦初 1918 年入学考试成绩单

1919 年，五四运动爆发。刘谦初怀着忧思国难的灼热心情，投入反帝反封建的革命洪流。5 月 24 日，济南大中学校学生在学生联合会领导下，举行总罢课和游行示威。刘谦初和同学们一起参加游行队伍。他踊跃参加街头演讲，散发传单，宣传抵制日货、提倡国货，唤起广大群众反帝爱国热情。

齐鲁大学英籍校长巴慕德为防止学生运动进一步扩大，宣布学校暂时关闭，勒令学生在三日内离校。刘谦初被迫离校回家，回到阔别已久的老家平度县刘家庄。经受五四运动洗礼的刘谦初在老家积极宣传新思潮、新文化，建学堂，办夜校，并以夜校为基地开展妇女解放活动，倡导妇女放脚，以解除妇女身心痛苦，提高妇女社会地位，深受乡邻欢迎。办夜校期间，刘谦初编写《缠足歌》和《放足秧歌》，指导夜校学员排练，组织他们到附近村庄表演，进一步扩大新文化运动对平度家乡的影响。

1919 年秋，齐鲁大学开学复课。刘谦初如饥似渴地接受新文化、新思想，热心阅读《新青年》《新潮》等刊物。同时，他更不放松学业上的努力，1920 年暑假，取得了全班作文第一名、总分第四名的优异成绩。刘谦初考进齐鲁大学时，家境已经很困窘，弟妹们都先后辍学务农，父亲忍痛借债供他读书。及至 1920 年底他在齐鲁大学文科预科结业时，家中已负债累累，他只好中途辍学。1921 年春，在友人的帮助下，刘谦初到黄县崇实中学任国文教员。任教期间，他努力学习，思想继续发展，倾向社会主义，并向往五四运动策源地北京。

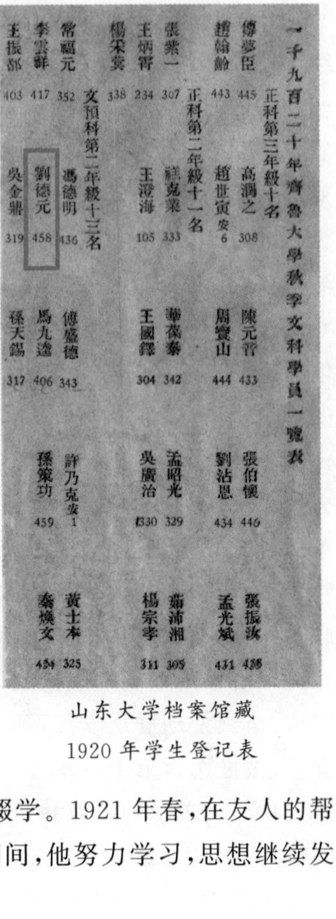
一千九百二十年齊魯大學秋季文科學員一覽表

正科第三年級十名
傅夢臣 445 高潤之 308 陳元晉 433 張伯懷 446 張振汯 438
譚翰齡 443 趙世寅 安6 周寶山 444 劉沾恩 434 孟光斌 431

正科第二年級十一名
張業一 307 詹克業 333 華葆泰 342 孟昭光 329 蕭沛湘 305
王炳霄 234 王澄海 105 王國鐸 304 吳廣治 330 楊宗孝 311
楊采蕡 338

文預科第二年級十三名
常福元 352 馮德明 436 傅盛德 343 許乃克 安1 黃士本 325
李雲峰 417 劉德元 458 馬九逵 406 孫策功 459 秦煥文 454
王振鄀 403 吳金鼎 319 孫天錫 317

山东大学档案馆藏
1920 年学生登记表

救国救民　探求真理

1922 年暑假，刘谦初在崇实中学聘期届满，于 9 月 15 日进入燕京大学文理科深造。在燕京大学，他接受并积极宣传新文化、新思想，并发起创办了《燕大周刊》，组织撰写了《中国国民性的观察》《武力不能统一今日的中国》等一批脍炙人口的文章，把周刊办得红红火火。才华横溢的刘谦初被称为“燕大才子”，在同学中具有很强的号召力。

1924 年 6 月，经方伯务、范鸿劼（二人均是共产党员）介绍，刘谦初加入中国社会主义青年团，秘密从事革命活动。1925 年五卅惨案发生后，他作为燕大的学生领袖之一，首倡成立燕大沪案后援会，被选为燕大学生运动负责人之一。

刘谦初积极组织学生进行罢课、游行、向北洋军政府请愿等革命活动，支援上海的工人运动，表现出了坚强的革命精神和优秀的革命才能。

1925 年夏，刘谦初从燕大毕业后，来到镇江润州中学教书，在青年学生中继续进行秘密的革命活动。在刘谦初的提倡下，学生们争相阅读《中国青年》《语丝》等刊物以及鲁迅、胡适、郭沫若、冰心等人的新文学作品，打破了学校的落后、闭塞状态。1926 年 7 月，国民革命军在广州誓师北伐，大革命高潮的到来使刘谦初无心安然于镇江一隅的教书生活。他决心投入大革命的洪流，到广州去投考黄埔军校，学习军事，报效祖国。1926 年 8 月下旬，刘谦初赶赴广州报考黄埔军校，因该校不招收已毕业的大学生，不得已到岭南大学附属中学任教。

进入岭南大学附属中学后，刘谦初很快认识了进步教师杨成志和钟敬文，他们经常一起研读《共产党宣言》《向导》等革命书刊，探讨国民革命和青年运动的理论。刘谦初、钟敬文、杨成志等邀约董秋斯、蔡咏裳，发起建立革命文学团体倾盖社，创办《倾盖周刊》。刘谦初先后发表了《寻求》《试猜"广州的学生哪里去了"》《革命是一种艺术》等文章，这些文章表现出他探求革命真理、参加国民革命的急切心情，刘谦初的思想也从爱国主义、民主主义转向共产主义。1926 年冬，刘谦初随北伐军到达武汉，参加了国民革命军第十一军，被委任为十一军政治部宣传科社会股股长，并兼任政治部理论刊物《血路》的副主编。他经常站在无产阶级的立场发表论文，揭露帝国主义和封建社会的黑暗。他在加强社会宣传、组织发动群众支援军队等方面做了大量工作，发挥了重要作用，深得军部器重，被推选为第十一军接待新闻记者委员。

从燕大求学到任教润州、岭南，刘谦初积极探索救国救民之路，在革命斗争的实践锻炼中，确立了共产主义信仰。1927 年 1 月 25 日，经王海萍同志介绍，刘谦初正式加入中国共产党。同年，刘谦初遇到了自己的革命伴侣——时任中共京山县委副书记、24 岁的共产党员张文秋。在武汉亲友的家中，两人举行了简单的婚礼。

无惧风雨　坚持斗争

1927 年 4 月 29 日，新婚第三天，刘谦初就告别了妻子，随军北伐。6 月中旬，国民革命军班师回武汉。刘谦初根据党的指示赶赴上海，接受新的任务。

大革命失败后，白色恐怖笼罩全国。1927 年 8 月，刘谦初奉党的指示秘密到江苏省委从事工运工作。10 月，又奉命到福建，先后到漳州、石码地区任党的书记、福州巡视员。在白色恐怖极为严重的情况下，他积极联络失散的党员，恢复党的组织。1928 年，福建党组织由于叛徒投敌卖国再次面临灭顶之灾，刘谦初主持临时省委工作。1928 年 8 月，在福建省第一次党代会上，刘谦初被选为福建省委书记。年底，他主持创办了省委机关刊物《烈火》月刊，反映福建党组织领导下的工运、农运、学运的斗争形势和经验，推动福建党的工作的开展。

1928 年，山东党组织因叛徒遭到破坏，省委书记邓恩铭等大批同志被捕，处境十分险恶。为了尽快恢复山东省委的工作，1929 年 2 月，中央将刘谦初调往山东任省委书记。刘谦初到山东后，化名黄伯襄，其公开职务是齐鲁大学的助教，在齐鲁大学教历史和语文。当时山东省内白色恐怖十分严重，省委刚遭到大的破坏，工人运动处于低潮。刘谦初以齐鲁大学教员身份为掩护，开始了恢复和重建山东党组织的工作。他首先报请中央派人员成立了山东省委，并根据当时情况为恢复各级党组织培训了一批党员干部充实基层。面对险恶环境，刘谦初把个人生死置之度外，常常冒着危险来往于济南、青岛等地，夜以继日地工作，很快恢复、重建和发展了被敌人破坏的党组织，重新组成中共山东省委，并担任省委书记兼宣传部部长。

1929 年 6 月初，中共中央指示山东省委沿胶济铁路线发动总同盟大罢工。按照中央指示，刘谦初立即往来于淄博、潍县、青岛与济南，部署反日同盟大罢工，使陷入低潮的工运、农运、学运和兵运又重新活跃起来。7 月 21 日，他领导了震惊中外的青岛工人反日同盟大罢工，也就是中国近代史上著名的民国十八年大罢工，给反动当局和日本帝国主义以沉重打击。7 月底，山东省委机关再次遭破坏，刘谦初发现这一突发情况后，决定离开济南，经青岛赴上海向中央汇报山东的情况。

坚贞不屈　英勇就义

1929 年 8 月 6 日，刘谦初乘火车由济南去上海汇报工作，当火车行至明水车站时被敌人密探发现，不幸被捕入狱。就在同一时刻，济南城外先后有 60 多人被捕。刘谦初苦心经营和恢复重建的山东党组织再次遭到破坏。

刘谦初被捕后，饱受酷刑，坚贞不屈，严守党的机密，表现出一名共产党员大无畏的英雄气概、坚定立场和高尚气节。在国民党济南警备司令部监狱里，敌人威逼利诱，用尽了各种办法，施以坐铁笼、上压杠、灌辣椒水等种种酷刑，打得他血肉模糊、遍体鳞伤，但丝毫动摇不了他的意志。在条件极为恶劣的牢房中，他号召同志们把监狱变学校、把法庭变讲坛，领导一起被捕的同志们加紧学习马克思列宁主义，宣传党的思想，秘密成立了狱中党支部，自己任支部书记，领导狱友和敌人坚持斗争。他还结识了共产党员、山东省委前领导人邓恩铭。支部成立后，刘谦初和邓恩铭立刻成为狱中同志和难友的核心。在狱中阴暗的光线下，刘谦初还以惊人的毅力翻译了一本《反杜林论》。他在狱中组织同志们向敌人展开了多次绝食、抗议、越狱等斗争，而且还为战友们争取到了写信的权利，经常用秘密方法，称党为母亲，给党写信汇报监狱情况。

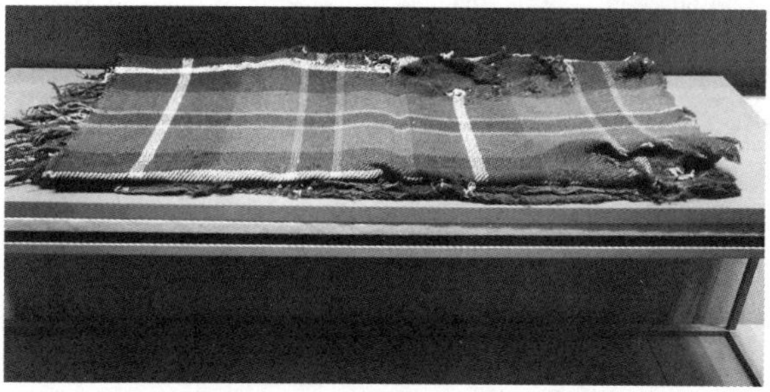
山东博物馆藏刘谦初入狱后周恩来同志辗转相送的毛毯

中共中央得知刘谦初等人被捕的消息后，积极组织营救。周恩来同志托在上海工作的林育南购买了一张毛毯，并设法送入狱中交给刘谦初使用。1930 年 11 月初，刘谦初在狱中已经感觉到了社会环境的变化、情况的恶劣。后来，他在给党中央的信中写道："事情已经如此，没有营救的可能了，请不必进行营救工作。"

1931 年 4 月 5 日凌晨 6 时，在通往济南纬八路侯家大院刑场路上的 3 辆载着 22 名优秀共产党员的汽车里，刘谦初带领战友们大声唱起了《国际歌》。在刑场上，刘谦初毫无惧色，神态自若，与邓恩铭等中华民族的优秀儿女迎着敌人的枪口，大义凛然地继续高呼："中国共产党万岁！""打倒国民党反动派！"罪恶的枪声响了，22 位烈士的鲜血洒在了齐鲁大地上。刘谦初牺牲时，只有 34 岁。1931 年 4 月 12 日，在周恩来的主持下，上海党中央机关为刘谦初等烈士召开了秘密追悼会。

1938 年 7 月，毛泽东在延安中央党校接见刘谦初的遗属张文秋时沉痛地说："刘谦初我是知道的，他是一个好同志，可惜牺牲得太早了。"

参考文献

1.中共平度市委党史办公室编：《刘谦初》，北京：中共党史资料出版社，1990 年。

2.中共山东省委党史研究室编：《中共山东英烈大典》，济南：山东省新闻出版局，2002 年。

3.马晓峰编著：《刘谦初》，北京：中共党史出版社，2005 年。

4.张升善：《忠勇为党　光耀千秋》，《支部生活》（山东）2018 年第 9 期。

5.山东省档案馆馆藏档案，档号：G003-02-0006-015。

6.山东大学档案馆馆藏档案，档号：JXMC-326-1、JXMC-49-1。

信念诚坚劲　就义且从容

——王兴选烈士

王兴选短暂而绚烂的25年，为加强党的组织建设、推动农民运动和铁路工人斗争作出了重要贡献。在党的基层组织建设上，他扮演了关键角色，不仅在学校内部积极参与学生运动，而且在农村地区传播革命思想，发展党的力量。被捕后，他在监狱中展现出的高尚品质和坚定立场，也成了中国共产党历史上的宝贵财富。

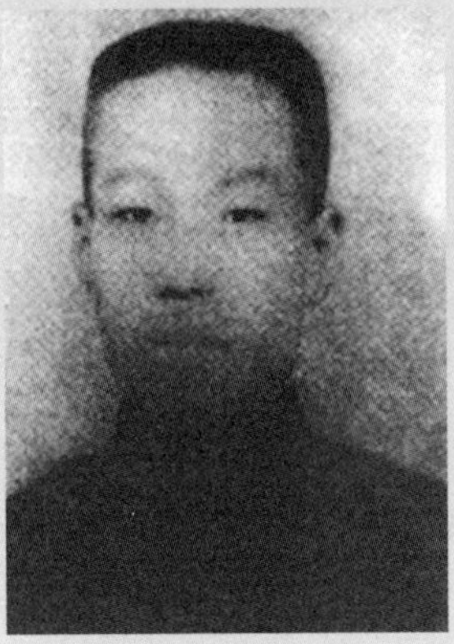

王兴选（1906—1931），字俊升，山东昌邑人。1924—1927年，在齐鲁大学学习。1925年，加入中国共产党。1927年，参与创办中共峄山党支部，任党支部书记。1931年牺牲。

早年生活与教育

1906年，王兴选出生在山东省昌邑县太堡庄乡新河头村，自幼秉性刚直，见义勇为，少年时曾因奋力抢救落水儿童而博得乡亲好评。在家庭和乡村社会的影响下，他对周围的世界产生了深刻的认识，形成了强烈的爱国情感和救国意识。

1924 年,王兴选考入齐鲁大学中文系,这是他人生中的一个重要转折点。在齐鲁大学,他接受了较为系统的文化和知识教育,同时也受到了当时社会思潮和革命理念的影响。这段经历不仅丰富了他的知识储备,而且锤炼了他的思想和人格。

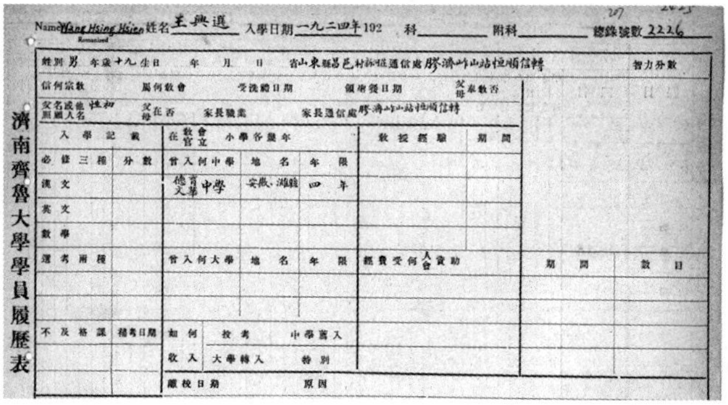
濟南齊魯大學學員履歷表
Name Wang Hsing Hsien 姓名 王興選 入學日期 一九二四年 192 科 附科 總錄號數 2226
姓别 男 年歲 十九 生日 年 月 日 省山東縣昌邑村……通信處 膠濟岞山站恒順信轉 智力分數
信何宗教 屬何教會 受洗禮日期 領聖餐日期 父母奉教否
父名或他照顧人名 性和 父母在否 家長職業 家長通信處 膠濟岞山站恒順信轉
入學記載 在教會官立小學各幾年 教授經驗 期間
必修三種 分數 曾入何中學 地名 年限
漢文 德育文華中學 安徽、湖縣 四年
英文
數學
選考兩種 曾入何大學 地名 年限 經費受何人會資助 期間 數目
不及格課 補考日期 如何收入 投考 中學薦入 大學轉入 特別
離校日期 原因

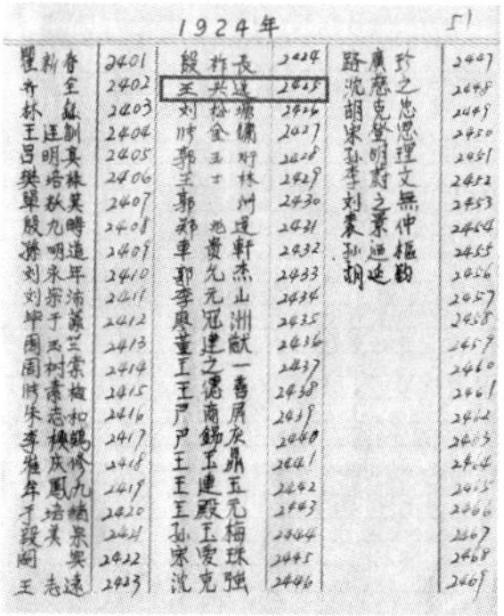

山东大学档案馆藏王兴选履历表、齐鲁大学医学院学生名单

大学期间,王兴选的政治意识逐渐觉醒,积极参与各种学生运动。帝国主义侵略罪行和民国政府的腐败无能,使他开始关注国家的命运和人民的苦难,激起了他强烈的爱国热情。通过与志同道合的朋友交流和参加各种政治讨论,他的思想日益成熟,并最终选择走上革命的道路。他意识到只有推翻旧的社会制度,才能实现真正的平等和正义,使中国摆脱贫困和落后的状态。

1925 年,经同学于培绪介绍,王兴选加入了中国共产党。入党后,王兴选积极参与并领导了多次学生运动。他组织讨论会、写文章、印发传单、登台演讲,宣传革命真理,动员学生关注国家大事,提高政治意识。在他的影响下,许多学生开始认识到个人的命运与国家的未来紧密相连,从而投身革命事业。

王兴选不仅在城市和学校中活跃,在农村地区也开展了广泛的宣传活动。他利用放假时间深入农村,与农民群众交流,传播革命理念。每次回家,他都从学校带回一些油印的介绍马克思列宁主义的传单和小册子,在周围村庄和群众中散发,以"地主不劳动吃香喝辣,农民终日劳累为什么一生受穷""穷人只有团结起来同富人斗,才能改变自己的命运"等简单而朴实的革命道理,号召贫苦农民组织起来,与封建势力作斗争。他的举动很得民心,也深受当地封建势力的忌惮。封建势力通过向王兴选家人施压,希望停止王兴选的宣传活动。但王兴选抗住压力,通过其能言善辩的口才,在与人闲谈中巧妙宣传革命道理。农民王敬良的菜园屋子成了王兴选活动的主要阵地,很快王兴选就把王敬良、王述文、王兴遵等贫农组织起来，为成立贫民会培养了骨干。通过这些活动，王兴选在党内逐步成长为一个有影响力的领导者，并在组织和指导群众斗争中积累了宝贵的经验。

革命工作与毕生追求

1927年蒋介石发动四一二反革命政变后，中共山东省委（时称中共山东区执委）根据形势的变化和斗争需要，把当时学生中的共产党员派到斗争第一线，建立革命组织，发动农民运动。这时即将毕业的王兴选在明确了自己的革命方向后，根据党组织指示，决定放弃获取文凭的机会，转而投入更为基层的革命工作。他选择应试进入济南铁路职工学校学习，这是一个培养铁路工人技术和政治素质的地方。在那里，王兴选更加深入地了解了工人阶级的生活状况和斗争需求。

王兴选工作过的峠山火车站

毕业后，王兴选被安排到胶济铁路昌邑县境内的峠山火车站担任车务司事。这个职位虽然薪金微薄，但能够使他更接近劳动群众，直接参与铁路工人的组织和斗争。在峠山火车站工作期间，他以铁路职工的身份作掩护，广泛结交铁路工人和周围村庄的农民，经常向他们介绍国内革命形势，组织工人开展学习和讨论，提高他们的政治觉悟，颇受当地群众拥护。

不久，中共山东省委得知王兴选的工作能力和群众基础后，便将峠山火车站作为省委和胶东铁路东段沿线党组织的交通联络站。这项工作非常危险，需要高度的机密性和警觉性。王兴选负责协调和保障党的文件、通信和物资的秘密转移，以及党领导人的安全行动，确保革命信息的流通和组织的连续性。

1927年6月，王兴选与于培绪、黄复兴等人按照中央精神指示，秘密推动了中共昌邑县峠山支部的成立。这个支部是昌邑县第一个党支部，王兴选任支部书记。峠山支部也是山东省早期的基层党组织之一。它一经成立，就显示出强大的凝聚力和号召力。峠山支部的创建，是昌邑革命历史的一个转折点，意味着无产阶级领导的新民主主义革命运动已经在昌邑的土地上开始了，昌邑人民的革命斗争开始走上了正确的道路。

当时，中共山东省委发往青岛、潍坊、高密等地党组织的文件及指示，岞山支部每次都能准确、及时、无误地送达，从而保证了党的指示在各地的贯彻执行。

在岞山支部的宣传发动下，昌邑县南部的铁路工人和贫苦农民反抗剥削和压迫的斗争也日益兴起。王兴选非常注重从工人和农民中发掘、培养积极分子。他不仅在岞山火车站内进行工作，还深入农村，亲自教育和培训积极分子，使他们成为党组织的骨干力量。他们曾经筹划用颠覆火车的办法，来破坏敌人的交通运输。

王兴选支持并参与组织农民抗争。1928 年 12 月，饮马暴动失败，于培绪、黄复兴等遇难，他主动承担起了领导昌邑县党组织的重任。王兴选在党的基层组织建设上的工作是卓有成效的，为党在农村地区的扩张和革命的深入发展作出了重要贡献。他的实践证明了党的基层组织对于革命事业的成功至关重要，而这些工作也成了中国共产党历史上的重要篇章。

1929 年 7 月，中共山东省委组织部部长王复元的叛变投敌给党造成了巨大的打击。王复元利用他在党内的职位，以假冒的省委指示将王兴选等同志骗到岞山站，在这里，他亲自带人将王兴选等同志骗捕，押往济南监狱。

在济南监狱，王兴选秉持坚定的革命信念，与敌人进行了英勇的斗争。由于敌人无法从他那里获取想要的信息，1931 年 4 月，王兴选被枪杀于狱中，年仅 25 岁。

参考文献

1.中共山东省委党史研究室编:《中共山东英烈大典》，济南:山东省新闻出版局，2002 年。

2.山东大学档案馆馆藏档案，档号:JXMC-26-77、JXMC-164-1。

但使初心在　何须论沉浮

——段亦民烈士

1931年6月，段亦民的母亲想念儿子心切，托小儿子段明辉捎信，让他回家一趟。段亦民对弟弟说："你回去告诉母亲说我早已死了就行了。"弟弟说："这样说，还不叫母亲痛苦煞！"段亦民又说："我们的工作很危险，随时都有死的可能。现在母亲痛苦了，免得以后我死了，再让她痛苦。"

段亦民（1900—1933），原名段明光，山东临朐人。1917—1923年，就读于齐鲁大学医学院医科预科、文学院本科。1931年，创建中共益都县委并任书记，参加筹备益都武装起义。1933年8月18日在济南泺口西马家道口刑场牺牲，是济南"泺口九烈士"之一。

弃医从文　寻求革命真理

段亦民1900年10月出生在临朐县黄山店村，8岁起在本村私塾读书。1914年夏天，考入青州守善中学。此时，帝国主义的侵略逐渐由城市扩至农村，加之军阀混战，土匪蜂起，封建剥削异常残酷，人民生活极度困苦。通过阅读进步书刊，段亦民对广大受苦受难的劳动人民十分同情。中学临毕业时，他打算选择一条学医的道路，希望将来能解救苦难中的人民。

1917 年，段亦民考入山东齐鲁大学医学院医学预科。正当段亦民专心学医的时候，五四运动爆发了。受五四运动的影响，他开始认识到，行医只能解除人的身体病痛，不能治愈人的精神创伤，更不能改变压迫人、剥削人的社会制度，要救国救民，必须唤起民众的觉醒！因此，他在结束预科后，毅然改学文科，专心研究新文化、新思想。

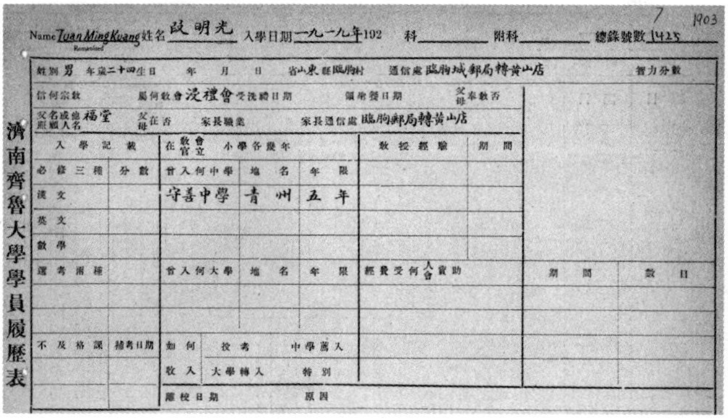

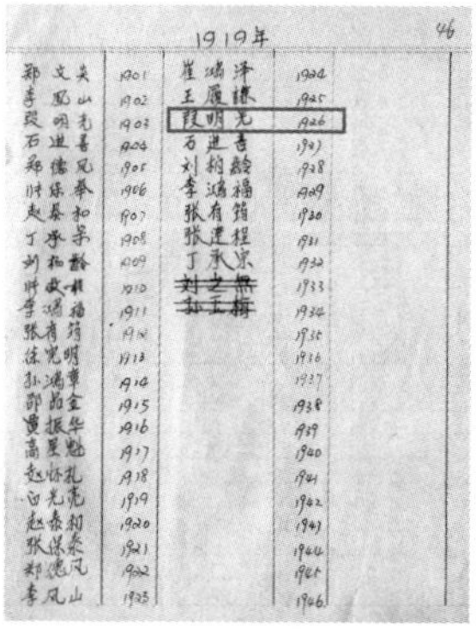

山东大学档案馆藏段亦民履历表、齐鲁大学医学院应届毕业生名单

1923 年，段亦民于齐鲁大学毕业后，经同乡段景禄介绍，到济南万国储蓄会当职员。当时，济南是山东反帝爱国运动的中心，马克思主义广泛传播。段亦民为寻求真理，广泛结识进步人士，阅读各种进步书刊，逐步认识到“只有马克思主义才能救中国”这一真理。

抛家舍业　投身革命工作

1926 年，军阀张宗昌任山东军务督办后，为维护其反动统治，血腥镇压革命群众，全省处于白色恐怖之中。段亦民不仅没有被吓倒，反而更加积极地投身革命活动。同年秋，段亦民与同乡、时在山东大学附中读书的共青团员吴芳亭取得了联系。在接触中，吴芳亭出乎意料地发现段亦民不仅思想进步、富有革命激情，而且熟悉马克思主义基本原理。吴芳亭及时向组织汇报了段亦民的情况，中共党组织随即派人继续和他联系，段亦民被发展为中国共产党党员。

段亦民入党后，以满腔的热情投入革命洪流，严格要求自己，努力为党工作。他因为白天在储蓄会工作，便利用晚上走街串巷，广泛接触各阶层人士，向他们宣传革命道理，揭露反动当局的腐朽本质。段亦民还经常与其他党员于深夜到一些公共场所张贴标语、散发传单，号召群众团结起来打倒帝国主义，反对资本家的剥削，与敌人开展斗争。他斗志旺盛，不怕危险，不辞辛劳，通宵达旦地工作。当时有些人不了解段亦民的情况，更不理解他的行动，与段亦民一块在储蓄会工作的同乡段景禄曾对段亦民的妹妹段莲春说过："你大哥有一个很好的差事，不安心干，晚上不是在家点灯熬油，就是在外边到处乱跑，很晚才回家。回家时不是一身土，就是一身汗，不知他在干些啥。"

当时，段亦民是万国储蓄会的高级职员，他的爱人和子女都随他居住。段亦民待人热情诚恳，办事认真持重，在群众中享有很高的威信。党内常有些同志到他的寓所落脚、开会或隐蔽。他爱人看到他经常晚上在外面活动，家里又经常人来人往，怕闯出祸来，段亦民便耐心地说服劝导。

1927 年下半年，段亦民随万国储蓄会从济南搬迁到青岛，同青岛党组织取得了联系。这时，段亦民已晋升为万国储蓄会总会计师。他以合法身份作为掩护，四处奔波，广泛联系群众，把党的革命活动建立在坚实的群众基础之上。同时，通过段亦民的努力，青岛万国储蓄会成为青岛党组织的秘密活动场所，党的一些重要会议都在这里召开。段亦民的月薪为百元大洋，可他从不追求奢侈的生活，每当领到薪水后，除留下少量的生活费用外，大部分用以资助党的活动。

1929 年春，叛徒王复元溜到青岛，与国民党青岛市党部、公安局取得联系，不断破坏党组织。4 月，市委机关被破坏。不久，党组织在段亦民的家里举行会议时被敌人发现，宪警到储蓄会搜捕，段亦民等趁外籍经理与宪警交涉时跳楼逃脱。事后，随居的爱人和子女被监视数月。8 月，他父亲派人到青岛，将其爱人和孩子接回临朐家中。

段亦民在青岛身份暴露后，随即回到济南。当时，由于叛徒王复元及其捕共队的破坏，山东地下党的活动十分困难。但是，段亦民革命意志坚定，无所畏惧，很快与济南党组织取得了联系，继续从事党的地下工作。他曾在火车站以卖香烟为掩护，发动拉车夫工人运动，也曾在济南津浦铁路大厂领导工人运动，然后到中共济南市委做组织工作。为了掩护自己开展工作，他常常乔装打扮，有时身穿满是油垢的工作服，背着工具箱，装作一名穷工人；有时穿大褂，戴礼帽，装作一名阔老板，不断地出现在济南的工矿、机关和学校。

临危受命　重建党的组织

1931 年夏，省委派段亦民到益都工作。1928 年初，益都党组织遭到严重破坏，只有少数党员幸存下来，他们隐蔽地开展了一些革命活动，但很长时间没有与省委取得联系。段亦民到益都后，在同学、朋友的帮助下，与党员王经奎、郑心亭、曹金言等取得了联系，与他们一起商量研究工作，分析形势，吸取以往的经验教训，并抓紧整顿党团组织。他提出当时的首要任务是“认真审查原有党员，大力发展党团组织”。为了深入发动群众，开展党的工作，他扎根群众，到工厂与工人一起干活，去农村同农民一块在田间劳动。他还利用晚上的时间找青年学生谈心，到工人、农民家里走访，到兵营、民团里串联。经过段亦民等人的努力，党组织很快得到恢复，建立了中共益都特别支部，段亦民任书记。在发展党团组织的同时，还建立了互济会、士兵联合会、左翼作家联盟、农民协会等革命群众组织，群众运动开始在益都蓬勃兴起。

九一八事变后，段亦民根据上级指示，在益都发动领导了抗日请愿运动，并组织党团员连夜翻印《共产党抗日宣言》，起草《告同胞书》，书写标语、传单，带领党员、团员及群众在城乡广为散发、张贴。在短短的几天内，我党的抗日宣传品不仅遍及全县城乡，而且在国民党益都县党部、县政府的大门和院墙上也贴了许多标语和传单。段亦民领导东关高等小学 400 多名师生举行了罢课、上街游行，到县政府请愿。他还组织十中、四师、师范讲习所、商校等的进步师生轮流上街集会讲演，痛斥日本帝国主义的侵略行径，揭露国民党反动政府的不抵抗政策。当时国民党益都县党部为欺骗群众，掩盖其投降卖国的真相，在天齐庙召开抗日大会，段亦民趁此机会组织进步学生进入会场，将印好的《抗日宣言》和《告同胞书》大量散发，揭露了国民党当局的骗局。这一声势浩大的抗日请愿运动，使全县广大群众认清了国民党真投降假抗日的真面目，了解了共产党真抗日的主张，扩大了党的影响，推动了各阶层群众抗日救亡运动的不断高涨。

1931 年冬，段亦民为了大力发展党的组织，多次到益都城东农村开展工作，先后在圣水、郑母、崇家庄、吉林等村建立了党的农村支部。在党组织的领导下，这一地区的进步农民组织纷纷建立起来。随之，农民对地主豪绅的斗争情绪日益高涨。这时，有的同志提出联合十区民团举行武装暴动。对此，段亦民持慎重态度。他认为，其一，暴动是关系党的工作全局的大事，在敌强我弱的情况下，一旦失利，会暴露党的组织，给党的事业造成重大损失。其二，暴动后，我们的队伍能不能拉走？在没有根据地的情况下，带到哪里去？这些问题有待慎重考虑。段亦民打算先在益都西山区开展工作，再在淄河一带创办药房，以备暴动的不时之需，为继续开展武装斗争做好准备。随后他将益都县当时的形势和自己的意见报告山东省委。

段亦民到益都县仅半年时间，党的各项工作呈现了新的局面，十中、四师、铁匠作坊、石佛寺窑工、大陈家庄、宫家庄等20多个党的基层支部相继建立，党员发展到一百六七十人。在城区和城东郑母一带还建立了党的区委组织。在党组织的领导下，共青团、左联、反帝大同盟、互济会、农民协会等进步群众团体发展到千余人。中共山东省委对段亦民在益都县的工作给予了很高的评价，并多次表扬："青州为近胶东的一个中心，这个地方的工作发展得特别迅速……特支工作同志比较健全。书记是知识分子，这个地方的工作，就是他创造的。"1932年5月，为适应党组织日益发展的需要，中共益都县委正式成立，段亦民任县委书记。

段亦民不仅注意党的组织发展和建设，而且还注意对党员小农思想和自由化倾向的改造。他经常利用讲课、开会、谈心等方式，教育党员向革命先烈学习，为唤醒民众，达到革命之目的，鞠躬尽瘁，死而后已。同时，他教育党员为了取得革命的胜利，要加强组织纪律性，严守党的秘密。他还要求各级党组织建立党员小组会制度，学习党的文件，汇报工作和思想情况。由于段亦民注意对党员的思想改造，党的组织更加坚强，党员素质不断提高。

无怨无悔　坚守革命初心

在"左"倾错误思想指导下，山东省委于1932年下半年至1933年上半年连续组织了各地农村武装暴动，均以失败告终，益都也未能幸免。根据中共山东省委的安排，省委军委书记张鸿礼来益都部署武装暴动工作。在段亦民主持的县委扩大会议上，张鸿礼传达了省委指示，认为益都地区发动武装暴动的条件已经具备，要求县委作好准备，在青纱帐起来时举行暴动，并指定段亦民为益都暴动总指挥，郑心亭为副指挥，军事骨干由省委考虑解决。

县委根据张鸿礼布置的任务，反复开会讨论。在讨论中，段亦民与县委其他同志一致认为，益都党团组织虽然发展很快，有一定群众基础，但由于恢复时期不长，没有武装斗争经验，缺乏军事指挥人员。同时，由于兵运工作不够，具有实战经验的武装人员不足，枪支弹药缺乏。在敌强我弱、力量对比悬殊的情况下，发动武装暴动，会使党的工作遭受重大损失，要求省委慎重考虑。张鸿礼否定了大家的意见，认为现在县委领导有右倾思想，只要县委领导克服了右倾思想，问题就解决了。段亦民虽然对举行暴动持不同看法，但他坚持党的组织原则，将县委的工作立即转入以武装暴动为中心，要求党团员全力以赴投入各项准备工作，并让当时已到广饶县工作的冯毅之到西山区开展农民运动，建立革命根据地。

1932年7月上旬，段亦民在一区区公所主持召开了县委扩大会议。张鸿礼在会上宣布，省委已经决定，先在博兴举行暴动，那里已经准备好了，接着就是在益都举行暴动，益都暴动的准备工作要抓紧进行，一定要在 8 月间，青纱帐起来时举行武装暴动。张鸿礼讲得很严肃，时间又这么紧迫，大家心情都比较紧张。一时会议出现了冷场。沉默了一段时间，段亦民说："我们已经做了一些暴动准备工作，但准备得还很差，而最大的问题是我们不懂军事，缺少军事干部。这次暴动能否取得胜利，还得看军事指挥问题怎么解决。"张鸿礼批评说："准备不足责任就在你，你思想右倾，你怕死！你是孬种！"段亦民不服，两人争执起来。鉴于张鸿礼的主观霸道作风，大家都不敢发表不同的看法。最后，张鸿礼说："同志们，一定要按照省委的指示行动，否则，要执行铁的纪律。我代表省委正式宣布，撤销段亦民县委书记职务，县委书记由郑心亭担任，并任暴动总指挥。"

会后，同志们对张鸿礼的粗暴无礼表示不满，对段亦民敢于反对张鸿礼的冒险主义和霸道行为表示钦佩，但对其被撤职都很同情。有的同志到段亦民的住处看望他，他真切地向同志们表示："请同志们放心，我绝不变心，继续革命到底。"

段亦民被撤职后，在一时无事可做的情况下，一天晚上，步行几十里路，回到了久别的家乡黄山店村。母亲知道他在外地做党的工作危险，劝他别干了，他回答母亲说："不干不行，这是党的纪律，革命的需要。"在家期间，段亦民忧心忡忡，他担心益都县党组织在"左"倾路线指导下受到严重破坏和损失，只住了 3 天，便回到了益都。不久，段亦民与爱人汤佩琛到益都西山区南仇村，以教学为掩护，继续秘密开展党的工作，并很快发展了本校小学教员燕梦怀为党员。

8 月 18 日，在"左"倾思想的指导下，益都武装暴动爆发，由于条件不具备，旋即失败。暴动后的第二天，国民党益都县长杨九五亲自带领军警和民团数百名，对全县共产党员和革命群众进行了大逮捕，县委主要领导同志和大部分共产党员、革命群众被捕杀害，益都的党组织蒙受了重大损失。益都党组织遭到严重破坏后，山东省委领导同志十分关心，曾派当时已调到省委工作的曹金言到益都寻找段亦民。9 月 15 日，曹金言到达南仇村时，发现学校已为民团把守，段亦民与汤佩琛早已不幸被捕。

段亦民被捕后，被押到益都县城。杨九五亲自多次提审，但段亦民始终没有暴露自己的真实姓名和泄露党的任何秘密。一星期后，敌人将段亦民押往济南，关押在国民党法院看守所。在狱中，尽管敌人用尽酷刑，段亦民始终宁死不屈，坚信共产主义一定胜利。

泺口九烈士纪念碑

1933 年 8 月 18 日，敌人将段亦民、郑云岫等 9 人押赴济南泺口刑场。段亦民在生命的最后时刻，仍同敌人进行坚决斗争。临刑前，敌人叫段亦民等人跪下，他们置之不理。最后，他们手挽着手，围成一圈，在高亢的《国际歌》歌声中，壮烈牺牲。

参考文献

1.纪宝华主编:《泺口英烈　永芳千古》,北京:中共党史出版社,1993 年。
2.山东大学档案馆馆藏档案,档号:JXMC-25-3、JXMC-164-1。

宏业导先路　建党“牵线人”

——杨明斋烈士

1901年，山东省平度市明村镇马戈庄村走出一位青年。他闯俄谋生，饱经磨难，矢志不渝，甚至献出了自己宝贵的生命。“假如我还一息尚存，我就应该为中国人民解放事业奋斗到底！”他就是中共建党“牵线人”杨明斋。李大钊称赞他“万里拓荒，一身是胆”，周恩来赞誉他为我党历史上受人尊敬的“忠厚长者”。

杨明斋（1882—1938），原名杨好德，字明斋，山东平度人。中国共产党创立时期著名革命活动家，共产国际最早派来中国帮助建党的工作组成员。1908—1910年，求学于山东法政学堂。1920年8月，参与发起成立上海共产党早期组织，成为中国共产党党员。1921年6月，参加共产国际第三次代表大会，1922年7月，参加中国共产党第二次全国代表大会。1938年5月在苏共肃反中被错杀，终年56岁。

国破家败　闯俄谋生

杨明斋出生于一个农民家庭，7岁进私塾读书。杨明斋入塾后，聪颖好学，晓窗夜读，异常刻苦。不管是诵书吟诗，还是成章赋对，甚得私塾老师看重。他

15 岁读完了五经四书，成为平度马戈庄村“有学问”的人。此时的杨明斋本想继续求学，以图深造，但 1897 年德国人占据青岛，社会动乱，同时家境每况愈下，已无力继续供他深造。1898 年，16 岁的杨明斋辍学务农。面临内忧外患和国衰家败的境况，杨明斋苦苦地思索：国家何往，民族何存，出路何在？

1901 年，杨明斋到沙俄统治下的海参崴谋生。在俄国做工期间，杨明斋结交了一批工人朋友，并利用工作闲暇学会了俄语。1908 年以后，杨明斋在西伯利亚矿区边做工边读书，对当地矿工的情况，特别是对流落在俄国的华工情况，有了比较深刻的了解。帝俄时期，流入俄国的华侨苦力大都在边远地区从事开矿、修路、装卸等笨重劳动，所得报酬甚少。通过和布尔什维克党人的接触，杨明斋逐渐明白了一切不平等的现象都是阶级压迫和民族压迫造成的，要改变这种状况，全世界无产者必须联合起来，推翻反动统治者。这对杨明斋后来坚定地走上共产主义革命的道路影响很大。

1913 年春节前，离家 12 年的杨明斋返乡探亲，又一次看到祖国仍处在民族压迫的水深火热之中，父老乡亲仍然深受压迫剥削，心情非常沉重。这愈加坚定了他探求革命真理、寻找革命道路、投身无产阶级革命的信念。年后，他告别父老又去了俄国的西伯利亚。

加入俄共　推动建党

1914 年，第一次世界大战爆发。杨明斋积极参加布尔什维克党领导的工人运动，并被推选为海参崴华侨工人的代表。十月革命前，杨明斋正式加入布尔什维克党。1917 年俄国十月革命胜利后，杨明斋积极动员华工参加红军，保卫新生的无产阶级政权。局势渐趋稳定之后，俄共党组织保送杨明斋到莫斯科东方劳动者共产主义大学深造。在这里，他系统地学习了马克思列宁主义，思想觉悟和理论水平有了很大提高。学习结束后，他又被派回到当时被日本人占领的海参崴，秘密为党工作，公开身份是海参崴地区的华侨负责人。

五四运动后，中国最早的一批共产主义者，以李大钊、陈独秀为领袖，正积极酝酿建党事宜。1920 年 4 月，海参崴党组织经共产国际批准，以共产国际工作组的名义，派维经斯基为负责人、杨明斋为翻译的工作组到中国联系进步力量，开展工作。作为小组成员的杨明斋，在共产国际与早期中国共产主义者的联系当中，做了大量工作，起了最早的桥梁作用。

杨明斋与维经斯基一行首先到达北京。他们从在北京大学任教的俄籍教授柏烈伟那里了解到李大钊的基本情况，然后通过柏烈伟的介绍，杨明斋先与李大钊会见，安排了李大钊与维经斯基的会谈，由杨明斋担任翻译。李大钊了解了杨明斋的经历，大加称赞，称他“万里拓荒，一身是胆”。维经斯基与李大钊的多次会谈都非常融洽。他们交流了情况，分析了局势，取得了在中国建党的共同认识。在北京，共产国际工作组进一步了解了五四运动著名领袖陈独秀在上海活动的情况，维经斯基等人在杨明斋的陪同下，持李大钊的介绍信件，前往上海会见陈独秀。

1920 年 5 月，维经斯基和杨明斋等人到达上海后，首先会见了《新青年》的主编陈独秀，后由陈独秀介绍，会见了《星期评论》的主编李汉俊等人，并同他们进行了多次接触和会谈，取得了一致认识，决定发起建立中国共产党。是月，成立了上海马克思主义研究会，杨明斋参加了研究会的负责工作。8 月，杨明斋和陈独秀、李汉俊等人成立了上海共产党早期组织，杨明斋由俄共党员转为中共党员。上海共产党早期组织同各地共产主义者联系，推动了各地共产党早期组织的建立。继上海共产党早期组织成立以后，北京共产党小组在李大钊的领导下于 1920 年 10 月成立。杨明斋还前往济南，与王尽美、邓恩铭、王翔千等进行了会见，推动了济南地区共产主义运动的发展。

在上海共产党早期组织筹建过程中，杨明斋以自己的驻地渔阳里 6 号为基地，为党做了大量工作，中俄通信社、上海社会主义青年团、外国语学社等都在这里诞生。渔阳里 6 号成为传播马列主义、宣传革命思想、培育教育青年的主要活动场所。中俄通信社是维经斯基一行到上海后不久，由共产国际工作组建立的一个公开活动机构，由杨明斋任社长，社址设在渔阳里 6 号。在中共筹建过程中，杨明斋领导的中俄通信社在国内报刊上发表了大量文章（据不完全统计，从 1920 年 7 月至 1921 年 7 月，仅在上海报刊上发表的文章就有 140 余篇），为马克思主义在中国的传播、为中国共产党的成立、为中俄两国人民的相互了解，都作出了不可磨灭的贡献。1920 年 8 月 22 日，上海社会主义青年团在渔阳里 6 号宣告成立。1920 年 9 月，为了掩护党团组织在渔阳里 6 号的活动，同时为了培训进步青年准备赴俄深造，共产党早期组织办起了外国语学社，杨明斋担任校长并亲授俄语。1920 年冬至 1921 年春，上海党团组织从外国语学社的学生中挑选出二三十名优秀团员，由杨明斋具体安排，分批介绍去苏俄学习。有许多同志如刘少奇、任弼时等，后来都成了著名的无产阶级革命家。

杨明斋还积极从事工人运动，把工人群众团结在党的周围，于 1920 年 10 月指导成立了我党领导下的新型工会——上海机器工会。1921 年春，各地共产党早期组织相继成立，建立统一的全国性的中国共产党条件日趋成熟。杨明斋和张太雷以中国共产党代表身份赴伊尔库茨克，向共产国际远东局汇报中共建党情况及与共产国际建立关系等问题，并起草了关于建立共产国际远东局中国支部的报告，提交共产国际第三次代表大会。6 月，杨明斋和张太雷赴莫斯科参加了共产国际第三次代表大会。

为党工作　不懈求索

1921 年 7 月，中国共产党第一次全国代表大会后，杨明斋主要在党内从事理论教育和宣传工作。1922 年 5 月，第一次全国劳动大会和社会主义青年团第一次代表大会相继在广州召开，杨明斋此时正在广州开展革命活动，做了许多工作。1922 年 7 月，中国共产党第二次全国代表大会在上海召开，杨明斋参加了党的二大，对党制定反帝反封建纲领发表了积极意见。1924 年 6 月，杨明斋历经三年撰写的《评中西文化观》出版。他认为中国只有打破闭关自守、吸收马克思主义的精华、走社会主义道路，才有希望，才能振兴。1925 年春起，杨明斋接受党的安排，在广州苏联顾问团翻译室工作，主要任务是沟通苏联顾问团与国共两党的关系，推动国共合作的革命事业。

1925 年 3 月 12 日，伟大的革命先驱孙中山逝世，举世哀悼。非常尊敬孙中山先生的杨明斋也沉浸在悲痛之中，在《中国军人》上发表了《怎样的纪念中山先生?》。1925 年 10 月，为了纪念孙中山先生，苏共成立莫斯科中山大学，为中国革命和国共两党培养干部。党把选派干部赴苏学习的任务交给了杨明斋，杨明斋在上海专门负责接收和选派学员的工作。10 月下旬，他随第二批学员到达莫斯科后，被安排在莫斯科中山大学总务部门负责全校 500 名中国学生的生活兼翻译工作。当时，苏联正处于建国初期，经济还很困难，物资也不丰富。杨明斋为了保证学生们生活好、学习好，想方设法改善学生的生活。杨明斋在莫斯科中山大学工作两年多的时间里，经常深入群众，倾听群众的意见。他和学生相处得很好，甚至对学生中一些人的饮食习惯他都了如指掌，按时购买些可口的食物，请厨师做给大家吃。杨明斋为莫斯科中山大学的建设和发展付出了辛勤的劳动。

再度回国　秘密工作

杨明斋人在苏联，心中却时时怀念着祖国，热恋着国内轰轰烈烈的大革命。他多次向党提出要回国工作，但均未获准。直到 1927 年夏天，中国大革命遭到失败，杨明斋才接到党的指示，告别了莫斯科中山大学的同学们，取道海参崴，再次踏上了归程。

回到上海后，杨明斋接受党组织的委派到平津地区从事党的活动。杨明斋到北平后，隐居在景山西街西板桥 20 号(现景山西街 20 号)，从事改造中国社会的理论研究和探索。他在这间坐北朝南、只有一门一窗的狭窄屋子里，思索着祖国的历史，回忆着党的成立和发展，目睹着大革命的兴起和失败，力图改造中国社会，拯救多灾多难的中华。1929 年 2 月，《中国社会改造原理》上卷在北平出版。其间，北平的风气因国民党反动派势力的控制而变得日益紧张，党的地下活动更加困难。党的顺直省委于是安排杨明斋到丰润县车轴山中学，以国文教员为掩护，继续从事《中国社会改造原理》下卷的撰写工作。

北京市景山西街西板桥 20 号

在车轴山中学，杨明斋化名杨和贤，利用国文课教员的身份，积极向学生灌输进步、革命思想。他还很注意引导学生接近群众，重视社会调查。在他的影响下，很多学生不管是学业还是思想都进步很快，有的还加入了党组织，成长为党的中坚干部。杨明斋非常关心新入党同志的进步和党的思想建设，注意用共产主义的理论和实践武装年轻的党员，使他们增长革命知识，坚定共产主义信念。1929 年 6 月，杨明斋完成了《中国社会改造原理》下卷的写作。杨明斋呕心沥血，花费了两年的时间，克服了种种困难，终于把他对于改造中国社会的一整套见解留给了后世。《中国社会改造原理》对中国社会进行了深刻的剖析，深入探索改造中国社会的理论和实践，并且明确指出：在中国，只有采纳社会主义才能有出路。

孜孜不倦　忠厚长者

1929 年底，年近半百、饱经风霜的杨明斋，积劳成疾，身体一天不如一天。在此情况下，他辞去了车轴山中学的教师职务，回到北京治病。在北京，因恶劣的环境和经济的困窘，他并没有得到很好的治疗。后来，杨明斋只得再次背井离乡前往苏联。1931 年，杨明斋被俄共当作叛逃者流放到托木斯克当勤杂工。令人感佩的是，在流放期间，杨明斋仍没有放弃斗争，他一边关注着中国革命的形势，一边埋头写书，系统阐发他的意见。

1934 年 8 月 16 日，杨明斋流放期满到莫斯科，在工人出版社当投递员、誊写员、校对员。他曾多次写信请求回国，中国代表团都以他需要医治肺病为由没能让其如愿。其中一封信的最后，他表达了希望回国工作的强烈意愿："假如我还一息尚存，我就应该为中国人民解放事业奋斗到底！同志们，这是我对党的血诚请求，在最近请给我一个回答为盼！谨致共产主义的敬礼！”在西伯利亚的莽林、荒原、寂寞和寒冷中，杨明斋经历了被逮捕、流放，当伙夫和杂役的艰难岁月。1938 年 2 月，杨明斋在肃反运动中被捕，5 月遇害。1989 年 8 月，杨明斋被追认为革命烈士。

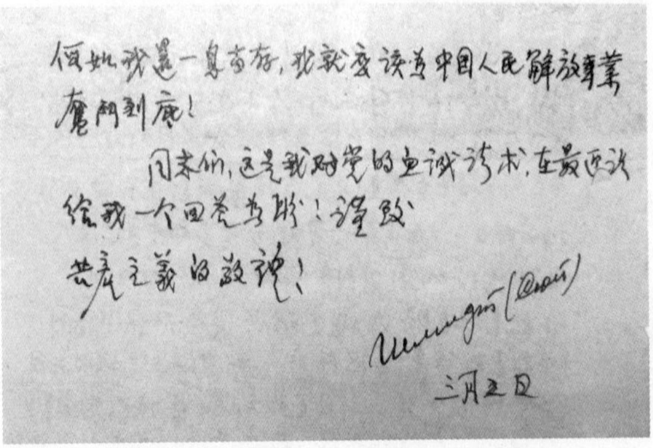
假如我还一息尚存，我就应该为中国人民解放事业奋斗到底！

同志们，这是我对党的血诚请求，在最近请给我一个回答为盼！谨致

共产主义的敬礼！

三月五日

杨明斋写给中共代表团的信

参考文献

1.中共平度市委组织部、中共平度市委党史研究中心编:《杨明斋文集》，北京:中国文史出版社，2024 年。

2.中共山东省委党史研究室编:《中共山东英烈大典》，济南:山东省新闻出版局，2002 年。

3.余世诚、张升善编著:《杨明斋》，北京:中共党史资料出版社，1988 年。

4.卞文超:《杨明斋:“万里拓荒，一身是胆”》，《大众日报》2011 年 7 月 15 日。

抗日战争和解放战争时期

汪洋救亡事　竭我力一滴

——祖茂林烈士

1932 年 12 月，已被判处死刑的祖茂林在济南监狱写下一封家书：“干革命就会有牺牲，望双亲千万千万看得开些。家是我所恋的，弟妹是我所爱的，但是破碎的祖国更是我所怀念热爱的。虽然在干革命救国的大事业中，我的力量简直够不上沧海一粟，可是集天下之水滴而汇成大洋。我希望我能在救亡的汪洋中，竭我一滴之微力。”

祖茂林（1901—1933），安徽宣城人。1923 年，考入厦门大学。1925 年，考入日本长崎帝国医科大学，年底加入中国共产党。1927 年，受党组织派遣参加北伐战争，大革命失败后率军参加南昌起义。1931 年，担任中共济南市委书记兼秘书长。1932 年，调任中共青岛市委书记，直接领导了国立青岛大学的抗日救亡活动。1933 年在济南泺口慷慨就义。

求学安徽　参加五中学潮

1918 年，祖茂林考入芜湖安徽省立第五中学。他受到校长刘希平和教务主任高语罕进步思想的影响，沉浸于阅读进步书刊，开阔了政治视野。入学后，祖茂林和同学蒋光慈、李宗邺、吴葆萼、夏揆宇、宋树人、台逸谷及外校的钱杏邨(阿英)、李克农等成立了“安社”,编印《自由之花》小报。蒋光慈任主编,吴葆萼刻钢板,祖茂林负责夜间印刷,在第一期和第二期出版后移刊到《皖江日报》上,主要发表反对封建专制、反对封建礼教、反军阀、反侵略、反私有制度等内容的文章,后来虽被查禁,但刊物在当时社会引起了一定反响。

1919 年,五四运动爆发,反帝反封建、提倡民主与科学的浪潮蔓延至五中。在刘希平和高语罕的影响下,五中成立起学生联合会。学生们走出校园,演讲集会,示威游行,在芜湖掀起了一场声势浩大的群众运动。祖茂林积极投身这场火热的斗争之中,并改名“祖晨”以表达对东晋爱国名士祖逖将军的敬仰,借以明志。至此,他的思想觉悟大大提高,从此立下了革除时弊、救国救民的志愿,这也成为他的一生所求。

1921 年春,祖茂林被派往宣城,邀请在省立第四师范任教的恽代英来校演讲。在全校师生大会上,恽代英严厉抨击了反动军阀的腐朽统治和帝国主义列强的侵略行径,积极宣传了马克思主义,号召广大青年团结起来,建设“光明、民主、进步的新中国”。恽代英慷慨陈词,讲到动情之处不禁声泪俱下,这场演讲让祖茂林深受启发。会后,学生们组织游行示威,祖茂林毅然走在前列,大声高呼“打倒帝国主义”“取消二十一条”“惩办卖国贼”等口号。

同年 3 月,为反对军阀政府增加牌照捐和资本家增加租金,芜湖 2000 多名人力车夫举行罢工。祖茂林等进步学生们自愿募捐以支援罢工运动,鼓励工人们团结起来,坚持斗争,后成功迫使当局取消了增加牌照捐和租金的决定。

不久,以帝国主义文化侵略为意图的世界基督教学生同盟会准备在北京召开。听到这一消息,京、沪等地学生纷纷起来抵制。祖茂林等在刘希平、高语罕的支持下,组织了非基督教学生同盟会,以揭露帝国主义的恶行和文化侵略的野心,及其对中国人民犯下的滔天罪行,并向全国各界发出通电。此举立即得到社会各界人士的支持和声援。非基督教学生同盟会的创立、发展及其所展开的一系列斗争,对当地的反帝爱国运动起到了一定的推动作用。

从省立五中毕业后,祖茂林放弃了继续深造的宝贵机会,自愿留校筹办平民学校,以提高民众文化水平,启迪民智。后因经费难以筹措,学校没有办成,经刘希平介绍,祖茂林先到六安县城小学教了半年书。1923 年秋,以优异成绩考入厦门大学,就读文科班。

负笈厦门　战斗在革命一线

1924 年 1 月 20 日,在孙中山先生的主持下,中国国民党第一次全国代表大会在广州召开,大会确定了联俄、联共、扶助农工的三大政策。此会一开,厦门大学的民主氛围也随之高涨,祖茂林不仅积极参加厦大师生组织的反帝反军阀活动,而且潜心阅读大量进步书籍刊物,对新三民主义的理解和践行不断深入。1925 年 3 月 12 日,孙中山先生不幸逝世。听闻这一噩耗,祖茂林悲痛不已,当即写出《哭孙先生》和《人奴的关头》两首诗表达对孙中山先生的怀念与敬仰之情。随后,祖茂林积极参加厦门大学师生为悼念孙中山先生举行的各种活动,并走上街头宣传三大政策和国共合作。经此一事,他决心将哀思化为行动的力量,与帝国主义和反动军阀斗争到底。

1925 年 5 月 26 日,厦门大学发生了北洋海军抢占操场和体育器械的事件。师生们对此提出严厉抗议,以祖茂林为首的学生在与官兵说理的过程中遭到野蛮毒打,此举引发师生们的严重不满,立即举行示威游行,揭露北洋海军的暴行。在舆论压力下,北洋海军当局不得不出面承担罪责,向祖茂林等被打师生赔礼道歉。祖茂林不畏暴权、英勇斗争的事迹和精神也在厦门大学广为流传。

1925 年 5 月,青岛、上海接连发生了五二九和五卅惨案,中国共产党在全国范围内发动了反帝爱国斗争。祖茂林积极参加宣传队、募捐团,一边深入工厂、商店揭露帝国主义的暴行,一边筹集资金援助罢工工人。在途经上海的路上,祖茂林目睹了上海工人、学生为反帝反封建举行的罢工、罢课斗争,受到了极大鼓舞。回到芜湖后,他立即加入了芜湖各界组织的五卅惨案后援会和国民外交后援会,串联工人、学生和农民组成英、日货检查团,专门设置检查站检查、没收奸商的日、英货物,收缴和销毁土豪劣绅的鸦片及烟具。为了大造声势,祖茂林组织当地学生游行示威,游行队伍高举着反帝反封建的大旗,高呼着"除暴安良,救国图存"的口号,高唱着祖茂林编的歌曲,这一行动轰动了整个宣城,奸商和土豪劣绅先是妄图以利益收买祖茂林,但祖茂林丝毫不为所动,反将此事公布于众。眼看此计不成,他们恼羞成怒,串通一气诬告祖茂林。开庭那天,法庭内外人山人海,道貌岸然的法官装腔作势地宣读祖茂林的所谓"罪状",祖茂林面不更色,义正词严地一一驳斥,人群中爆发出阵阵喝彩,群情激愤,法官和原告奸商、豪绅们哑口无声。至此,这场师出无名的审判丑剧只得灰溜溜地收场。

东渡日本　接受党性洗礼

1925 年秋,祖茂林东渡日本,考入长崎帝国医科大学。在中国留学生中,各种政治派别的斗争激烈复杂。其中,国民党西山会议派极力主张将共产党员清除出国民党，气焰十分嚣张。他们软硬兼施，企图拉拢祖茂林，但祖茂林不为所动，在中共长崎特支的领导下，坚决与之斗争到底。1926 年 3 月 16 日，在给父母的家信中，祖茂林写道："斯对天灾人祸，皆促人民自觉之导火线，将来总有结局之日。一股倒行逆施之徒，儿即命在旦夕之际，仍欲与之相较，看看我最后五分钟。"浩然之气溢于言表。

在多年的理论学习与革命斗争中，祖茂林的思想不断成熟。1926 年 3 月，中共长崎特支接收祖茂林为党员，实现了祖茂林的夙愿。为投身国内革命一线，祖茂林向党组织提出终止学业、回国工作的申请。1927 年初，祖茂林从日本回国，受党组织派遣，到国民革命军第四军十二师政治部做宣传工作，随部队参加北伐战争，尽全力扩大我党在北伐军中的政治影响和革命力量。

由于国民党反动派发动的四一二、七一五反革命政变，大革命宣告失败。7 月下旬，祖茂林接到党的指示，率争取过来的部分北伐军从武汉急行七天七夜至南昌，参加八一起义。当他们赶到时，起义已取得胜利，祖茂林便随起义军南下。尽管部队处于危困之境，但祖茂林却少有悲观情绪，在写给双亲的家信中，他谈道："暂时的虚荣，算不了人间的赞礼，尸旁的热泪，方得见英雄的牺牲。愈难愈要干，所余的，留待后人。莫因崎岖而失望，休因人事勿登临。乱时富贵于我如浮云，狗党谈笑于我无变色！"足见其坚定不屈的革命信念。后因战事不利，为留存革命新生力量，党组织决定让祖茂林重返日本，继续深造，但因学籍被取消，遂于 1927 年 11 月回国。

转战齐鲁　英魂永留存

回国后，祖茂林按照党组织派遣回到宣城开展工作，不久就建立了中共宣城县独立支部，并任支部书记。1929 年正月，国民党当局派出大批警察搜捕共产党员和农协骨干。祖茂林在农民的掩护下得以脱险，被党组织派往上海参加上海反帝大同盟工作，以茶商兼《上海报》编辑的身份积极开展反日反帝反国民党的宣传工作。这期间，他结识了鲁迅、柯庆施、汪国梓等人，并在鲁迅先生的帮助下，团结文艺界进步人士，共同反击国民党的文化"围剿"。同时，他还参与领导了上海徐汇区的工人运动和学生运动。

1931 年初，祖茂林受命调到山东工作。3 月，中共山东省委派胡萍舟由青岛到济南，恢复整顿济南党组织。6 月初，正式建立了中共济南市委，胡萍舟任书记，祖茂林任秘书长，王永周任宣传部部长，陈桓乔任组织部部长，刘凤来、汤美亭、姚第鸿、鲁宝琪等为委员。8 月，山东省委遭到破坏，中央调胡萍舟去青岛主持省委工作，祖茂林接任济南市委书记。

1932年1月，中共山东省委机关全部由青岛迁驻济南，省委决定撤销济南市委，其基层党组织归属省委领导，祖茂林调任青岛市委书记。到任后，祖茂林立即恢复了沧口和四方党支部的活动，领导当地各纱厂的斗争，先后建立了工会、互济会、反日救国会和时事讨论会等群众组织，又和国立青岛大学党支部取得了联系，还在市北区建立了党支部。为了加强党员教育，他还主办了《工人之家》和《大众》等刊物，宣传党的主张，以配合党领导的罢工、罢课斗争。在祖茂林任书记后，青岛市的工人、学生运动又蓬勃发展起来，党组织得到进一步扩大和发展。

九一八事变后，蒋介石实行"攘外必先安内"的政策，多方限制人民群众的抗日爱国行动，处在反日前哨的青岛人民群情鼎沸、怒不可遏。面对这一形势，祖茂林当机立断，积极组织宣传我党号召，散发"全国人民自动武装起来，组织义勇军，抗击日本侵略者"的传单，并采取多种形式开展反日爱国活动。祖茂林直接领导了国立青岛大学的抗日救亡运动，他提出国立青岛大学党支部要根据大多数师生的觉悟程度，由一般宣传转为实际行动，从而打破师生们对国民党反动派的幻想。国立青岛大学党支部根据他的指示，发动了签名罢课运动，组成南下请愿团，敦促南京政府出兵抗日。同时，祖茂林还进一步指示各地下组织，发动各中学师生和全市群众响应、支持国立青岛大学师生们的南下请愿运动。请愿团在南下途中，一路上宣传我党抗日救国的政治主张。

1932年初，国立青岛大学党支部在中山公园秘密召开了党、团员和积极分子会议，祖茂林以《青岛时报》记者的身份在会上发言。他指示国立青岛大学的学生运动首先要争取教师的支持，同时要把斗争范围扩展到全市、全省，和工人、农民运动结合起来，互相支持，争取广泛的社会同情；并建议要和华北学生联合会、北京大中小学联合会取得联系，争取支援。这大大鼓舞了与会同志的士气和斗志。会后，国立青岛大学党支部根据祖茂林的意见，派霍永昌专程前往北平，成立了非常学生会、剧联青岛小组和海鸥剧社等进步团体，先后排演出进步话剧《月亮上升》和《工厂夜景》，在社会上引起强烈反响。

青岛市抗日爱国运动的蓬勃发展，引起了国民党反动当局的注意。他们派遣特务高振东伪装成大康纱厂的工人，混入党内，暗中刺探我党地下组织负责人的情况。

1932年6月1日，祖茂林在青岛海泊桥水场被特务高振东带领的侦缉队逮捕。面对敌人的严刑拷打和欺骗利诱，他始终坚贞不屈，保持了一名共产党员的高尚气节。8月8日，在被押往济南国民党高等法院的火车上，祖茂林得知有

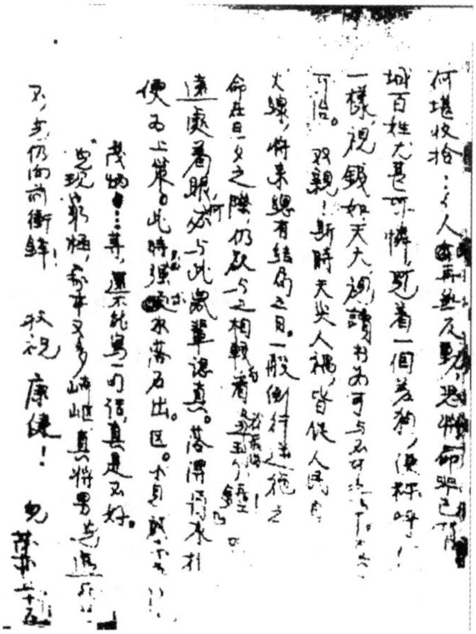

祖茂林家书手迹

的同志因为缺乏战斗经验承认了自己的党员身份，他临危不乱，沉着冷静地教给同志们对敌斗争的方法和策略。在他的鼓励和影响下，被捕同志决心同敌人斗争到底，到济南后全部翻供，弄得敌人无计可施。在监狱里，祖茂林继续领导狱中同志们进行不屈不挠的斗争，不论敌人采取什么形式严刑逼供，同志们始终没有吐露半点信息，在生与死的考验面前，他们以钢铁般的意志保有了革命者的崇高气节。

1933 年 8 月 18 日清晨，天色昏暗，细雨蒙蒙。敌人依次喊着段亦民、张福林、郑心亭、孙善帅、孙善师、唐东华、王常怡、祖茂林、李伟仁的名字，当敌人喊到祖茂林时，他从容站起，向同志们大声告别道："难友们，没有关系，革命的细胞是新陈代谢的，好好干下去吧！"面对敌人的屠刀，祖茂林威武不屈、大义凛然，和其他 8 名同志一路唱着《国际歌》，高呼着"打倒国民党反动派！""中国共产党万岁！"等口号英勇就义，时年 32 岁。

参考文献

1.张海赴等主编:《中华英烈词典(1840—1990)》，北京:军事译文出版社，1991 年。

2.常连霆主编，中共山东省委党史研究室编:《中共山东编年史》第 2 卷，济南:山东人民出版社，2015 年。

3.中共山东省委组织部、中共山东省委党史资料征集研究委员会、山东省档案馆编:《中国共产党山东省组织史资料:1921—1987》，北京:中共党史出版社，1991 年。

4.王淇、陈志凌主编，中共党史人物研究会编:《中共党史人物传》第 53 卷，西安:陕西人民出版社，1994 年。

5.宣城市地方志编纂委员会编:《宣城地区志》，合肥:黄山书社，2008 年。

6.殷光临主编:《红皖家书》，合肥:安徽人民出版社，2016 年。

7.栾曰盛编著:《济南死难烈士追记》，北京:中共党史出版社，2005 年。

捐躯校庆日　拳拳赤子心

——张倬甫烈士

1937年9月19日，张倬甫在天津家中被日军宪兵队秘密逮捕。次日凌晨时分，冷风呜咽，云破月出。正是国立山东大学校庆日来临的时刻，一轮皎洁的明月，见证了悲壮而惨烈的一幕。趁看押宪兵不备，被严刑拷打了一夜的张倬甫一跃而起，以头撞墙，决然赴死，把一腔热血献给了他挚爱的国家和人民。

张倬甫(1898—1937)，原名润田，河北丰润人。1927年赴美留学回国后，曾被聘为北洋工学院、国立清华大学、东北大学、国立山东大学等校教授，曾任黄河水利委员会委员，天津市、山东省政府顾问，北宁铁路局总工程师等职。1936—1937年，任国立山东大学工学院土木工程系教授、主任。

少年立志　为国求知

1898年，张倬甫出生在一户普通农民家中。他的母亲在他出生9天后就去世了，他一直是由祖母带大的。这养成了他独立坚强、刻苦努力、不畏艰险、宁折不弯的性格。

虽然家境贫寒，张倬甫的父亲还是千方百计地借钱供他上学。他自幼聪慧过人，在开平小学读书时就以勤谨闻名，在考入永平中学后也一直成绩优异，尤其是数、理、化，在课堂上对教师提问总是有问必答。他独立思考能力强，经常向老师提出课程上的疑问，有些问题老师竟然也不能马上解答。

在学校，他是少数几个贫寒农民出身的学生之一，艰苦的生活使他对普通百姓的疾苦感受极深。面对当时国家遭受列强欺凌、军阀混战的现实，他立志刻苦读书，发奋图强，将来投身教育，用科学知识去拯救中国。

1917 年夏，张倬甫从河北省立第四中学毕业，只身赴津报考北洋工学院，以优异成绩被录取到土木工程专业。1920 年，爱国华侨简照南、简玉阶兄弟二人创办的南洋兄弟烟草公司在天津考选第二批资助赴美留学生，张倬甫入选，赴美国康奈尔大学土木工程系留学。

经过几个月乘船长途跋涉到美洲后，他开始了艰苦的国外生活。当时中国人在美国倍受歧视，学校没有助学金，而南洋烟草公司的资助也只有很少的生活费。康奈尔大学当时是美国排名前五的著名高校，学费很高。其他赴美留学生多是达官显贵子女，有雄厚的家庭资金支持，过着舒适甚至奢侈的留学镀金生活，而家境普通的张倬甫为完成学业、实现抱负，只能自力更生，一边上学一边打工挣钱，他卖过报，还送过餐馆外卖。

童年的艰辛生活，帮助张倬甫独自一人在国外克服了普通人无法想象的困难。他勤工俭学，苦心攻读，1924 年从康奈尔大学毕业并获得土木工程师证书，同年获渊思理尔工科大学研究院奖学金，入该校攻读博士研究生，1925 年毕业，获工学博士。在获得土木工程师证书后以及读博期间，他就开始兼职几份工作，曾为建筑公司描图、绘图，做助理设计师、设计师，还曾做过施工监理等。仅在美上学期间，他签署的打工和兼职工作的合同就有几十份。

赴美留学时期的张倬甫

实际工作的锻炼，使他增长了才干。在读博期间，因工作出色，他被美国著名的美洲桥梁公司聘为设计和评估师，毕业后马上就被美国瓦得鲁顾问工程师公司聘为设计师。这样的年龄有这样的地位，加上本人的努力，若是留在美国是会有舒适的生活和美好的前途的，但为实现自己科学救国的理想，获得博士学位不久，他就辞去了工作，放弃了一切，于 1928 年夏应东北大学邀请，回到阔别多年的祖国。

科学救国　为国育贤

张倬甫出国前就已经结婚生子。他在国外的这些年，妻儿在老家靠他托人从国外带回的钱维持清贫的生活。等回国时，父亲已经去世，他把妻儿接出来，开始了在多个学校教书的生涯。他先后被东北大学、北洋工学院、国立清华大学、国立山东大学等高校聘为教授、系主任等。

按当时他的经济条件，他完全可以有非常舒适的生活，然而，从小生活艰苦的他一直保持着十分简朴的生活方式，所用的家具、皮箱等都是他在美国用过并从海上托运过来的，一张钢丝床一直伴随着他。他自幼清贫，靠自己的勤奋努力才获得出国留学的机会，对那些不学无术、仰靠父辈权势胡作非为的官宦子弟十分憎恨。他严格要求自己的子女，为了防止孩子依赖他而不思进取，他从不购置房地产和金银珠宝。因此，他牺牲后没有留下任何资产。

由于张倬甫是美国著名大学土木工程专业方面的博士，又曾在美国著名桥梁公司、建筑公司任职，从事过实际的工程设计，所以当时在国内土木工程界名声很大。除在大学任教外，他还先后被聘任为北宁铁路局葫芦岛港务处主任工程师，巨流河管段工程师、总工程师，堵筑永定河决口工程处主任工程师及顾问工程师，黄河水利委员会委员等。张倬甫对所有的工作都全力以赴、一丝不苟、有始有终，这也是他在当时国内工程界不断取得名望的原因之一。他将专业知识和实际工作经验创造性地运用到祖国的江河治理和铁路、桥梁建设上，提出并实施了科学的治理方案，成功地控制了当时十年五涝的永定河水域水患，在当时的水利界、工程界影响很大。因此，各地多家单位聘请他任职，他不得不在一年中穿梭往返几地兼职工作，十分辛苦。

张倬甫为人豪爽、平易近人，对下属、同事、学生从不摆架子。凡看到同事、学生有困难都慷慨相助且不求回报。学生到外地实习，他经常亲自送他们到车站。

对国民党的一党专政、贪污腐败等行为，张倬甫深恶痛绝，绝不同流合污。由于他负责北宁铁路工程事务，经常有人向他送礼，有时甚至直接拉来一黄包车的东西，他一律拒收，也不见来人。对这一点，他的家人后来回忆时印象极为深刻。特别是九一八事变后，国民党的不抵抗主义使东三省大好河山被日本侵占，他更是坚决反对。他也深深感到，在国民党统治下仅仅是科学救国是不可能实现的，所以他公开拒绝参加国民党，并在许多场合公开抨击国民党当局的政策，支持民众的抗日热潮。他的铮铮铁骨、无私无畏，当时在国内教育界、工程界影响巨大。

1935 年底，国内爱国之士积极响应中国共产党提出的建立抗日民族统一战线的号召，救亡运动风起云涌。同年 12 月，北平爱国学生不顾国民党的反动破坏和镇压，掀起了震惊中外的一二·九运动和一二·一六运动，影响波及全国；山大学生也在中国共产党地下党支部的带领下，以极大的爱国热忱开展了抗日救亡、罢课游行活动。

张倬甫 1936 年 8 月受聘国立山东大学工学院土木工程系主任，9 月任代理主任，1937 年 2 月任主任。张倬甫刚到山大时，正值学生罢课运动进入高潮。据当时的师生回忆，张倬甫积极爱护同学们的爱国热情，对反对国民党不抵抗主张的罢课运动表示大力支持，热情鼓励参加罢课斗争的同学。据当时土木工程系学生周俊逸多年之后回忆，张倬甫曾专门找他促膝谈心，师生二人在谈话中十分坦率。周俊逸向张倬甫坦陈自己曾参加进步学生组织的情况，张倬甫在指导他努力钻研科学知识做到学有专长的同时，也鼓励他继续为正义事业奋斗。张倬甫还出于至诚，苦口婆心地教导周俊逸面对混乱的社会现实要谨言慎行，避免蒙受不白之冤，预防国民党一贯的暗箭伤人。

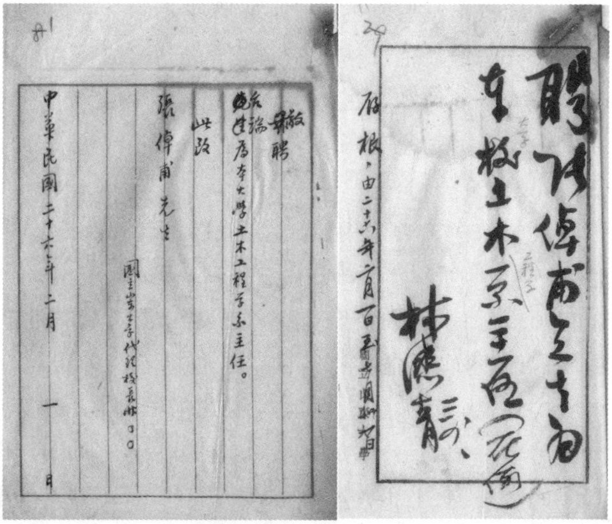

山东省档案馆藏张倬甫国立山东大学聘书

在国立山东大学任职期间，张倬甫视学生如子女，非常关心学生的成长，既重视充实学生的理论知识，又注意培养学生的实践能力，是同学们最尊敬的师长。1937 年初，工学院出版《山大工程》学报，发表师生学术论作。张倬甫鼓励周俊逸撰写的《青岛自来水工程考察记》在《山大工程》登载，后于同年 6 月 9 日至 19 日在《长沙大公报》连载 12 天，给长沙兴办自来水工程提供了珍贵的借鉴。

在教育教学管理上，张倬甫主任和工学院汪公旭院长互相配合，聘请有实践经验的胶济铁路总工程师、美国康奈尔大学毕业的土木工程硕士王洵才兼任教授。特聘美国康奈尔大学毕业的土木工程硕士、曾在伊利诺伊大学专门研究结构工程的吴潮，比利时沙乐王工科大学毕业的土木工程师赵韵藏，美国密歇根大学的土木工程硕士、河南焦作工学院教授丁观海（丁肇中之父）等来校授课。加上原来就有的土木工程系教师都是有实践经验的专业教师，一时间山大土木工程专业教师队伍人才济济，影响很大，大家都佩服张倬甫的深谋远虑。1936 年，山东大学招生录取 411 人，其中工学院新生就占了三分之一，山大工科呈一片欣欣向荣之势。由于老师们的认真教学、同学的奋发努力，山大土木工程专业毕业的同学在社会上取得了良好声誉。

奋起抵抗　为国捐躯

1931 年日本帝国主义发动九一八事变，加紧了对中国的侵略。1933 年 1 月占领山海关，开始并吞热河，进逼华北。随着华北形势的紧张，全国的抗日热潮一浪高过一浪，到处都是“不做亡国奴”的口号。1935 年，张倬甫曾率团到日本名古屋参加万国博览会，耳闻目睹日本国内宣扬武士道精神、歧视中国和扩军备战的狂妄野心。面对日本侵略和国民党的不抵抗主义，他义愤填膺。

北宁铁路是东北与华北沟通的铁路大动脉。在日本侵略者早就规划好的全面侵华战略中，北宁铁路自然也就成为侵略者从关外向关内运输兵员和军用物资的重要战略通道。九一八事变后，日方策划将北宁铁路并入其控制的伪满铁路未果，后蛮横地派出“驻路代表”参与北宁铁路的监管。此后，北宁铁路局与日方代表在铁路运行管理上时常发生矛盾争执。这时迫切需要一位威望高、有能力的专业人士负责这段铁路，特别是能与日方谈判周旋、力争中国对铁路控制权的人，而张倬甫在当时是最合适的人选。1934 年起，张倬甫开始先后兼任北宁铁路局工程处处长，工务局副局长、代局长等职；1937 年 5 月起，任北宁铁路局副局长兼工务处处长、总工程师，这为他以铁路为阵地向日本帝国主义开展斗争创造了极为有利的条件。

1937 年 7 月 7 日，日本发动七七事变，张开了全面侵华的魔爪。远在青岛的山大师生们也不得不开始做停课内迁的准备，部分师生已先后提前离校。张倬甫教授也离校北上天津，因为在这危难之际，北宁铁路局的工作更需要他。

自七七事变起，日军就火速从东北大批调兵入关南侵，其中主要是通过北宁铁路来运送其士兵、军火、装备。7 月下旬，日本先后调集 8 个师团的兵力共 16 万人向华北增援，步步逼向北平、天津，局势越来越紧张。张倬甫四方呼吁，主张各条战线用一切可能的手段抗击日寇。在铁路局内部，张倬甫也在千方百计地与日方“驻路代表”巧妙周旋，暗中策划阻止和延缓日寇进关的方法。前期，北宁铁路局常以铁路技术故障为由推迟延缓日军军列的运行，但此计不可多用，于是他便开始谋划通过技术手段制造日军军列出轨翻车的事件，以便给日军军列带来更大打击。他从专业的角度制定了具体的行动方案，即在偏僻地段铁路线上，巧妙地对铁路部分关键设施进行破坏，比如拔除必要的铁轨道钉，从而造成日军军列颠覆。他认为，铁轨是通过大量道钉固定在枕木上的，巧妙地拔掉部分道钉，远看铁轨完好，但列车开动时会剧烈震动，必然造成铁轨错位、列车颠覆。如果在险要地段实施此计划，列车颠覆的损失将更加惨重。但这个计划的实施并不容易，需要精心选择地段、时段、调配使用专门技工与工具，还不能被日本“驻路代表”发觉。为此，他曾多次利用在铁路局的任职身份，借口检查巡视，秘密地潜入山海关、军粮城等北宁铁路沿线，实地勘察并组织实施自己的计划。

当年 7 月至 8 月，北宁铁路线上由山海关南下的运送日军兵员、军火的专列发生了多次出轨翻车事件。由于铁路桥梁路轨被破坏的方式非常隐蔽，起初日军并没有发现蹊跷，也没有引起足够的重视。毕竟，当时的长城内外、华北大地，中国军民奋起抵抗日寇、破袭铁路桥梁从而造成日军军列翻车的情况并不鲜见。但一次极为严重的翻车事故，造成了日本关东军一个师团的重大损失。虽然日军极力封锁消息，但当时的新闻媒体还是进行了报道。据 1937 年 8 月 2 日《中华日报》报道：“平沈车（即北宁铁路局辖段）在军粮城出轨，轨道破坏所至，死伤必众。”这不仅狠狠地打击了日寇，延缓了他们进军华北的行动，更重要的是鼓舞了在各条战线上进行顽强抵抗的中国同胞。为此，日军十分恼火，在初步调查之后也开始怀疑如此隐蔽的破坏手段是铁路局内部人员实施的。此时，天津已经沦陷，日军驻天津宪兵队开始在北宁铁路局内部展开秘密调查，逮捕大批人员秘密审问，张倬甫终被叛徒出卖。

在此之前，张倬甫已经意识到，如此频繁的军车颠覆，日军必然会察觉，自己随时可能暴露身份，但一次新的破坏路基和桥梁的计划正处在紧要关头，他还不能撤退。他一直在为此事四处奔波，甚至没能严格地做到隐蔽行事。毕竟，他不是一个职业的军人，也不是一个老练的地下特工，他只是一个在民族危难之际将专业知识融入一腔热血的学者。实际上，按当时张倬甫的声望和国内外的各种关系，如果为了个人的安危，他完全可以早早撤离天津南下，或隐藏到一个更安全的地方，甚至出国。但他一生刚直不阿，不愿苟且偷生。大敌当前，他没有逃避，而是勇敢地投入战斗，不惜献出生命。

9 月 19 日傍晚，他从外地赶回天津，准备下一步的行动。在此之前，他将自己随身携带的一支手枪交给孩子，嘱咐孩子离开天津到南方去，不要再与他联系。他刚到家，就被早已在附近监视的日本便衣特务察觉并封锁了其房子四周。接着，驻扎在天津海光寺的日本宪兵队送来了请柬，表面上请他于日租界神户馆宴饮，共度中秋佳节，实为秘密逮捕，强迫他到日本宪兵队受审。

1962年，天津铁道部第三设计院勘测处一位曾在北宁铁路局工作多年的老事务员，向张倬甫教授的学生周俊逸指认，中山路177号院后院一个不足十平方米的小房中，是张倬甫被秘密关押、审问及殉难之处。日军已知此前发生的军列翻车事故其实是张倬甫预谋策划实施的，就以极其毒辣的手段对张倬甫严刑拷问，逼其供出同伙。日军宪兵用铁丝穿其手指，将十指拉得鲜血淋漓，但他不发一言。连审三次，终无口供。次日凌晨，张倬甫以头撞墙，壮烈殉国。

由于张倬甫当时是京津著名的爱国知识分子，日本人怕杀害张倬甫会激起民愤，从逮捕到将他严刑拷打至死一直是秘密进行的。虽然人早已被害，但对外说请张倬甫配合调查，调查清楚就放出，后又对此事不再回答。之后，曾有传言说张倬甫被美国人救出，已经去了美国；也有传言说，他被押送到日本关押；等等。直到抗日战争胜利后，这个谜底才被揭开。

1937年10月，国立山东大学师生离开青岛南下，几经周折到达湖北宜昌，住在宜昌中学。时逢工学院院长汪公旭教授从天津敌占区赶到后方，在宜昌找到山大的同学。他沉痛地告诉同学们："张倬甫教授已在天津塘沽不幸被日本官兵抓去，生死不明！"同学们无不眼泪双流，心情十分沉痛。大家都说："日军手段毒辣，张教授只怕凶多吉少！"

1946年6月30日，天津市政府举行张倬甫烈士追悼大会，各界人士百余名冒雨前往参加。会上报告了张倬甫生平和殉难经过，称"七七事变后，烈士毅然辞职欲转往后方，招致日寇嫉恨，被敌日宪兵队逮捕，非刑杖毙，尸体迄无下落"。但在此前6月27日刊发的《张倬甫博士殉国追悼会启事》称"被日寇以破坏铁路罪名逮捕羁押于敌宪兵队，严刑拷问，屡濒于危，终无口供。日寇知其志不可夺也，遂加戕害"。可见，当时张倬甫被捕原因和殉难细节尚不为外界尽知。后来，张倬甫之子张匡文才从被俘日本宪兵队战俘口供和敌伪档案中得知，父亲被严刑拷打致死后，日本宪兵为解心头之恨，将张倬甫肢解碎尸，抛入海河，尸骨无存。

時出席津市府黨政聯合紀念週，下午三時在利順德飯店招待文化界。明日召集津文運會全體委員談話，當午返平。

追悼張倬甫

津市府昨舉行

【本報訊】津市府舉辦張倬甫烈士追悼大會，於昨晨八時假聚和成飯莊舉行，張市長廷諤、梁秘書長子青、市府各局處長科長及中央駐津各機關首長及北大同學會同學等百餘人冒雨前往參加。張市長主祭。工務局梁副局長錦賁報告烈士生平及殉難經過，略謂：張烈士名潤田，字倬甫，河北深縣人，美國康奈耳大學土木工程博士，歷任北大、清華、青島各大學教授，民二十三年，張市長第一次任津市長時，烈士充市府工程顧問兼工程局副局長，後轉任北寧路副局長兼工務處長，在戰時對日籍員工多不與其合作。七七事變後，烈士毅然辭職欲轉往後方，致招日寇嫉恨，被敵日憲兵隊逮捕，非刑杖斃，屍體迄無下落。繼由胡局長參讀致詞，烈士生前友好亦分別前往致祭。至下午一時許始散會。

1946年7月1日《大公报》(天津)刊发的张倬甫追悼会报道

1946年7月6日，为纪念抗战胜利，缅怀烈士功绩，天津市各界对抗日战争期间牺牲的98名烈士隆重举行公祭和烈士祠揭幕仪式。烈士祠中第一位是爱国将领、曾任天津市市长的张自忠上将。著名的工程界、教育界爱国知识分子张倬甫烈士位列第六。公祭大会上专门介绍了张倬甫的生平和抗日斗争事迹，同时邀请张匡文代表烈士遗属在公祭大会上发言，控诉日寇的滔天罪行。各界代表纷纷用各种方式表达对烈士的敬仰之情。其中黄河水利委员会为纪念张倬甫烈士生前对黄河治理工作的贡献和英勇抗日的精神，专门定制了一个银杯(约有二尺高)并刻上纪念文字，由其亲属保管。张倬甫的事迹一时间在天津广为流传。从他身上，人们看到了一位刚直、忠诚、具有民族气节的爱国知识分子的形象。他虽然没有留下什么个人财产，但他的民族气节、爱国思想和高尚品德是留给后人宝贵的精神财富。

2015年8月24日，中华人民共和国民政部公布了第二批著名抗日英烈和英雄群体名录，张倬甫名列其中。

参考文献

1.张乐岭、高忠汉、陈崇斌主编:《峥嵘岁月》，济南:山东大学出版社，1991年。

2.山东省政协文史资料委员会编:《悠悠岁月桃李情》，北京:中国文史出版社，1991年。

3.张宁、张文莉:《忠魂系中华，躯损志未泯——记爱国知识分子、抗日英烈张倬甫》，《党史博采》1996年第1期。

4.《本院土木系主任张倬甫同学改就天津市政府顾问兼工务局副局长及主任技正，张主任发表津市工程三年计划，张同学历略:张主任与李院长同学史》，《北洋周刊》1935年第55期。

5.《鲁垦区淤灌后可灌田两万顷。年增收益多至四百万元。张倬甫勘查后拟定工程计划》，《益世报》(天津)1936年11月12日。

6.《张倬甫黄河水利会聘为顾问》，《益世报》(天津)1937年2月19日。

7.《北宁路副局长张倬甫。定今晨视事》，《益世报》(天津)1937年5月28日。

8.《北宁路副局长张倬甫谈赴京参加会议经过。铁部限期估计各路财产并改善机工技术》，《益世报》(天津)1937年5月29日。

9.《张倬甫博士殉国追悼会启事》，《大公报》(天津)1946年6月27日。

10.《追悼张倬甫。津市府昨晨举行》，《大公报》(天津)1946年7月1日。

11.《津市忠烈入祠受祭》，《民国日报》1946年7月8日。

12.山东省档案馆馆藏档案，档号:J110-01-0671-003。

壮志冲霄汉　空中赵子龙

——乐以琴烈士

在1937年8月15日的空战中，乐以琴独自击落4架日军的重型爱知轰炸机，创造了辉煌的战绩，并且在后来的战斗中刷新了这一纪录，被誉为“空中赵子龙”。他所驾驶的2204号战机成为日空军望而生畏的克星。12月3日，乐以琴起飞迎战数十架日机，在飞机中弹后弃机跳伞，壮烈殉国。

乐以琴（1914—1937），原名乐以忠，四川芦山人。抗日战争时期中国空军著名的抗日英雄。1931—1932年，就读于齐鲁大学理学院生物学专业。抗战期间，他总共击落敌机8架，与高志航、刘粹刚、李桂丹并称为“中国空军四大天王”，有“空中赵子龙”“江南大地之钢盔”的美誉。1937年12月3日在南京保卫战中不幸殉国。

投笔从戎

乐以琴，原名乐以忠，在1931年报考齐鲁大学时借用四哥乐以琴的学历证书，自此改名为乐以琴。他1914年11月11日出生于四川省芦山县。1926年，从雅安小学毕业，考入张家山明德中学。1929 年，进入成都华西协合学校读书。乐以琴不仅学习努力、成绩优秀，还是学校出名的田径运动员。1931 年 8 月，乐以琴从华西协合学校毕业，毕业证尚未发下，就被选为出席全国运动会的四川省田径选手，准备赴南京参加比赛。乐以琴和其他选手在成都集训一个月后，乘车到了重庆，正在重庆候船到南京时，九一八事变爆发，全国运动会停办，要求运动员各自返回原地。乐以琴深感“天下兴亡，匹夫有责”，于是瞒着家人偷偷跑到上海打算投笔从戎，报效祖国。

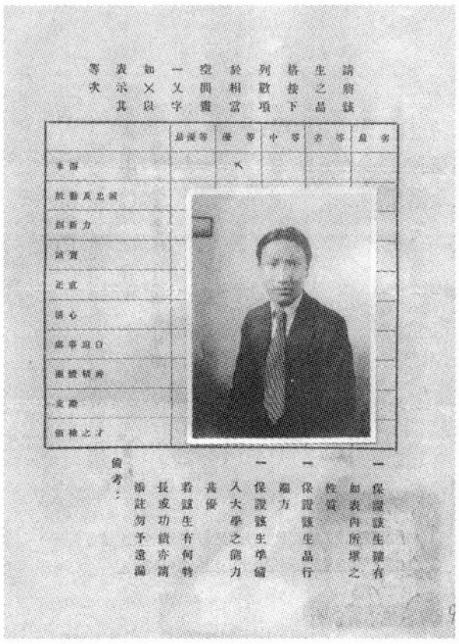

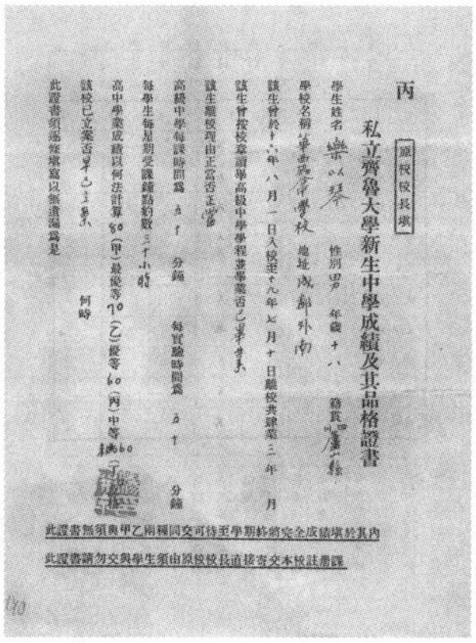
私立齊魯大學新生中學成績及其品格證書

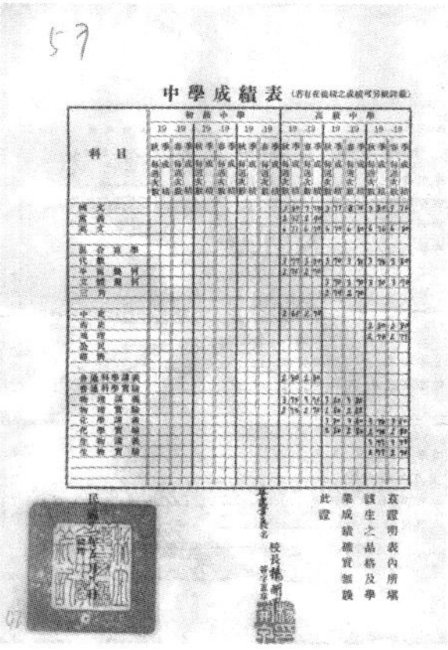
中學成績表

山东省档案馆藏乐以琴品格证书及中学成绩表

乐以琴在上海参加抗日请愿活动后，受到了特务的监视。当时在齐鲁大学任教的大哥乐以勋让他到山东躲一躲，并为他办理了报考齐鲁大学的手续。到济南后，由于他未带学历证件，又急于应考，就暂时借用存于大哥处的四哥乐以琴的学历证件去报考。

刚考上齐鲁大学，乐以琴从别人口中得知中央航校在北平秘密招生，他顿时热血上涌，认为报效祖国的机会来了。他瞒着兄嫂只身前往北平报考中央航校。空军是新型的军种，技术含量高，所以中央航空学校对新生的招收相当严格，入学的标准非常高，每次投考的考生中只有百分之十的人可被录取。乐以琴凭借优异的成绩和良好的身体素质顺利通过了初试和复试，成为中央航校第三期飞行队的学员。

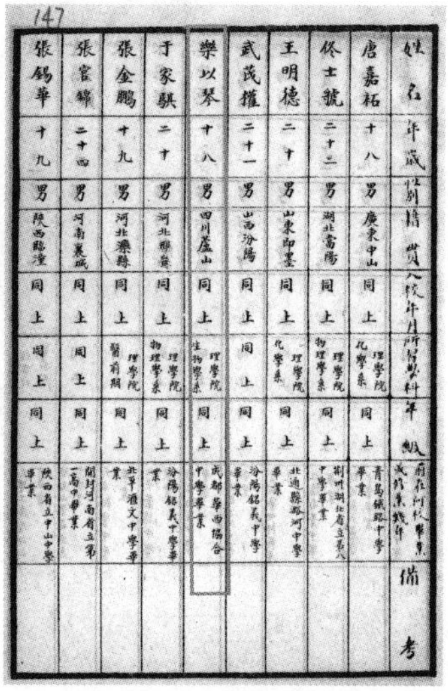
147

姓名	年歲	性別	籍貫	入校年月	所習學科年級	曾在何校畢業或肄業幾年	備考
唐嘉栢	十八	男	廣東中山	同上	理學院化學系	同上	青島鐵路中學畢業	
佟士號	二十二	男	湖北當陽	同上	理學院物理學系	同上	荊州湖北省立第八中學畢業	
王明德	二十	男	山東即墨	同上	理學院化學系	同上	北通縣潞河中學畢業	
武茂權	二十一	男	山西汾陽	同上	同上	同上	汾陽銘義中學畢業	
樂以琴	十八	男	四川蘆山	同上	理學院生物學系	同上	成都華西協合中學畢業	
于家騏	二十	男	河北[illegible]	同上	理學院物理學系	同上	汾陽銘義中學畢業	
張金鵬	十九	男	河北灤縣	同上	理學院醫預科	同上	北平滙文中學畢業	
張宮錦	二十四	男	河南襄城	同上	同上	同上	開封河南省立第一高中畢業	
張錫華	十九	男	陝西臨潼	同上	同上	同上	陝西省立中山中學畢業	

山东大学档案馆藏 1932 年
齐鲁大学学生名册

战功赫赫

就算通过考试被录取了，也并不意味着就成为空军飞行员了。笕桥中央航校采用极其严格的训练和淘汰制度，每期学生在飞行训练期间因体格检查和技术测验而被淘汰的平均约占三分之一。1935 年底，经过严格训练，乐以琴通过层层考核并以优异的成绩从中央航校毕业。

乐以琴毕业后被编入空军第四大队第二十二中队，任分队长，驾驶 2204 号美国产霍克式双翼单座战斗机。时任大队长高志航是他中央航空学校的飞行教官。

1937 年 8 月 13 日，淞沪会战爆发。8 月 14 日，日军号称“空中王牌”的木更津航空队偷袭杭州笕桥机场，妄图一举歼灭我军空军主力。中国空军奋起抗击，首战告捷，打破了日本空军不可战胜的神话。

8 月 15 日，日军出动了“加贺”“凤翔”“龙骧”号航空母舰和木更津、鹿屋航空队所有飞机，企图报复中国空军。乐以琴所在的空军第四大队奉命升空迎敌。大队长高志航首开战功，击落一架日机。乐以琴被数架敌机围攻，他发挥了娴熟高超的驾机技术，2204 号战斗机在空中俯仰翻飞，与敌机捉迷藏。突然，他驾机从 3000 余米高空处直落而下，一串愤怒的炮火将一敌机击落；随之向逃窜的另一敌机开火，再次击中。敌军连坠两机，一时阵形大乱，向东遁逃。乐以琴愈战愈勇，率队追至曹娥江上，再次将两架逃窜的敌机击落江中。我军又大获全胜，乐以琴一战成名，成为令敌寇闻风丧胆的空军英雄。乐以琴因战功升任上尉，改任空军第四大队二十一中队副队长，队长是董明德。

淞沪会战失利后，中国军队渐次败退到南京，由于无工业生产能力，飞机无法补充，飞行员也死伤甚众。1937 年 11 月底，退守南京大校场机场的空军只剩下几架破烂的意大利战机，飞行员也只剩下了董明德和乐以琴两人。当时人心浮动，守卫南京的唐生智部队节节败退。面对每况愈下的战局和即将沦陷的南京，乐以琴和董明德都抱定了以身殉国的决心。

1937 年 12 月 3 日，南京保卫战期间，日军在海空优势掩护下，突破防线进逼南京，南京危在旦夕。乐以琴、董明德二人毅然升空作战，迎战数十架日机，战斗中乐以琴驾驶战机在日机群中左右穿梭，致使企图左右夹攻他的两架日机互撞而亡。但是，更多的日机很快围了上来，乐以琴的战机不幸中弹起火，乐以琴壮烈牺牲。

忠魂永存

中国空军在抗战初期所展现出来的大无畏精神和所取得的战绩令国人振

奋，让日本侵略者胆寒，也让世界各国刮目相待。在装备数量和质量总体上不及日本空军的情况下，他们以一当十，以鲜血和壮志捍卫了中国领空，谱写了一曲曲爱国之歌。

乐以琴牺牲后，国民政府和社会各界进行了隆重悼念。国民政府教育部将乐以琴英勇战斗、抗击日机的事迹编入小学国文课本，在《空军抗战三周年纪念专册》中，赞扬乐以琴忠勇为国、视死如归的爱国精神，赞扬他有胆有识、技术超群，为中国空军战史写下了光辉的一页。1939 年，中央电影摄影场以乐以琴、阎海文和沈崇海三位空军烈士的事迹为素材，拍摄了电影《长空万里》，1941 年 12 月在重庆公映，引起社会各界强烈反响，极大地鼓舞了广大民众的抗战决心。1995 年，在纪念世界反法西斯战争和抗日战争胜利 50 周年之际，南京建成抗日航空烈士纪念碑，纪念碑上也刻有乐以琴的名字。2014 年，乐以琴被列入第一批著名抗日英烈和英雄群体名录。

参考文献

1.党跃武主编：《闪亮的坐标：四川大学革命英烈传略》上册，成都：四川大学出版社，2021 年。

2.王晓华、戚厚杰主编：《抗日战争正面战场档案全纪录》上册，北京：团结出版社，2011 年。

3.吴明：《"江南大地之钢盔"：记抗日殉国飞行员乐以琴烈士》，《文史精华》1996 年第 9 期。

4.经盛鸿、张瑞娟：《抗日航空烈士乐以琴》，《档案与建设》2005 年第 6 期。

5.王志远：《乐以琴，土雕楼飞出的"空中赵子龙"》，《党史纵横》2009 年第 9 期。

6.卢立菊、付启元：《来自四川芦山的抗日航空英烈乐以琴》，《档案与建设》2013 年第 7 期。

7.舒玮：《"家乡没有忘记英雄"：乐以琴亲属回乡探亲记》，《雅安日报》2010 年 8 月 8 日。

8.彭健：《追忆"空中赵子龙"乐以琴》，《团结报》(北京)2020 年 5 月 21 日。

9.山东大学档案馆馆藏档案，档号：Y001-JXMC-21-27、Y001-JXMC-21-30、Y001-JXMC-21-37、Y001-JXMC-49-13。

10.山东省档案馆馆藏档案，档号：J109-02-0094-004。

青春赴国难　丹心照山河

——姚第鸿烈士

1938 年 11 月，远在陕西彬县的姚以价收到了 27 岁独子姚第鸿在聊城保卫战中牺牲的消息，悲痛难忍，只能将姚第鸿的照片、衣服与儿媳合葬，并书写“烈士姚第鸿及妻子张敬文之墓”。从此，河津这片土地上流传着“父为共和，子为人民”的赞歌。

姚第鸿（1911—1938），山西河津人。1930 年，加入中国共产党。1931 年，任中共济南特支委员兼共青团济南特支书记，同年考入齐鲁大学文学院国文系，任齐鲁大学特别党支部书记。1932 年，任共青团山东省特委书记。1937 年起，任山东第六区行政督察专员兼保安司令范筑先秘书、山东第六区政治部副主任等。1938 年 11 月在聊城保卫战中以身殉国，年仅 27 岁。

出身名门　思想进步

1911 年，姚第鸿出生于山西太原，其父姚以价是中国近代民主革命家，辛亥革命太原首义总司令、东路军总司令，同盟会员，打响了辛亥革命在山西的第一枪，率领两营士兵推翻了清政府在山西的专制统治，之后参加过护国运动、护法运动等。时代氛围和家庭出身,让姚第鸿早早受到革命的熏陶。

青少年时期,姚第鸿随父亲在山西、北平等地辗转读书。1924 年,姚第鸿考入北平汇文中学。五四运动后,北平成为新思潮的中心,革命思潮风起云涌。姚第鸿受汇文中学教师进步思想影响,课余阅读《新青年》杂志和《狂人日记》《呐喊》《彷徨》等白话文书籍。在人生观、价值观的形成期,姚第鸿有了自己的人生楷模——孙中山。孙中山先生的"医人不如医国"思想,在很大程度上影响了姚第鸿的人生选择。1927 年,姚第鸿考入河南开封省立第一中学,其间结识了地下党员杨献珍老师,开始发表进步文章,从事革命活动。1929 年,姚第鸿加入中国共产主义青年团,后成为共青团开封市委负责人之一,是同学中公认的革命积极分子。1930 年,姚第鸿作为学校学生会主席,领导学生运动,反对新军阀残害进步势力。开封当局逮捕了包括姚第鸿在内的 40 多名进步学生,几经审讯,学生大部分得释,只剩姚第鸿等 10 人被当作要犯移送第一监狱。在狱中,姚第鸿身受重刑,但他未吐露半点革命机密。当时姚以价已被山东省政府主席韩复榘聘为高级参议,经姚以价多方奔走,姚第鸿被保释出狱,转入济南山东省立高中念书,不久即加入中国共产党。

信念坚定　不惧艰险

1931 年初,曾在周恩来身边工作,对敌斗争经验丰富的胡允恭(化名胡萍舟)、陈恒乔夫妇,奉命到济南领导山东党的工作。此时的济南被白色恐怖笼罩,4 月 6 日,韩复榘突然下令处决邓恩铭、吴丽实等 22 名中共党员,其中不少是党的高层干部,党组织受到严重破坏。刚到济南时,胡允恭、陈恒乔只找到十名党员,其中就包括最年轻的党员姚第鸿。在十人秘密会议上,姚第鸿首先发言:"十人就十人,人说'楚虽三户,亡秦必楚',我们共产党人不怕艰险,齐心协力,完全可以做好工作!"姚第鸿话语不多,却沉稳坚定,让在场同志深受感染与鼓舞。

姚第鸿与胡允恭、陈恒乔一起尽力抵制王明推行的"飞行集会""公开斗争",果断地改变那些不适应敌对环境的工作方法,注意隐蔽,保存实力。姚第鸿还经常深入工厂、乡村,了解社会底层生活,聚集基层力量,开展活动。1931 年 3 月,姚第鸿任中共济南特支委员兼共青团济南特支书记。同年 6 月,新任中共山东省委书记滕英斋在青岛崂山饭店主持召开中共山东省委扩大会议,改组中共山东省委。姚第鸿参加会议,当选为中共山东省委委员。1931 年 8 月,姚第鸿进入齐鲁大学文学院国文系,任齐鲁大学特别党支部书记。九一八事变发生后,全国掀起抗日浪潮,山东省成立了反帝大同盟,姚第鸿以齐鲁大学学生会负责人的名义，领导了济南几千名学生南下请愿斗争。1932 年 1 月，时年 21 岁的姚第鸿临危受命，任共青团山东省特委书记，是山东团省委最年轻的负责干部。他全面负责山东省共青团工作，具体领导了济南东关区正谊中学和爱美中学反对学校当局增加学杂费的斗争及铁路工人要求增加工资的斗争，并取得了胜利。他领导的学生运动还蔓延到泰安，最后又由泰安发展到莱芜，仅他自己就发展了十多名党员。

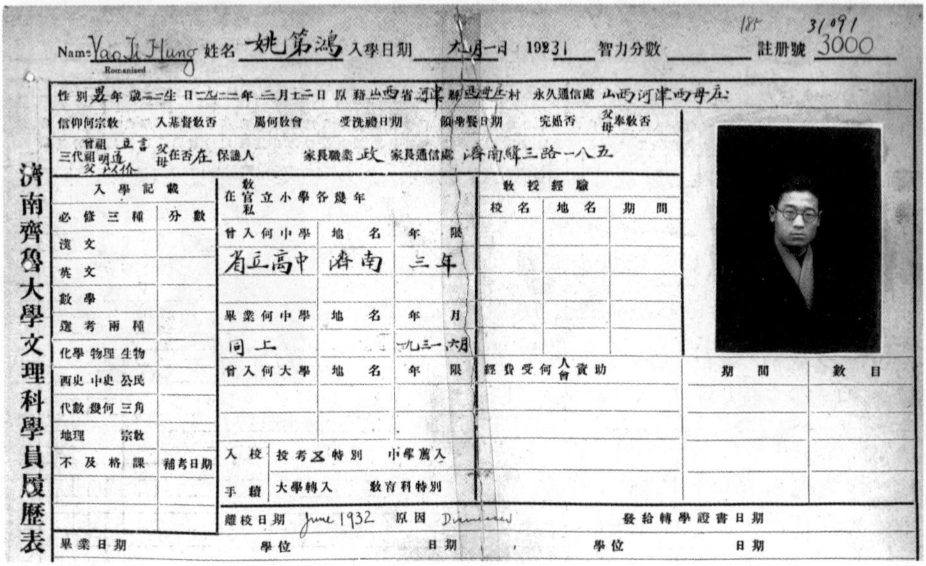
濟南齊魯大學文理科學員履歷表

185 31091

Name: Yao Ti Hung (Romanised) 姓名 姚第鴻 入學日期 九月一日 1931 智力分數 ______ 註册號 3000

性別 男 年歲 二十 生日 一九一一年 二月十二日 原籍 山西省 河津縣 西母庄村 永久通信處 山西河津西母庄

信仰何宗教 入基督教否 屬何教會 受洗禮日期 領聖餐日期 完婚否 父母奉教否

三代 曾祖 立言 祖 明道 父 以价 父母在否 在 保護人 家長職業 政 家長通信處 濟南緯三路一八五

入學記載

必修三種	分數
漢文	
英文	
數學	
選考兩種	
化學 物理 生物	
西史 中史 公民	
代數 幾何 三角	
地理 宗教	
不及格課	補考日期

在官/公/私立小學各幾年

曾入何中學	地名	年限
省立高中	濟南	三年

畢業何中學	地名	年月
同上		一九三一、六月

曾入何大學	地名	年限

入校手續：投考 又 特別 中學薦入 大學轉入 教育科特別

教授經驗

校名	地名	期間

經費受何人/會資助	期間	數目

離校日期 June 1932 原因 Dismissed 發給轉學證書日期

畢業日期 學位 日期 學位 日期

山东大学档案馆藏姚第鸿履历表

在严重的白色恐怖形势下，姚第鸿经常利用家庭的特殊地位掩护革命同志。当时的齐鲁大学学生宿舍是单间，为了便于工作，姚第鸿以安心读书为由，要求搬到齐鲁大学学生宿舍去住。韩复榘为了拉拢姚以价，在济南繁华地段安排了一座院落，并特批两节列车专供姚以价使用。因此，齐鲁大学姚第鸿的宿舍、姚公馆以及济南火车站姚以价专用的两节车厢，成为姚第鸿安排党组织重要领导同志和其他同志住宿、召开会议、油印传单、开展革命活动的秘密场所。

1931—1932 年，济南地下党活动非常活跃，姚第鸿的革命行动引起了敌人的怀疑，他被济南警察局列入通缉名单，并于 1932 年 3 月被捕。韩复榘因顾及姚以价的威望，要求其父对姚第鸿“按家法处置”。出狱后的姚第鸿依然没有中断革命。1935 年，姚以价软硬兼施，强令姚第鸿东渡日本留学。在日期间，姚第鸿一边学习一边继续从事革命活动，在日本参加社会科学会、世界名著编译社、东京中华留日学生联合会等进步组织。1936 年春，他参加了留日学生反对国民党驻日本大使许世英卖国亲日的请愿斗争。

团结抗战　合作典范

1937年全面抗日战争爆发后，姚第鸿回国，到国民革命军第三路军政治干部训练班工作。不久，中共鲁西北特委为其恢复组织关系。10月，中共山东省委派姚第鸿和张维翰率领训练班240余人到聊城，协助山东第六区行政督察专员兼保安司令范筑先抗战，姚第鸿担任范筑先的秘书。姚第鸿等人坚决贯彻共产党抗日统一战线政策，为争取、团结范筑先抗日做了大量工作。他们帮助范筑先组建抗日武装，直接建立了堂邑县第一游击大队，并以此为基础组建成范部第十支队，还推动范筑先任命了一批共产党员为所辖县县长，很快打开了鲁西北地区的抗战局面。1938年5月，范筑先将政训处改为政治部，与司令部平级，姚第鸿为上校副主任，兼任《抗战日报》社论委员会委员，并在军政干部学校任教。

与姚第鸿并肩作战的范筑先将军

作为范筑先抗日团队的核心成员，姚第鸿十分活跃，陪范筑先到河北省威县和南宫县两次会见中共中央北方局和一二九师的领导人徐向前、朱瑞，陪范筑先接待美国友人卡尔逊，还随范筑先在濮县石墓头参加指挥伏击日军汽车队的战斗。

日寇入侵山东后，韩复榘为了保存自己的势力，向范筑先下达南撤的命令，范筑先率领专署机关人员撤至黄河北岸的齐河县官庄渡口坐观形势，姚第鸿闻讯后力阻撤退，并帮助范筑先分析撤退将带来的严重后果。姚第鸿站在抗战政治高度的利弊分析，增强了范筑先守城的决心。范筑先立即召开部署会议，经过激烈讨论，决心班师回聊。1937年11月初，临清、高唐、大名等地相继失守，形势骤然危急。韩复榘再次电令范筑先撤退到黄河以南。仍然是在姚第鸿的劝说下，范筑先再次坚定了誓死报效祖国的决心，并向济南和全国通电："慨自倭奴入寇，陷我华北。铁蹄所到，版图易色。现我大军南渡，黄河以北坐待沉沦。哀我民众，胥陷水火。午夜彷徨，泣血椎心。职忝督是区，守土有责，裂眦北视，决不南渡，誓率我游击健儿及武装民众，以与倭奴相周旋。成败利钝，在所不计，鞠躬尽瘁，亦所不惜。惟望饷项械弹，时予接济。俾能抗战到底，全其愚忠。引颈南望，不胜翘企。"这一电文在全国引起很大震动。在山东境内，迅速形成了以聊城为中心的国共合作抗战的典范。

英勇奋战　以身殉国

1938 年 11 月 11 日，日军由济南、德州、禹城分三路进攻鲁西北，中心目标是聊城。13 日上午，姚第鸿参加范筑先召开的军事会议，商讨迎击日军的作战方案，最终决定把部队转移到城外和日军打游击。姚第鸿率领政治部几百人撤出聊城，但他发现范筑先未按原计划离开，遂返回城内。此时的范筑先被国民党山东省政府民政厅厅长李树春故意纠缠商讨整编部队事宜，李树春直至下午 4 时方才离开。此时日军火力已经封锁出口，姚第鸿、范筑先已无法出城，便率少数部队守城作战，以待外援。游击营同日军展开激战。在日军爬城的危急时刻，范筑先、姚第鸿、张郁光等急率手枪连和传令队 50 余人赶来增援，连续打退日军数次进攻，毙伤日军数十人，而守城部队也伤亡 30 余人。黄昏后，东关失守。日军在猛烈炮火的配合下由东门等 3 个方向爬城。范筑先、姚第鸿率队赶到东门，经两个多小时的激战，打退日军的数次爬城。但援军被日军围攻无法赶来，城内军队终是寡不敌众。15 日，攻城日军增至 700 余人，在飞机的配合下，再次向东门守军发起猛攻，范筑先和姚第鸿带队再次赶赴东门督战。上午 9 时，日军用大炮平射，东城门被炮火击毁，日军蜂拥入城，范筑先以身殉国。姚第鸿和剩余的为数不多的将士以血肉之躯与敌人展开巷战，最终也壮烈殉国。经过 3 天的枪战炮轰，被日军攻陷的聊城城内遍地硝烟，黑云翻滚。百姓们含泪抬走了这次战役中牺牲的 700 余名中国将士的遗体，根据他们衣领内书写的籍贯和身份进行了登记、掩埋。

聊城保卫战中范筑先指挥部旧址

噩耗传出，举国痛悼。12 月 15 日，中共鲁西特委在冠县举行追悼大会，延安《解放》周刊、重庆《新华日报》和其他一些报刊、通讯社分别发表短评、纪念文章和消息。12 月 23 日，在重庆举行的追悼大会上，朱德、彭德怀和吴玉章、董必武分别送了挽联。朱德、彭德怀送的挽联是："战事方酣，忍看多士丧亡，显其忠勇；吾侪尚在，誓必长期抵抗，还我河山。"重庆《新华日报》送的挽联是："杀敌挺身甘一死，裹尸还葬足千秋。"1939 年 11 月 15 日，国际反侵略运动大会中国分会在重庆举行纪念会，纪念范筑先、姚第鸿等牺牲一周年，博古、叶剑英、董必武、史良、刘清扬等人送了花圈，冯玉祥和国际反侵略大会中国分会送了挽联。董必武、徐冰等近百人参加了纪念会。张友渔等在会上介绍了烈士的生平事迹。1940 年 11 月 15 日，华北旅渝人士集会，将 11 月 15 日定为华北抗战烈士纪念日。1953 年，根据民政部门的统一安排，姚第鸿的遗骨随范筑先烈士迁灵到了河北邯郸晋冀鲁豫革命烈士陵园。2015 年，姚第鸿被列入第二批著名抗日英烈和英雄群体名录。

参考文献

1.谢玉琳主编，中共聊城地委党史资料征集研究委员会编：《鲁西北革命史》，济南：山东大学出版社，1991 年。

2.高焕杰：《〈抗战日报〉：真实记录范筑先与鲁西北抗战》，《山东档案》2015 年第 2 期。

3.王贞勤：《被誉为“鲁西北的父亲”的民族英雄范筑先》，《党史纵横》2016 年第 12 期。

4.王炳毅：《山西辛亥起义军司令姚以价之子的传奇生涯》，《文史月刊》2002 年第 12 期。

5.王乃德、孟庆雯：《姚第鸿人生三部曲》，《党史文汇》2001 年第 1 期。

6.山东大学档案馆馆藏档案，档号：JXMC-32-91。

燎原在齐鲁　星火山大人

——陈振麓烈士

1939 年 1 月，陈振麓病情加重，家人准备将其接回济南。因日本侵略者不准担架上火车，家人硬是步行将他从日照抬回济南家中。2 月 11 日，陈振麓病逝。他临终前呼吸都很困难，但仍挣扎着哼唱《国际歌》，表现了一名共产党员为共产主义而生、为共产主义而死的崇高信念。

陈振麓（1913—1939），山东平阴人。1936—1937 年，就读于国立山东大学生物系。1937 年七七事变后，组织带领国立山东大学学生参加游击队，后组建成立崂山抗日游击队第四中队，任中队长。1937 年 11 月至 1938 年 1 月，任中共青岛市委书记，后任中共鲁东南工委委员。1938 年秋，在连云港附近与日军作战，晕倒在战场。1939 年 2 月 11 日病逝。

参加抗日组织　投身抗日救亡运动

陈振麓 1913 年出生于山东省平阴县北辛村一个知识分子家庭，1920 年前后举家迁居济南。他曾就读于平阴夏沟小学、济南一中、聊城山东省立二中、北京师范大学附中等。

1931 年九一八事变后，陈振麓参加了济南学生赴南京请愿团。1933 年，陈振麓响应党的号召，奔赴华北抗日前线察北（今张家口北郊），参加了冯玉祥、方振武、吉鸿昌等领导的察哈尔民众抗日同盟军，并在此期间加入中国共产主义青年团。抗日同盟军失败后，他与组织失去了联系，又重新开始上学。

1936 年秋，陈振麓考入国立山东大学生物系。与此同时，共青团员李欣由上海团组织安排，也考入国立山东大学，在学校联络进步学生，开展多种形式的抗日救亡活动。李欣入校后很快把一些热心救亡活动的同学组织起来，在中文系王桂荣同学家中，秘密成立了青岛救亡同学会。救亡同学会还与北平的中华民族解放先锋队（简称“民先队”）取得联系，获赠队刊《队的生活》，在工作上也取得了民先队的指导。陈振麓积极参加山大学生的抗日救亡活动，入校后不久就和李欣一起发动成立了中华民族解放先锋队山大队部（又称“民先山大区队”“民先青岛山大学生队”），表现出强烈的爱国主义热情和政治敏锐性。民先队山大队部成立后，积极开展抗日救亡活动，向群众进行抗日宣传，经常有计划地向同学们介绍进步书刊，同他们交换政治观点，组织救亡歌曲合唱团、世界语学习班。通过这些活动，广泛联系了群众，扩大了政治影响。

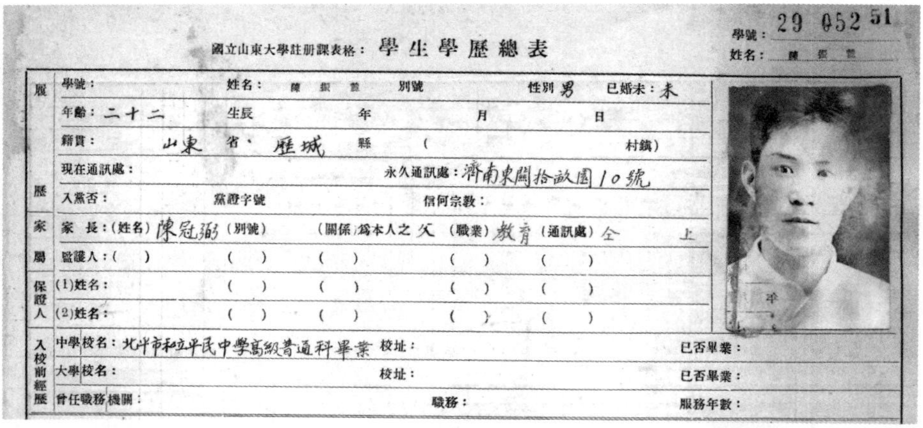
國立山東大學註册課表格：學生學歷總表
學號：29 052 51
姓名：陳振麓
履歷
學號：　姓名：陳振麓　別號　性別 男　已婚未：未
年齡：二十二　生辰　年　月　日
籍貫：山東 省、歷城 縣（　村鎮）
現在通訊處：　永久通訊處：濟南東關拾畝園10號
入黨否：　黨證字號　信何宗教：
家屬
家長：（姓名）陳冠弼（別號）　（關係）爲本人之 父（職業）教育（通訊處）仝　上
監護人：（　）（　）（　）（　）（　）
保證人
(1)姓名：（　）（　）（　）（　）
(2)姓名：（　）（　）（　）（　）
入校前經歷
中學校名：北平市私立平民中學高級普通科畢業　校址：　已否畢業：
大學校名：　校址：　已否畢業：
曾任職務機關：　職務：　服務年數：

山东大学档案馆藏陈振麓注册表

陈振麓和李欣两人入校后住在同一座宿舍里，加上大学普通物理课又在一块儿上，因此有了彼此了解和亲近的机会。经李欣暗中考察、交谈，证实了陈振麓的共产主义青年团员的身份。1937 年 7 月，七七事变爆发，日本侵略军开始了全面侵华战争。7 月 29 日，民先队全国总队部、北平队部及北平学联召开紧急会议，部署学生向后方撤退，到内地发动抗日救亡运动。8 月，大批流亡学生撤到天津，因津浦铁路不通，纷纷从海路到达山东，在掖县、烟台、青岛等地下船，再改乘火车前往济南。陈振麓和民先队山大队部队员一起，团结在校学生和社会进步人士，积极参加接待流亡学生的工作；组织开展对市民的宣传工作，组织话剧团，演出话剧《放下你的鞭子》，鼓动群众起来抗日；组织歌咏队，教唱流亡歌曲，并抓住国民党青岛当局组织防护训练班的时机，在市内和郊区毕家村一带向市民和农民进行抗日宣传，发展民先队队员。同时，他们在同学中传阅关于游击战争和游击战术方面的资料，请参加过东北抗日联军的邹作华来校给同学们讲游击战术，并说服动员在校学生反对学校内迁，争取他们留在敌后打游击战。

1937 年 9 月以后，东北军第五十一军进驻青岛，中共东北军工委亦随军到达青岛。经东北流亡学生、共产党员邹鲁风的介绍，李欣与中共东北军工委接上组织关系。中共东北军工委书记项乃光指示李欣，尽快发展党员，建立青岛党组织，在青岛地区领导开展抗日斗争。经中共东北军工委批准，首先恢复了陈振麓的组织关系，并同意其转为党员。李欣、陈振麓又发展了表现积极的王艺为党员。同时，为了更好地领导青岛的抗日救亡斗争，中共东北军工委指示成立中共青岛特支，李欣任特支书记，陈振麓任组织委员，王艺任宣传委员。中共青岛特支受东北军工委直接领导，任务是动员各界民众，组织武装起义，准备在日军侵占青岛后开展游击战争。

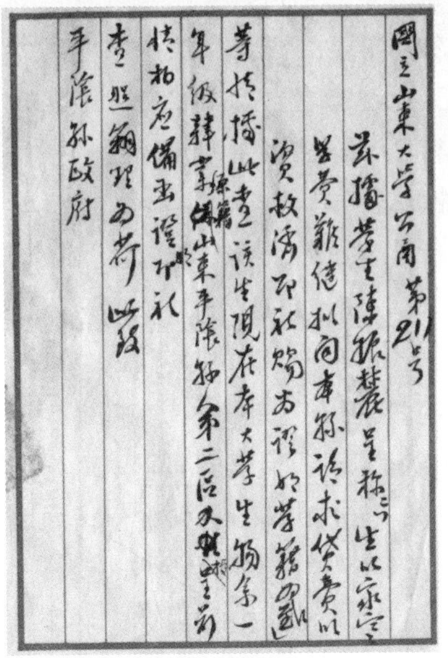
國立山東大學公函第21號

山东省档案馆藏国立山东大学函证学生陈振麓学籍

中共青岛特支的建立，不仅使被破坏两年之久的青岛地方组织恢复了勃勃生机，而且为日后组建崂山抗日游击队确立了领导核心。中共青岛特支建立后，积极在山大学生中开展工作，发展党员。一批土地革命战争时期入党、后失掉组织关系的老党员和热心抗日的群众，纷纷前来山大和中共青岛特支取得联系。如崂山北宅乡蓝家庄的王景瑞、王焕章，毕家村的李西山，沧口娄山乡十梅庵的李明海，大枣园的姜明吾，市区的高嵩、王云九、倪鲁平等，纷纷前来和特支取得联系。

开展抗日斗争　建立崂山抗日游击队

鉴于青岛党组织历史上屡次惨遭破坏的经验教训，中共青岛特支建立后，接受家住郊区老党员的建议，把青岛党的活动中心转移到郊区农村，实现知识分子同工农群众相结合，以群众基础较好的崂山毕家村、蓝家庄为中心，集中力量，发展党的基层组织，建立崂山抗日游击队。

经中共东北军工委批准，中共青岛特支研究决定，由陈振麓率领部分民先队队员和进步学生进驻毕家村，在农村开展党的工作。陈振麓到毕家村后，住在埠落小学，积极开展工作，与当地同志一起发动群众，开展抗日斗争。不久，中共毕家村党支部成立，陈振麓任书记。这支由山大党员、民先队队员和本地老党员相结合的队伍，深入农村，张贴标语，印发传单，演出抗日救亡戏剧，教唱抗日歌曲，教练武术，讲授游击战术，在很短的时间内，就把毕家村、蓝家庄、枣园一带的群众发动起来了。埠落小学成为活动中心，唱歌、演戏、练操、学武术、讲授游击战术等活动搞得热火朝天。住在埠落小学的民先队山大队部队员和其他外地人的食宿，均由毕家村的群众自愿提供，本地人员食宿及其他费用自行解决。广大群众被发动起来，表现出极大的抗日爱国热情。

1937 年 11 月，党的力量迅速壮大，中共东北军工委决定撤销中共青岛特支，成立中共青岛市委，由陈振麓任市委书记，王景瑞任组织部部长，李西山任宣传部部长，王焕章任职工运动部部长，李明海任武装部部长，王艺任秘书。市委机关设在埠落小学校内。中共青岛市委的建立标志着青岛市级党组织在抗战中获得了新生。中共青岛市委成立后，加紧了筹建抗日游击队的工作。

屹立于黄海之滨的崂山，群峰林立，地势险要，中部山深林密，巨石参差，为外敌进犯之大忌。山区内村庄密布，民风淳朴刚毅，群众基础比较牢固，是开展游击战争的得天独厚之处。1937 年 11 月底，在人员配备、武器收集基本就绪的基础上，先行成立了崂山抗日游击队第四中队，陈振麓任中队长，宋中堂任副队长，王儒林任指导员，高嵩负责战术教练。这支抗日武装共有队员六七十人，其中 50 多人是民先队山大队部队员。队伍中党员很多，政治素质和文化水平也很高，集中了青岛革命力量的精华。

有理有节斗争　保存党的力量

崂山抗日游击队组建之初，武器装备匮乏，筹集武器和军需物品成为市委和游击队员的当务之急。此时，国民党青岛市党部成员孙殿斌拉起一支队伍，番号为国民党第五战区游击总指挥部直属十六支队第二纵队，驻扎在崂山北面的惜福镇。由于群众反感，他们虽然枪多，却招不起人来。当孙殿斌了解到共产党领导的崂山抗日游击队深得群众拥护，人员较多时，就企图以合作为手段，以武器为诱饵，将崂山抗日游击队吞并。他多次派人到市委驻地埠落小学游说，并保证只要崂山抗日游击队开到惜福镇与他们合作，就发给枪支弹药。市委虽对其诚意怀有疑虑，但从党的统一战线政策和游击队的实际情况出发，决定与孙部合作，但坚持独立自主的原则，不与孙部合编。孙殿斌同意了市委提出的条件后，陈振麓、王焕章、李明海带领部分队员前去惜福镇，与孙部合作；王景瑞、李西山则带领另一部分队员留在毕家村作后盾，以防不测。

1937 年 12 月底，崂山抗日游击队部分队员到达惜福镇，与孙部交涉合作事宜。孙殿斌以为计谋得逞，竟食言反目，不但不发给武器，还强行将崂山抗日游击队队员编入他的队伍。陈振麓等市委领导同志及时发现了敌人的企图，并进行了有理有节的斗争。孙殿斌软硬兼施，诡计用尽，但崂山抗日游击队员据理力争，毫不妥协。由于市委事先有准备，及时组织了坚决斗争，孙殿斌被迫放弃了吞并的企图，并给崂山抗日游击队配发了十几支旧枪和一些手榴弹。鉴于孙殿斌没有合作诚意，市委借一次晚上行军的机会，在外面游击队员的接应下，带领自己的人员巧妙地脱离了孙部，粉碎了敌人的阴谋。

在与国民党周旋斗争的同时，崂山抗日游击队还与地主武装势力进行了坚决的斗争。沙沟村地主李代华，在青岛市委指名要他把手枪交给游击队后，怀恨在心，就在崂山抗日游击队自孙殿斌部返回途中暂住沙沟小学的第二天上午，伙同几个反动分子暗中向游击队员开枪，队员肖维成牺牲。李代华害怕报复，托人向青岛市委求饶，表示愿出 1200 元钱赔偿损失。市委研究决定：要凶手，不要钱。李代华求饶不成，竟狗急跳墙，贿赂国民党即墨县常备队，调来三卡车士兵向游击队进攻，并开炮轰塌埠落小学校舍。游击队及时撤离，避免了伤亡。

联合蔡晋康部　加入五十七军

1938 年 1 月 9 日，日军第五师团占领潍县；1 月 10 日，日军在青岛崂山东头登陆。在高密即将被日军占领前，国民党蔡晋康部的高密游击队转移到了诸城。在这种紧急情况下，中共东北军工委决定：青岛市委率领崂山抗日游击队前往诸城，与中共高密游击队工委掌握的力量汇合，组成高密游击队第四中队，名义上属蔡晋康部，实际是青岛市委领导的独立自主的抗日队伍。

邹鲁风代表中共东北军工委前往崂山，在市委召开的干部会上作了撤离崂山前往诸城的动员。虽然陈振麓和市委全体成员以及游击队的不少同志认为在崂山开展游击战争条件便利，但大家还是服从命令，按上级指示不带武器，化装成老百姓，分三批出发，到诸城与中共高密游击队工委掌握的力量汇合，组成高密游击队第四中队。1 月底，陈振麓率最后一批队员离开崂山。

中共青岛市委到达高密后，与中共高密游击队工委合并，组成中共鲁东南工委，伍志钢任书记，陈振麓、李欣、王艺、邹鲁风、赵志刚、董坤一、王景瑞、李明海、李西山、王焕章等为委员。1938 年 2 月，陈振麓带领高密游击队第四中队全体成员向徐州转移，与中共中央长江局取得联系，后被中共中央长江局分配到东北军五十七军六六七团万毅部工作。

缺食三天晕倒战场　病重仍坚持革命

1938 年秋天，六六七团在连云港附近与日军作战，因为给养送不上去，战士们三天没吃东西，陈振麓因患晚期肺结核病，口吐鲜血，晕倒在战壕里。党组织把他送到赣榆城里地下联络站暂住，不久，中共日照特支派人接陈振麓到日照卜萝村我党地下关系叶向坡的医院治疗。

在日照卜萝村期间，陈振麓仍然支撑病体，全心全意为党工作。他培养、发展了一批党员，建立了中共卜萝村党支部。1939 年 1 月，陈振麓病情加重，家人准备将其接回济南。因日本侵略者不准担架上火车，家人硬是步行将他抬回济南。据陈振麓的表叔孙兴珠老人回忆，到济南后“经检查确定不治之症，只好回到家在一个花窖子里养着”。陈振麓的侄子陈杰在回忆录中写道，“在济南，祖母、妈妈和姑姑日夜守护着叔父，但可惜还是没能留住叔父”。1939 年 2 月 11 日，陈振麓病逝。弥留之际，他仍然哼唱着《国际歌》，表现了一名共产党员为共产主义而生、为共产主义而死的崇高信念。“我很佩服他（陈振麓）那种顽强坚持革命的精神，就是病重期间，（他）写了很多纸条，团成纸球，让我一个个送出去的。他工作再忙，天天坚持写笔记。”孙兴珠老人回忆说。

1950年，陈振麓被追认为革命烈士。

参考文献

1.《山东大学百年史》编委会编：《山东大学百年史（1901—2001）》，济南：山东大学出版社，2001年。

2.中共山东省委党史研究室编：《中共山东英烈大典》，济南：山东省新闻出版局，2002年。

3.田广渠：《从山大校园走出的两任青岛市委书记：李欣　陈振麓》，《山东大学报》2011年9月28日。

4.山东省档案馆馆藏档案，档号：J110-01-0640-006。

5.山东大学档案馆馆藏档案，档号：JXXJ021940-001-49。

6.山东省平阴县档案馆馆藏档案，档号：0001-027-0023-0019。

天地英雄气　千秋尚凛然

——周浩然烈士

大钟敲了十二响，岛城的秋夜里，天气已经变凉了，此时万籁俱寂，只有远处隐约的潮声。钟表楼上，周浩然和几位同伴围着一张方桌，在一盏暗黄的灯下，商量着《汽笛》周刊出版的事。崇高理想和神圣信仰激荡着这些革命者的心，以至于什么苦厄困顿，他们都能甘之如饴。

周浩然（1915—1939），原名世超，乳名太平，山东即墨人，作家、诗人。1933 年，加入青岛左联。1936 年，入国立山东大学中国文学系、哲学系旁听。1937 年，加入中华民族解放先锋队，在即墨开展抗日活动。1939 年，加入中国共产党，任即墨县委委员、组织部部长。同年于战斗中壮烈牺牲。

少怀壮志　一心求学

周浩然 1915 年生于山东即墨县瓦戈庄村，父亲给他取名世超，乳名太平。他的父亲周孚先是青岛地区的著名律师，慷慨仗义，贤名闻于乡里。周孚先十分重视子女的教育，对周浩然寄予厚望。

1925 年，周浩然被父亲接到青岛，转入北平路小学读书。平日里，父亲对他家教严格，教他诗文、书法。这样习诗礼、重修身的生活为周浩然的成长打下了坚实基础。当时的青岛并不太平，正处在日本帝国主义的阴影下，虽然华盛顿会议后日本归还了青岛主权，但其殖民势力依然渗透在这座城市中。周家是一个深明大义的家庭，有着强烈的民族意识和民族责任感。在父亲和进步教师的影响下，周浩然逐渐养成了正直康健的人格，目睹民族利益和自尊被日本人的铁蹄践踏，心中种下了抗日救国的壮志。虽然还在上小学，但那时心智早熟的学生们在朴素的爱国主义驱使下，已经开始上街游行，高呼“打倒日本帝国主义”的口号。周浩然积极参加了这些活动，较早地积累了斗争的经验。

1927 年，周浩然小学毕业考入礼贤中学(今青岛九中)，后转入市立中学(今青岛一中)就读。不久，周浩然结识了时任市立中学国文教员的王统照，王统照敏锐地发现这位俊秀、有灵气又上进的后生是可造之才，开始特别地关心周浩然的学习和兴趣，指导他阅读经典、进行创作。在他的影响下，周浩然慢慢走上了新文学之路，并加入了学校的无名文学小组，逐渐崭露头角。那一年，正值北伐战争节节胜利，大革命的浪潮波及北方各省。无名文学小组的青年学生们也越来越激进，他们热情讴歌这将要一举涤荡旧社会的巨浪。然而，随着蒋介石发动四一二反革命政变，大肆屠杀共产党员，情势急转直下。1928 年 5 月，济南发生了五三惨案，局面更加恶化。小组的青年们由先前欣快到错愕，再到愤怒。他们在一起探讨革命文艺理论，写文章、贴标语、散传单。当时，以教书作掩护的地下党员胡书成老师亦非常欣赏周浩然的书生意气和进取精神，指导他阅读了许多马列革命书籍，这使自幼景仰伟人英雄的周浩然更加坚定了献身革命、推翻旧世界、救国救民的信念。在这几年里，他阅读了大量的杂志、社会科学丛书和文学名著，认为自己能有效地运用马克思唯物史观的辩证法来观察一些变动的事实了。周浩然写道：“我要努力学习和修养，致力人格的培植，关心行为的训练。我唯恐一分钟的荒废，而辜负了宝贵的青春；唯恐知识不如别人广博深细，在时代面前不能奋勇前进。”

1931 年，九一八事变爆发。胡书成老师带领大家进行抗议活动和革命宣传，在校园和社会上都产生了不小影响。这引来了当局的迫害。最终，为了不连累大家，他被迫离开青岛，前往北平教书。周浩然望着老师远去的背影，不禁潸然泪下。不久，他决定去追随胡书成老师，乘火车一路前往北平。

大道多歧，世事维艰，周浩然的求学之旅十分坎坷。后面的一年里，周浩然多次辗转北平、青岛、上海、南京等地，如饥似渴、废寝忘食地读书，过着极穷困清苦的生活——手里的钱花光后，他与同伴围坐在一起，只喝一壶白水来充饥，由于营养不良和过度用功，数次晕倒入院。有一次在南京一天跑了几十里，实在走投无路，口吐鲜血晕死过去。然而经受了这些困苦的日子，他却一直一无所获：他虽然热烈地追求进步，但缺乏明确具体的方向，亦没有坚强的同志和组织，而且他执着地认为若要去做救国救民的事业就必须先钻进书海中，掌握中西古今总体的知识，这使得他在一年的光阴里四处漂泊、忍饥挨饿，在一种近乎痴狂的精神状态下读书，却始终没有实际的效果。岁末，当周浩然实在感到难以为继、只得回到即墨故乡养病时，他已经备受挫折，过去一年的经历只像陆离的梦影。他虽然天资聪颖、善于领悟，北上追随胡书成老师时曾写下“马列照我如日月”之句，但要真正在认识和行动上成熟，尚需时日和经验。

在村里养病期间，他暂时放下心中对知识、生命和理想的冲动欲望，放松了紧张的神经，去观察和感受乡村底层劳动人民的生活状态。在耳闻目睹中，他渐渐了解了他们的苦难和希望。在切身的劳动中，他注意去体察具体、日常的事物，磨炼自己的心性，使之较以往更丰实稳重。在日记中，周浩然反思道：“一切有知识的人，他们都应到乡村里来寻找他们的出路，修养他们的人生，完补他们欠缺的人格。”

加入左联　山大旁听

1932 年 3 月，全国左联秘书处指示“必须于最短期内在广州、汉口、青岛、南京、杭州等地建立起支部或小组”。不久，国立青岛大学党支部根据市委部署，于 4 月成立了新文学研究会，即青岛左联小组，成员有王弢(王林)、俞启威(黄敬)、李林等，均为国立青岛大学学生共产党员。青岛左联是全国第一个地方左联组织。

国立青岛大学改为国立山东大学后，左联由校内发展到社会上，陆续接纳姜宏、王涛、杜宇、王令菲、陈迈迁、于黑丁、周浩然、林映等为组织成员。1933 年，经于黑丁介绍，周浩然认识了时任青岛《民报》副刊编辑的姜宏。三人促膝长谈，彼此志同道合，由此周浩然加入青岛左联，并逐渐成为青岛左联的中流砥柱。

不久，周浩然与左联部分成员组织了汽笛文艺社，并在彭也夫家中聚会，商量创办《汽笛》周刊。“我认为在中国军阀这样割据的局面下，应当有这种相当的组织，以期在大革命来到的时候，不致重蹈 1927 年那样缺乏组织的问题……我们要始终站在新进的一面，对着旧社会腐旧的遗骸始终不懈地果敢地攻击；对于新理想的大道始终勇敢地去追求！”创刊后，《汽笛》陆续发表了于黑丁、周浩然、林映、彭也夫等人的作品，这些作品“似匕首般戳向敌人的心脏。它为劳苦大众呐喊，它鼓舞了工人阶级斗争的信心和力量，在迷雾重重的青岛上空，树起了一面正义的旗帜”。周浩然先后用觉民、明、心影等笔名发表了《当》《两种不同的人物》《又是黄花遍地时节》《为了这个》《生活》等杂文，翻译了日本山村雄本的小说《一日间》。周浩然将三民主义之下赤裸裸的残酷现实看在眼里，心中充满悲愤，在《两种不同的人物》中他写道：“他们是残喘在某种势力之下，要维持他们的生活出卖劳力，在另一副面孔宰制之下，他们得了疾病无钱可医，削减他们的生命，这是谁的罪恶。”

周浩然设计的《汽笛》刊头

在左联的领导下，《汽笛》周刊发表的作品，全是反映劳动人民的生活与希望的普罗文学。此外，还在《青岛民报》上设立了《汽笛》专刊，除了汽笛社成员的文章外，王统照、臧克家、崔巍、龚冰卢等著名作家都在《汽笛》专刊上发表过文章。周浩然等人的革命文章触怒了反动当局，汽笛文艺社的成员不久即受到通缉。1933 年 9 月，汽笛文艺社停止了活动，周浩然暂时离开了青岛。

1934 年，白色恐怖密云笼罩，青岛的中共党团组织均遭破坏。国民党特务活动猖獗，许多党团员和革命群众遭到逮捕、迫害，革命暂时处于低潮。同年，周浩然因病返回青岛，旋即起草了《反南京政府宣言》和《告全市同胞书》，并油印成传单散发到工厂、学校、教堂和社会上。他在《往事》一文中写道：“我还冒着危险，亲自将《反南京政府宣言》和《告全市同胞书》递进了市长沈鸿烈的办公室和市教育局局长的办公室，引起全市轰动。”

1935 年 5 月，周浩然化名周家美，进入《新青岛报》社主编文艺副刊《小青岛》。以梦熊、猛士等十几个笔名，连续发表了《答唐泉东》《法租界的惨案》《星》《夜》《给青年作家》等大量杂文和文学评论文章。这一时期是周浩然红色作家生涯的鼎盛期。他满怀激情，以激越高扬的文字揭露黑暗，呼唤民众同胞起来革命，似一只在暴风雨欲来之时乘风翱翔的海燕，也似那壮志凌云一击三千里的鹏鸟。周浩然曾赋诗明志：

但看流云笑翠薇，
年华转瞬似梭飞。
男儿抱有冲天志，
万里扶摇奋翅飞。

9月，他发表了《漫谈文艺》一文，就文艺的方向、内容和形式，以及真善美等问题，发表自己鲜明的看法。这些言论触痛了当权者，国民党反动势力的迫害随即而至，周浩然感到在报社的工作难以为继，遂在1936年10月离开报社，进入国立山东大学中国文学系、哲学系旁听。

周浩然进入国立山东大学后，选修了哲学概论、西洋哲学史、中国通史、中国文学史、中国思想史、欧洲文学史、经济学、英文8门课程。学期考试结束，他有7门成绩名列前茅。杨津教授十分欣赏周浩然的学识和文章，在他的一篇论文中批注：“有真才实学者乃周世超也。”1937年，周浩然写出了他的哲学论文《就个人经验试论知识的起源》，著名哲学教授颜歆阅后写下这样的评语：“作者求知之热情，向上之心境，及自生经验中各种宝贵之发现，皆极有价值，为近代青年中之不可多得者。”

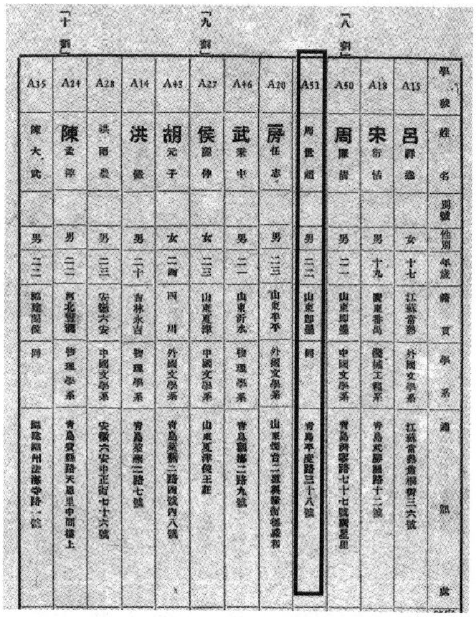

學號	A15	A18	A50	A51	A20	A46	A27	A43	A14	A28	A24	A35
姓名	呂群逸	宋衍恬	周廉清	周世超	房任志	武秉中	侯麗伸	胡元子	洪徽	洪雨農	陳孟障	陳大武
別號												
性別	女	男	男	男	男	男	女	女	男	男	男	男
年歲	十七	十九	二一	二二	二三	二一	二三	二四	二十	二三	二二	二二
籍貫	江蘇常熟	廣東番禺	山東即墨	山東即墨	山東牟平	山東沂水	山東夏津	四川	吉林永吉	安徽六安	河北豐潤	福建閩侯
學系	外國文學系	機械工程系	中國文學系	同	外國文學系	物理學系	中國文學系	外國文學系	物理學系	中國文學系	物理學系	同
通訊處	江蘇常熟焦桐街三六號	青島武勝關路十二號	青島濟寧路七十七號廣星里	青島平度路三十八號	山東煙台二道興隆街德盛和	青島觀海二路九號	山東夏津侯王莊	青島萊蕪二路四號內八號	青島萊蕪二路七號	安徽六安中正街七十六號	青島貴縣路天恩里中間樓上	福建福州法海寺路一號

山东大学档案馆藏国立山东大学旁听生名册，周浩然的学号为A51

抗战牺牲　虽悲犹壮

1937年，七七事变爆发，日本全面侵华，青岛地区沦于敌手。这一年，周浩然22岁。

22岁这一年，周浩然写了《就个人经验试论知识的起源》，这篇文章标志着他在思想和人格上的成熟。他坦白道：“回顾我22年的生活、我10余年的经验，我抚摸着内心，我考问自己，我深切地感觉到这社会不是简单的、不是坦率就可成全一点点事的。这社会是至为复杂的，必须极其精细地去完成一点企图和你的一点责任的；这社会是至为庞大的，绝不是你一个英雄就可以推着转动的，那是大多数人的神经、大多数人的需要、大多数人的力量表现。”这段文字意味着周浩然从英雄史观到人民史观的根本转向，他认识到革命的根本力量深寓于工农群众之中，而革命也绝非只靠着激越的气概就能一蹴而就。周浩然其实非常趋向英雄浪漫主义，一个英雄浪漫主义者在 22 岁便有了这样认识论上的觉悟和转变，难能可贵。这使他的性格变得更加坚实成熟。在日记里，他谈到面对侵略者时的责任：“我血性男儿，正宜荷戈，誓死为国，奋勇抗敌，民众无第二条路可走了。”

他正言明志道：“中国人的事，必须中国人自己办；中国的解放，必须中国人自己努力；中国的光明，必须中国人自己争取；中国的建设，必须靠中国自己的气力去完成；中国的改革，必须中国人自己流血；中国的政治，必须靠中国人自己的经验所产生出来的理论来改造。认清了自己的环境、对象，就不顾一切地猛力地向前，大胆地牺牲，前赴后继，犹如洪流、犹如大潮，汹汹地不达目的誓不停息地向前干！”

随后，周浩然加入中华民族解放先锋队，并毅然弃学回乡，在即墨县瓦戈庄一带开展抗日救国活动。临行前，家人用皮箱、木箱、柳条包等，把周浩然几百万字的资料整整装了大小 13 箱，他们用车将这些箱子先推至即墨灵山镇，后又转运到老家瓦戈庄村，在自家屋里掩埋伪装好。夏天多雨，两个姊妹就抽空把文稿挖出来一本本晾晒，晾干再埋回去。

回乡后，周浩然深入集市、学校、街头发表演说，宣传抗日救国。1937 年 10 月，他以强身健体为号召，成立了瓦戈庄镇国术训练所，组织青壮年民众学习武术。接着，以训练所学员为骨干，成立了抗日义勇军，拉起一支队伍。他亲自制定了义勇军游击队行动准则，明确规定“对内联络同志，保卫地方；对外联合各团体以抗暴日，期于打倒帝国主义，复兴中华民族为宗旨”。

山东抗日军政干部学校旧址碑

1938 年 3 月，驻青岛日军开赴莱阳进行扫荡。周浩然领导的抗日义勇军和国民党地方武装联合于旺疃伏击日军，消灭日军 30 余人，击毁军车 2 辆，给日军以重创。这是青岛地区武装抗日的第一战。

1939 年 2 月，周浩然赴山东抗日军政干部学校学习，并任军事班班长。不久，经由副校长徐源泉介绍，加入中国共产党。1939 年 7 月，中共胶东区委任命周浩然为中共即墨县委组织部部长。当时，即墨县委刚组建不久，斗争形势又很严峻，他被分配到九区一带开展工作，经常以串亲访友为掩护到各村发动群众，建立党的基层组织。

9 月，周浩然在西尖庄活动时，遭到汉奸姚士吾部的围捕。敌人围逼上来，他拔枪与之对射，最终寡不敌众，身中数弹，牺牲在一片青纱帐中。后经证实，他是青岛地区抗战初期牺牲的第一位共产党人。

捐躯赴国难，视死忽如归。周浩然牺牲时年仅 24 岁，可谓壮志未酬。作为一名左联的作家和知识分子，他对历史、社会的本质与方向及人生的意义，都有通盘的考虑，然后作为一个十分成熟、清醒和自觉的主体投入民族革命斗争，把握、安排自己的命运。他牺牲后，尸体被敌人抛进河里，顺流而入大荒。身既死兮神以灵，魂魄毅兮为鬼雄——英雄之殁，虽悲犹壮。

追悼纪念　英雄千古

周浩然牺牲后，任即墨瓦前区区长的周世瑞（周浩然堂弟，受周浩然影响参加了革命）公开了身份，继续同敌人开展斗争，这引起青岛日本宪兵司令部的高度警觉，敌人误认为周世瑞就是周浩然。宪兵队曾三次到周家搜抄，威胁周孚先："周浩然没死，有人见过他，快交出你的八路儿子！"敌人把家里翻了个底朝天，搜查周浩然的"反日材料"，但因为周孚先事先作了转移，周浩然的资料才没被搜去。1947 年，周孚先临终时，还念念不忘嘱咐家人保存好儿子的资料。

周浩然牺牲后，由于连天的战火，世事纷乱，他并未被党组织认定为烈士，其人其事都没有官方的记录。直到 1968 年，周浩然牺牲之谜才水落石出。这年初，吉林省延吉市饮食服务公司合作饭店按照上级指示，在全市各单位全面开展深挖暗藏的阶级敌人和反革命分子运动。经过摸排调查，饭店员工孙光彩有重大嫌疑。1968 年底，孙光彩交代了在山东期间曾充任汉奸便衣特务，并于 1939 年秋在即墨西尖庄村外杀害中共即墨县委组织部部长周浩然，抗战胜利前畏罪潜逃东北隐居 20 余年的犯罪事实。至此，周浩然牺牲的真相水落石出。

周浩然纪念园内的烈士雕像

1982 年，山东省民政厅正式批准周浩然为山东著名革命烈士。1995 年，在纪念抗日战争胜利

50 周年之际,《周浩然烈士文集》正式出版。2001 年建党 80 周年之际,中共青岛市委摄制了党史人物专题片《周浩然》向党的 80 周年献礼。中共即墨市委、市政府在烈士殉难地建立抗日英雄周浩然纪念园,并立碑亭、雕像、真迹壁等永久纪念,教育后人,告慰英灵。同年,周浩然的事迹被选入《中国共产党革命英烈大典》。2006 年,抗日英雄周浩然纪念园被命名为“山东省关心下一代教育基地”“青岛市关心下一代教育示范基地”。2021 年建党百年之际,电影《我是周浩然》上映,寓示红色基因的代代传承,激励后辈不忘初心,勇毅前行。

参考文献

1.即墨市档案局编:《周浩然烈士文集》,青岛:青岛出版社,1995 年。

2.张绍麟、罗春茂、邱吉元编著:《青岛左翼文化运动》,北京:中共党史出版社,2005 年。

3.周法廉:《寻找哥哥周浩然》,《党建》2015 年第 7 期。

4.山东大学档案馆馆藏档案,档号:JXZH021936-001。

抱定必死志　抗战军人魂

——张自忠烈士

1940 年 8 月 15 日，毛泽东、朱德、周恩来出席了在延安举行的张自忠将军追悼大会。三位领导人都题写了挽词，毛泽东题写的是“尽忠报国”，朱德题写的是“取义成仁”，周恩来题写的是“为国捐躯”。周恩来撰文称赞张自忠“其忠义之志，壮烈之气，直可以为我国抗战军人之魂”。

张自忠(1891—1940)，山东临清人，著名抗日将领，民族英雄。1911 年，加入同盟会。1912 年，入山东公立法政专门学校学习。1913 年，加入中国国民党。后投笔从戎，历任营长、团长、旅长、师长、军长、集团军总司令等职。抗日战争中，身经百战，屡建奇功。1940 年 5 月在枣宜会战中以身殉国。

少年时代

1891 年 8 月 11 日，张自忠生于山东省临清县唐园村，初字荩臣，后改为荩忱，乳名宝琴。

张自忠6岁时入私塾就读。由于早年丧父,母亲的教养训诲对他影响更大。1907年,由母亲做主,张自忠与本县教场村的李慧敏结婚。1908—1910年,张自忠就读于临清高等小学堂。

1911年秋,张自忠考入当时中国北方有名的天津北洋法政学堂。这是一所中专和大专性质的学校,为北洋政府培养行政和司法人才,总教习由毕业于日本早稻田大学的名律师江庸担任。学堂非常正规,学习条件非常不错。受革命大环境的影响,思想新锐的张自忠加入了中国同盟会,开始接受孙中山三民主义的影响,这对其以后的革命事业产生了潜移默化的影响。在此时加入同盟会,足以证明他对革命的坚定信心和勇气。1911年11月,丁惟汾发起成立了山东省各界联合总会,联合各派进步力量迫使山东巡抚孙宝琦宣布独立。一时间,山东出现了革命的大好形势。1912年,张自忠转入济南的山东公立法政专门学校。校长是丁惟汾,同时是山东同盟会的负责人之一。张自忠转入该校,与山东的革命环境有密切关系。

戎马倥偬

张自忠目睹列强欺侮中国,军阀混战,痛感国家民族多灾多难,于是弃学从戎,立志报效祖国。

1914年秋,张自忠到奉天(今沈阳)新民屯陆军第二十师第三十九旅第八十七团车震部下当兵,不久被提升为司务长。1915年初,车震升任第三十九旅旅长,后升任师长兼长(沙)岳(州)镇守使。张自忠被车震提升为师部参谋。1916年,经车震向冯玉祥推荐,冯玉祥收下张自忠,并将其字由荩臣改为荩忱。起初张自忠被派为差遣,后升任排长。

1918年9月,冯玉祥在常德设立军官教导团。次年初,张自忠被派到教导团军官队学习,半年学习结业之后恰逢第十六混成旅扩编新兵团,张自忠升任该团第二营第五连连长。此后,张自忠调任上尉副官,又调任水上陆战队第三队队长,驻河洑训练新兵。该陆战队实为水上警察,不是正规部队,张自忠不愿在非正规部队干,自己要求并经冯玉祥同意,重回学兵连当连长,之后继任学兵团营长。

1922年春,中国大地上又掀起了一场大战,这便是直奉大战。大战在河北北部爆发,吴佩孚急调第十一师东下驰援,并任命冯玉祥为后方总司令。冯玉祥就任河南省督军后,借此时机大力招募新兵,很快兵力扩充为五个旅,总兵力达5万人。学兵团团长由冯玉祥自兼,张自忠任第一营营长。张自忠在石敬亭领导下，全副精力抓紧练兵。很快学兵团就成为训练有素、军纪严明、富有生气的模范部队。1924 年，张自忠升任为学兵团第一团团长。1924 年 10 月，冯玉祥被推举为国民军总司令兼第一军军长。1927 年 4 月，武汉国民政府委任冯玉祥为国民革命军第二集团军总司令。

1927 年 5 月，冯玉祥统率国民革命军第二集团军东出潼关，讨伐奉系军阀张作霖。张自忠随总部移驻郑州。同年底，张自忠升任第二十八师师长兼郑州警备司令，负责维持郑州治安，保卫总部安全。冯玉祥为培养中下级军官，成立第二集团军军官学校，任命张自忠兼任军官学校校长。

1928 年初，张自忠的第二十八师及军官学校迁至兰封(今河南兰考)，又迁开封。西北军缩编，冯玉祥嫡系部队整编为 12 个师，张自忠的第二十八师改编为第二十五师，辖三个旅，兵力两万余人。驻扎开封期间，张自忠除任二十五师师长、军官学校校长外，还担任开封警备司令，地方治安也由其负责。之后不久，冯玉祥免去其第二十五师师长职务，专任潼关警备司令。

1929 年，张自忠调任第十一军第二十二师师长。同年冬，原二十五师改编为第六师，张自忠任师长，后参加中原大战。

1931 年 1 月 16 日，蒋介石、张学良联衔通电，正式宣布了对宋哲元、张自忠等人的任命。同年 6 月，南京政府开始整编全国陆军，张自忠任第三十八师师长，下辖三个旅。1931 年夏，三十八师移驻太行山区的阳泉、平定、昔阳和冀西的井陉一带。九一八事变后，张自忠对日军的疯狂侵略和国民党政府的不抵抗政策甚为愤慨。9 月 20 日，张自忠与宋哲元、庞炳勋、吕秀文、刘汝明、冯治安、沈克、马法五等将领联名通电全国，请缨抗战，呼吁全国四万万同胞积极抗战。但是由于南京政府的不抵抗政策，九一八事变后仅四个多月，东三省全部沦陷在日寇铁蹄之下。西北军余部改编为陆军第二十九军，张自忠任该军第三十八师师长兼张家口警备司令。

张自忠休整练兵

1933 年元旦之夜，日本突然出兵向天下第一关山海关发起攻击，东北守军败退，山海关失陷。日本侵略者取得了进攻热河的有利态势。2 月 21 日，日本关东军以第六、第八师团，独立混成第十四、第三十三旅团和骑兵第四旅团等部为主力，并纠集伪满军张海鹏等部约 10 万人，在关东军司令官藤信义指挥下，分兵三路进攻热河。热河省主席兼第五军团总指挥汤玉麟率部连同义勇军不下 10 万人或逃或降，一触即溃。汤玉麟本人以 200 辆汽车装运私产逃至天津。3 月 4 日，日军先头部队仅 128 人不费一枪一弹，耀武扬威地占领了热河省会承德。热河竟在短短十余天内被日军占领，举国上下为之震惊与愤慨。在舆论的压力之下，张学良被迫辞职，遗职由何应钦代理。此时，二十九军已扩编为三个师，另还有一个特务团，全军约三四万人。军长是宋哲元，张自忠任三十八师师长。但装备还是很差，全军只有野炮、山炮十余门，重机枪不过百挺，轻机枪每连只有两挺，步枪多为汉阳造、三八式，还有一些毛瑟枪和土枪，许多枪都没有刺刀，按老传统，每名士兵都有一把大刀。

1933 年初，二十九军奉命参加长城抗战。张自忠率部与三十七师在喜峰口与日军血战，官兵们争先奋勇，大刀在阳光下闪起一道道血红的光。“大刀，向鬼子们的头上砍去！……”这就是二十九军勇士们的战歌。此战使二十九军名声大振，在保定的蒋介石得到喜峰口、罗文峪大捷的捷报，十分高兴，特电召宋哲元、张自忠、冯治安到保定，蒋介石接见并盛情款待。由于冷口、迁安失守，日军迅速深入长城以内，二十九军再固守喜峰口、罗文峪一线，既不可能，也无必要。4 月 13 日，二十九军奉军委会令忍痛放弃喜峰口、罗文峪一线阵地，向西南方且战且退。长城抗战终告失败。

1935 年 4 月 9 日，国民政府授予张自忠中将军衔。其实早在 1927 年张自忠任师长时已是实授中将军衔。鉴于各系军队编制军衔混乱，1935 年国民政府对全国陆军实行统一授衔并予确认。6 月，张自忠受命兼任张家口警备司令，负责维护察哈尔省治安。12 月 11 日，国民政府经日方同意，任命宋哲元为冀察政务委员会委员长。18 日，政委会成立，辖区包括河北、察哈尔两省和北平、天津两市，张自忠任委员并兼任察哈尔省主席、保安司令。此后，三十八师师部及特务团、一一二旅二二三团、一一四旅二二八团均由宣化移驻张家口市。

1937 年七七事变时，张自忠任冀察政务委员会委员和天津市市长，除掌管军务外还负责对日交涉。当二十九军撤离北平、天津时，张自忠受命代理冀察政务委员会委员长兼北平市市长。12 月，张自忠于河南任第五十九军（由原三十八师扩编）军长，后调赴徐州，编入第五战区序列。

1938 年 2 月，张自忠奉命支援淮北于学忠部，在固镇指挥五十九军与日军血战七天，夺回曹老集、小蚌埠，稳定了淮河防线。3 月，又奉命支援临沂庞炳勋部，指挥五十九军在临沂城郊与日军精锐板垣师团进行拉锯战。张自忠抱定拼死的决心，曾致电鹿钟麟：“战而死，虽死犹生；不战而生，虽生亦死。”经七昼夜鏖战，取得临沂战役的胜利，因功升任第二十七军团军团长，兼任五十九军军长。同年5月中旬，在徐州突围时，奉命掩护友军撤退。在战斗人员严重不足的情况下，五十九军在萧县南部地区顽强阻敌，完成任务后，在河南信阳稍事整补，又投入武汉会战，在潢川、大别山一带阻击敌人。10月，张自忠率部安全撤回鄂西，升任第三十三集团军总司令，后兼第五战区右翼兵团总司令。

喋血随枣

1939年4月，日军以10万兵力，由冈村宁次统一指挥，秘密向钟祥、安浙河一带集结。日军采取“分进合击，锥形突贯，两翼包围”的战术，将第五战区主力包围于枣阳东北地区。为了粉碎敌人企图，张自忠向各部属下达名为“四月攻势”的作战计划，随枣战役开始。因该战役在襄河东岸进行，日方称之为“襄东战役”。中国方面则因作战地域以襄东、随县、枣阳地区为核心，故称“随枣战役”。张自忠作为右翼兵团总司令，接受的任务是守备襄河两岸，加强襄河东岸部队以纵深配置阻止日军北上，以一部渡过襄河向钟祥南方地区侧击，牵制敌人北进。

1940年5月，日军集结重兵向宜昌发动进攻。张自忠率部从右翼打击向枣阳地区进犯的日军主力。出击前，张自忠召集军事会议，鼓舞士气，全军士气高昂，与敌激战，连连告捷。5月7日，张自忠率总部手枪营和七十四师的两个团，从宜城东渡襄河，给敌人以极大威胁。日军调集主力，折回反扑。经过七八天的苦战，部队减员严重，粮弹两缺。早在此前，双方交战就已达到白热化程度，生死攸关时刻，我军武器补给没有及时跟上。为了鼓舞士气，张自忠提笔给五十九军各师、团的主官写信，勉励他们奋勇斩敌，为国尽忠：

> 看最近之情况，敌人或要再来碰一下钉子。只要敌来犯，兄即到河东与弟等共同去牺牲。国家到了如此地步，除我等为其死，毫无其他办法。更相信，只要我等能下此决心，我们的国家及我五千年历史之民族，决不致亡于区区三岛倭奴之手。为国家民族死之决心，海不枯，石不烂，决不半点改变！愿与诸弟共勉之。维刚、振三、德顺、紫封、克敏、兰德、月轩、子烈、德俊、九思、干三、文海、伦山、纯德、迪吉、绍祯、芳芝、春芳、常德、铭秦诸弟。
>
> 小兄张自忠手启　五·一

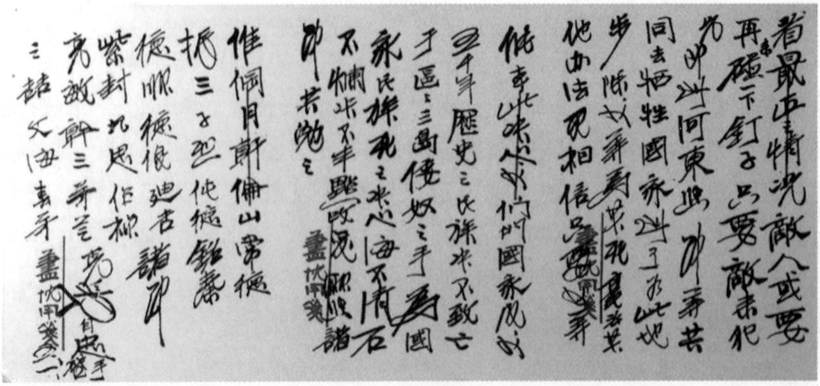

张自忠手稿

信为心之音，张自忠在写信告谕诸兄弟的同时，精忠报国之心已跃然纸上。

5 月 15 日晚，张自忠率总部及七十四师进驻南瓜店一带。16 日，被困于南瓜店的杏仁山。中午十二时半，左臂负伤，但仍督战不退。下午四时许，身中七弹，以身殉国，时年不足 50 岁。整个大山都变得静悄悄的，雨仍在不紧不慢地下着。血雨！地上淌的也是血水！张自忠的尸体是被日军首先发现的，随后被运往陈家集，后被抢回安葬。烈士魂归安息！

百世流芳

张自忠力战殉国时，全国抗战处于日军全面进攻、中国军队节节抵抗的最后时期，他的牺牲激励着全国民众不怕牺牲、抗战到底的决心和勇气。

毛泽东、周恩来、朱德的题字

1940 年 5 月 28 日，国民政府为他举行国葬，并通电全军，表彰了张自忠一生的勋绩。当天，张自忠将军的灵柩运至重庆北碚，停灵于双柏村，以待修建墓穴下葬。周恩来当时在重庆主持中共南方局工作，专程到北碚致祭。1943 年 5 月 16 日，张将军殉国 3 周年纪念日之际，周恩来为《新华日报》撰写了《追念张荩忱上将》的代社论，颂扬张自忠是“我国抗战军人之魂”。

1946 年 6 月 5 日，国民政府为张自忠颁发了荣哀状（荣字第 1 号）；1982 年民政部为张自忠颁发了《革命烈士证明书》。湖北宜城、重庆北碚、山东临清分别设立了张自忠纪念馆和烈士陵园。1939 年 9 月 9 日，张自忠在接受军校毕业生调查处征求自传时的口述中曾表示：“自抗战以来，我个人经历数十次大小战役，无时无地不是抱定必死的决心，并且以这决心，勉励我的部下。人生总是要死一回的，为国家死，为民族死，是难得的，是值得的。”这正是张自忠一生报国效民，矢志英勇，为救国而牺牲个人一切的真实写照。

参考文献

1.《张上将自忠年谱简编》编辑委员会编：《张上将自忠年谱简编》，北京：中国传媒大学出版社，2011 年。

2.仁雨、亚军、王鹏：《魂撼天地：张自忠将军》，北京：中共中央党校出版社，2005 年。

3.马亮宽、岳广腾、刘春强：《张自忠传论》，北京：中国社会科学出版社，2018 年。

4.刘培平主编：《山大第一》，济南：山东大学出版社，2011 年。

5.《山东大学百年史》编委会编：《山东大学百年史》，济南：山东大学出版社，2001 年。

信仰终不悔　热血铸忠诚

——李淑铭烈士

1936年春，在今滕州市张汪镇五所楼村的懋榛小学内，滕县第一个中共农村党支部成立了。在与党组织失联的5年多时间里，几位党员凭着对革命的一腔热血和对信仰的坚定追随，始终红心向党、坚持斗争。其中就有李淑铭。

李淑铭（1899—1941），原名李树勋，山东滕县人。1926—1928年，在省立山东大学负责事务性工作。1931年，参与创建中共滕县特别支部委员会。1936年，创建滕县第一个农村党支部，后又参与组建滕县人民抗日义勇队。1941年在与日军作战中牺牲，时年42岁。

创办书店　传播马列思想

1899年，李淑铭生于滕县张汪镇五所楼村。18岁考入省立第二甲种农业学校，毕业后赴北京补习功课一年，又考入北京平民大学，专攻商科。他在校经常参加学生运动,热心救亡工作。1924 年大学毕业,1925 年秋返鲁,后在省立山东大学从事事务性工作。

1928 年,李淑铭返回家乡滕县,潜心于社会主义理论研究。为了探索革命真理,寻求革命道路,改变家乡的落后面貌,1930 年春,李淑铭与同样受到进步思想影响的王临之、李景黄、刘炳文、王子祯等集资,在滕县南门里路东创办了国民书店。书店开业之后,根据中共山东省委关于出售红色书籍和社会科学方面进步书籍的指示,在经营中秘密销售进步书籍,如《共产党宣言》《马列主义基础知识》《唯物辩证法》《太平洋风云》《苏俄秘史》《社会主义科学概论》等,还有鲁迅、郭沫若、茅盾、巴金等进步作家的作品。同时,书店还为城乡各学校购置课本和书籍,与各学校建立了较为密切的联系。因此,学校和社会的进步青年时常来书店阅读和购买书籍。一时,国民书店在滕县的社会影响力迅速扩大。国民书店不仅经营图书业务,还常常把进步知识青年介绍到各乡担任小学教员。书店实际上成了宣传马克思列宁主义先进思想的阵地和吸引进步青年读书学习的场所。当时,在书店大门上贴了这样一副对联——“寻求科学真谛,走上广阔道路”,充分显示出它有别于其他以“生意兴隆”“财源茂盛”为宗旨的商号店铺。国民书店的创办及其经营活动,在滕县广泛传播了马列主义思想,启蒙了民智,不仅为学生和青年提供了阅读进步书籍的场所,而且为中共滕县地方组织的建立奠定了思想基础并作了组织准备。

李淑铭等人创办的国民书店旧址

成立特支　开展群众运动

1931 年,经过一段时间的培养和考察,中共党员王临之发展了李淑铭、李景黄入党,二人成为滕县历史上最早的一批本土发展的共产党员。10 月,按照中共山东省委指示,滕县历史上第一个中共党组织——中共滕县特别支部委员会(简称“中共滕县特支”)在滕县县城徐家花园正式成立,王临之为特支书记,李景黄和李淑铭分别担任组织委员和宣传委员。根据省委指示精神,特支的工作方针是“发展党员,壮大组织,做好宣传工作,开展群众运动”。

中共滕县特支在国民书店办公,不断团结和吸收进步青年入党,组织和发动群众,这逐渐引起了书店同行的不安和国民党当局的注意。1932 年 10 月,国民党驻滕第七十四师查封了国民书店，实行全城戒严，在主要街道路口派军警设岗，对来往行人严加盘查，妄图将特支成员一网打尽。提前得到消息的李淑铭前往天津、东北等地寻找党组织，并于1933年返回滕县，在五所楼懋榛小学任教，继续以教学为掩护坚持党的工作，为国民书店的启封和恢复滕县党组织做了大量的准备工作。

中共滕县特支成立地——徐家花园

在中共滕县特支遭到破坏，与上级党组织失联的情况下，但李淑铭等党员坚持开展群众工作，不断扩大党的影响。1934年春，在李淑铭、李景黄、王右池的支持和领导下，由进步人士、滕县五所楼懋榛小学校长李季民出面，组织了教育推进会。同年年底，教育推进会举行了一次反对国民党当局不抵抗政策、反对签订丧权辱国的《塘沽停战协定》的签名运动，参加者有城乡教师100余人。1935年12月，教育推进会为响应北京的学生运动，发动城乡教师和城内学生，贴标语、散传单、举行游行示威。这次活动扩大了党组织的影响力，提高了广大城乡人民特别是进步师生的觉悟。七七事变后，教育推进会的活动才告一段落。

坚持斗争　创建滕县第一个党支部

1934年9月，泰安籍共产党员张学周到滕县城头小学任教。张学周此次来滕有两个目的：一是寻找党的关系，二是寻机开展党的活动。在城头小学任教时，张学周与王右池有较长时间接触，彼此有所了解，时常在一起议论时事政治，向学生灌输进步思想，引导学生阅读进步书籍。不久，二人的革命活动引起了学校当局的注意和不满。1934年冬，张学周被校方辞退回家，王右池辗转至羊庄小学任教。为了重新开展党的活动，1935年9月，经王右池介绍，李淑铭推荐张学周到五所楼懋榛小学任教。

五所楼懋榛小学位于滕州市张汪镇五所楼村，1921年由滕籍爱国进步人士李天倪先生投资创办。创办初期，先后聘请进步教师孙思庆、孙仲起等人到学校任教。办学数年，教誉卓著，周围学童接踵而至，连邻县的学子也慕名来该校学习。此时懋榛小学校长李文甫思想开明、主持正义、同情革命，环境相对宽松，所以中共地下党员在那里不仅能够存身，还能较为活跃地开展工作。张学周来到五所楼懋榛小学后，很快和失去党组织联系的李淑铭达成一致，认为重建滕县党组织的时机逐渐成熟。

1936年春，张学周、李淑铭、王右池三人自发成立了中共五所楼懋榛小学党支部，张学周任书记，李淑铭任宣传委员，王右池任组织委员。同年秋，张学周、王右池介绍中共地下党员燕遇明到滕县羊庄小学任教，并参与了五所楼懋榛小学党支部的活动。

中共五所楼懋榛小学党支部旧址

虽然失去了上级党组织的联系和指导，李淑铭等人仍然自觉开展党的工作。他们充分利用学校，订阅进步书刊，如《世界知识》《中流》《大公报》《华北新闻》等，对学生进行政治形势教育。李淑铭还公开揭露国民党蒋介石“攘外必先安内”的阴谋，讲述东北沦陷区人民的痛苦生活，启发学生革命觉悟。

为了更好地教育学生和发动群众参加抗日活动，李淑铭等人于1936年10月创办了《图存报》。发刊词为燕遇明所写，基本内容是：宣传抗日救亡；动员民众有人出人，有钱出钱，奋起抗日；介绍东北人民的悲惨生活；等等。此报为不定期油印小报，每期数百份，散发范围东到山亭、羊庄，西至微山湖畔，南到沙沟，北至皇殿岗一带。《图存报》直到七七事变后才停刊。

党支部还积极发展党员，壮大党的队伍。广泛的宣传和深入的阶级教育，激发了当地广大青年学子的学习热情、阶级觉悟。他们的民族意识日益增强，中坚分子得到了锻炼和提高，一批优秀青年加入中国共产党。1936年11月，由张学周、李淑铭介绍发展了杨广立、杨际元为中共党员。

懋榛小学党支部是在中共山东省委遭受数次破坏、全省党组织和共产党员失去省委领导而各自为战的险恶环境下，由滕县共产党员自发成立的党组织，也是1932年国民书店被查封之后，一直到1937年12月与中共山东省委接上联系，这5年多时间里滕县地区唯一存在的党组织。

响应号召　投身抗日救亡新战场

1938年1月，滕县党组织积极响应中共中央“武装民众全面抗战”的号召，按照中共山东省委的部署，李淑铭、王见新、王右池、李乐平等在滕县善堌创办了农民抗日训练班。训练班每期7—10天，学员40—100人不等，所用经费和粮食多靠募捐。政治教育课学习《抗日救国十大纲领》、统一战线政策和中共中央会议文件，军事课以学习游击战术为主。滕县农民抗日训练班办完第五期时，滕县县城被日军侵占。王见新、李淑铭等人以训练班骨干为基础拉起四五十人的武装，命名为农民抗日救国军。4 月，苏鲁豫皖边区特委书记郭子化到善堌巡视时，将该部易名为滕县人民抗日义勇队。滕县人民抗日义勇队在与日军斗争中，不断取得胜利，受到当地群众拥护和爱戴。5 月下旬，滕县人民抗日义勇队已发展到 120 余人，逐步成为革命队伍的重要力量。

1941 年，李淑铭率领新成立的武装力量向东北挺进，行至邹县、泗水一带，与日寇展开激烈战斗。在敌众我寡的情况下，李淑铭身先士卒，率部英勇抗击，不幸壮烈牺牲，时年 42 岁。

参考文献

1.燕开良:《留住历史的印迹》,《中国档案》2009 年第 5 期。

2.王兵:《坚守信仰终不悔　一心向党铸忠诚——记中共滕县五所楼懋棒小学党支部的建立及其活动》,《滕州日报》2021 年 1 月 29 日。

春风慕英烈　已度玉门关

——何春尧烈士

1942 年 9 月，何春尧被捕。在监狱里，何春尧既遭酷刑摧残，又遭饥饿折磨，但仍忍着伤痛、饥饿鼓励共患难的同志：“我们要坚强些，牺牲个人的一切不算什么，要坚决服从总的利益。”这种坚贞不屈的精神感动了难友，坚定了同志们对敌斗争的信心和决心。

何春尧(1908—1943)，曾用名何春田、何尧，在西北从事革命工作期间，化名何子成、何自成、何志成，山东东平人。1928 年，在州城真武庙发起反日运动会。1941 年，受党组织派遣到宁夏中学教世界语，从事地下工作。1942 年，被国民党宁夏军警逮捕。1943 年壮烈牺牲。

学习世界语

1908 年 11 月，何春尧出生于青岛。1920 年，因父亲回乡养病，随父母回到东平。1921 年，父亲病故，何春尧与母亲和两个妹妹共同生活，先后在西菜园小学、书院高等小学读书。何春尧天资聪明,学习刻苦,秉性耿直,善言谈,胸怀大志。

1923 年,何春尧考入济南东鲁中学。1928 年,五三惨案发生,何春尧目睹了日本侵略者杀害中国人民的残酷暴行,义愤填膺,毅然离校回乡,在州城真武庙发起反日运动会。他下农村、赶集会,控诉日本帝国主义侵略罪行,还经常在街上演讲,论说国事。这些对当时封闭保守、到处贴着“莫谈国事”的东平县城来说,无疑是一股进步的新生力量,影响着家乡的人们。1930 年,何春尧离开家乡,考入国立青岛大学。

20 世纪 30 年代初,何春尧到印度泰戈尔国际大学读书并学习世界语,后加入世界环游团,到过新加坡、菲律宾、马来西亚、印度尼西亚、英国等地考察。1933—1934 年,因患头痛病在香港留居,由伯父接济。不久,经上海回到青岛,在一所市属中学任教。

为党秘密工作

1938 年,何春尧奔赴延安,加入马克思列宁学院学习。1939 年冬,他到重庆的一所中学任教,以流亡知识分子的身份住在重庆市民族路以北一个偏僻的小屋。虽然生活清苦,但却有不少进步书刊、资料相伴。

1941 年夏,何春尧以单线联系的方式被党组织派往宁夏城秘密开展党的工作,公开身份是宁夏中学老师。何春尧在宁夏中学任庶务主任,兼教高中地理和历史课程。他利用自己的公开身份,经常联系进步教师和学生,宣传抗日救国思想,讲俄国十月革命、苏维埃政权等。他秘密向进步学生介绍《新华日报》《铁流》《钢铁是怎样炼成的》《夏伯阳》《呐喊》《阿 Q 正传》等进步内容。他还动员进步学生投奔延安,去寻求“这里学不到的新知识,去学习做人的道理”。

宁夏中学旧址

为了开展革命活动,何春尧与宁夏中学教师王植先共同发起创办了宁夏中学世界语学习班。在学习班上,他既讲世界语,也教育学员领会柴门霍夫创造世界语的动机、思想和为世界语献身的崇高品德。他和王植先的精心组织和认真教学，使这一时期宁夏地区世界语的传播十分迅速。当时重庆世界语函授学社经费困难，出版教材的资金非常拮据，为推动世界语的普及，何春尧发起了为学社募捐出版基金的活动，得到了广大世界语学者的响应。学社用捐款出版了《世界语中文大词典》(第一版)六册和其他几种世界语学习用书。

以学社为掩护，他们秘密联络了宁夏电信局无线电报务员、中共党员曹松林，无线电技术员凌蕃，无线电报务员姚益庭，事务员王广仁，中共党员毛英华、陈硕夫及马鸿逵部高射炮连排长刘斐等10余人。这些进步青年具有强烈的爱国思想，对国民党独裁统治十分不满，积极支持何春尧所开展的革命活动。

魂留大西北

1942年暑假，何春尧带着刘柏石(时任宁夏省政府副秘书长兼宁夏回教协会干事)写的介绍信，以考察地理为由，进入巴彦浩特(时称定远营，现阿拉善左旗)考察。其间，何春尧秘密绘制了一张定远边界地图。因为参加世界语学习的人中有人暗中收听延安广播，使用光华钞票(边区货币)，被马鸿逵特务机关察觉，宁夏省稽查处借口省城有光华钞票秘密流通，逮捕了毛英华、凌蕃、李国青等人。有的人经受不住敌人的酷刑，向敌人供认何春尧是他们的上级领导，借学习世界语联络青年，在宁夏省城发展党组织，通过邮电局向陕甘宁边区传递宁夏地区重要军事情报等。

1942年9月，国民党宁夏军警联合督察处，以“共产党嫌疑”为由逮捕了何春尧，多次对何春尧施以酷刑，但他始终不屈服。敌人用硬的不行，就用谈话的方式诱供。何春尧理直气壮地答复:“世界语是一种学术，我们研究世界语不算违法。我去定远营是游历，不算什么罪过。”马鸿逵给国民党中央组织部的报告中也沮丧地承认何春尧“经多次审讯，始终不供只字”。

1943年4月17日夜，宁夏军警联合督察处在无任何证据的情况下，以“共党头目”“共党西北特务”的罪名，将何春尧及同案毛英华、刘斐、陈硕夫4人活埋于省城城隍庙后。何春尧就义时高呼“中国共产党万岁”，时年35岁。

由于何春尧的革命工作是单线联系，他的引荐人刘川早逝，没有人能证明何春尧的身份，所以银川烈士公墓没有何春尧烈士的牌位。直到2009年7月，应何春尧的外甥女朱子香女士的要求，银川市委党史研究室出具《中共银川党史(1919—1949)》和《何子成传略》等证明材料，银川市民政局才在银川八里桥烈士公墓为何春尧烈士树碑立传，烈士的忠魂有了安息之地。烈士的英灵呼唤着春风，吹遍西北高原。

参考文献

1.杨永忠编著：《阿拉善旗风云实录：阿拉善盟文史》第 8 辑，政协阿拉善盟文史资料研究委员会内部资料，1992 年。

2.窦桂欣、万怀志、尹承全主编：《东平历代人物》，泰安：泰安市新闻出版局，1997 年。

3.戴亮主编：《历史银川》，银川：宁夏人民出版社，2015 年。

4.周谦、吕大明主编：《泰安三千年人物传》，济南：山东省地图出版社，2001 年。

5.《银川市委党史研究室工作志》编委会编：《银川市委党史研究室工作志》，银川：宁夏人民出版社，2021 年。

6.山东省东平县地方史志编纂委员会编：《东平县志：1986—2003》，北京：中华书局，2006 年。

播火鲁西北　耕心主义真

——杨耕心烈士

1926 年寒假，杨耕心回到家乡，根据中共山东区执委积极发展党组织的指示精神，经过秘密考察，介绍本家的长工杨保善、杨保庆加入了中国共产党，成立了中共九都杨党支部。这是阳谷县乃至鲁西第一个基层党组织，星星之火就此燃起，鲁西地区革命的火种从这里开始传播。

杨耕心（1900—1943），字一斋，乳名大考，山东阳谷人。1926 年，入山东大学附属中学北园白鹤庄高中部文科班学习，同年在山大附中入党，是聊城地区第一个中共基层组织九都杨党支部创建人。1928 年 1 月，参与发动阳谷县坡里暴动。1934 年，参与组建中共安乐镇临时中心支部。1937 年 8 月，到国民党第二十六军孙连仲部做策反工作。1943 年秋在鄂西会战中不幸被俘，后遭日军杀害，终年 43 岁。

成立鲁西第一个党支部

1900 年 1 月 19 日，杨耕心出生于山东省阳谷县九都杨村一个封建乡绅家庭。杨耕心的父亲杨竹泉曾是阳谷县安乐镇私立崇实完全小学校长，为人恪守传统，清廉正直、热心教育，并受到进步思想影响，这对杨耕心的成长产生了良好的影响。

少年杨耕心就读于崇实小学，1921 年考入位于聊城的山东省立第二中学。他耳闻目睹了农村贫困的生活现状、贪官污吏的罪恶事实，为日夜勤劳反而吃不饱、穿不暖的劳动者鸣不平，对官府豪绅的奢侈豪华深恶痛绝。他常常吟诵“天下多少不平事，不会做天枉做天”的诗歌，萌发了“铲尽天下不平事，不平天下方太平”的思想。在学校，他“好读书，寡言笑”，但“谈起国家大事，救亡图存学说，又滔滔不绝”。

1926 年春，26 岁的杨耕心进入山东大学附属中学北园白鹤庄高中部文科班学习。因为学习刻苦，能背诵英文小词典，他有了一个绰号——读书迷。在学校，杨耕心接触到宣传马克思主义的进步书刊，了解到马克思主义思想，逐渐确立了只有马克思主义才能救中国的理想信念。同年秋，阳谷籍黄埔军校第四期学生、与他有亲戚关系的共产党员王寅生和奉黄埔军校中共党组织之命来济南发展党组织的关向应介绍杨耕心加入了中国共产党。从此，他决心把自己的一生全部献给人民的解放事业，成为一名坚强的共产主义战士。

当年的寒假，他从济南回到家乡，介绍自家的长工杨保善、杨保庆加入中国共产党，不久即在九都杨成立了阳谷县乃至整个鲁西地区的第一个共产党基层组织——中共九都杨党支部，杨耕心任支部书记。

阳谷九都杨党支部旧址

寒假过后，杨耕心回到山大附中，一边读书，一边继续为党工作。他在学生中秘密宣传马克思主义思想，组织进步青年散发传单，在学校师生中影响很大。1927 年春，他的革命活动引起了反动当局的注意，受到监视。毕业前夕，因革命工作需要，杨耕心提前离开了学校。

回到家乡后，他以九都杨党支部为依托，团结劳苦大众，积极发展党员，并先后在九都杨和宋堤口建立了农民协会，在九都杨成立阳谷县第一所农民夜校。

1927 年 7 月上旬，阳谷县官府横征暴敛，激起了全县人民的极大愤怒，民间歌谣唱道：“丁卯年遭殃年，这季银子没要完，下季银子又出签。”阳谷县到处传递着鼓动群众包围阳谷县城进行斗争的秘密传单。杨耕心认为这是发动群众的好时机,便书写了很多“打倒土豪劣绅”“抗捐抗税”“打倒贪官污吏”的标语,贴在城北村庄外。几天后,以徐良府、熬盐场等村为中心的众多农民手持木棒、刀枪,将县城团团包围。杨耕心带领九都杨一带数十名农民参加斗争活动,斗争持续了10多天,以胜利告终。

发动坡里暴动

1889年建造的坡里教堂地处聊城、阳谷、莘县的交界处,规模很大,拥有良田千亩,周围村庄多为教堂的佃户。教堂仰仗帝国主义势力,勾结地主豪绅,作威作福,欺压百姓,搜刮民财。群众极为痛恨,却敢怒不敢言。

1927年10月,杨耕心通过家里的长工结识了活动在阳谷、聊城交界处的农民武装首领韩建德、曹万年。韩建德、曹万年出身农民,因受本村地主压迫、官府欺凌而拉起队伍劫富济贫。杨耕心认为,这股潜伏武装,可以争取团结为我党发动坡里暴动的力量。他向中共鲁西县委汇报了他和韩建德、曹万年接触的情况后,县委同意他的看法,立即派聂子政同志协助杨耕心做争取工作。11月,东昌县委将王筱湖从聊城调回阳谷,并在王筱湖家中设立了指导坡里暴动的东昌县委联络站。

经过杨耕心的动员,韩建德、曹万年决定跟着共产党干一番解放劳苦大众的大事业。1928年1月14日,暴动开始,韩建德、曹万年的武装迅速占据了坡里教堂。杨耕心主导成立东临地区革命委员会,发布《告民众书》,阐明政治主张和暴动目的,同时开仓放粮,赈济百姓。之后,杨耕心又和暴动队伍收缴了九都杨庄地主武装的枪支,壮大暴动队伍。但是由于军阀和反动官府的联合镇压,暴动坚持了25天后最终失败。

坡里暴动旧址

坡里暴动是中国共产党领导的山东省最早的农民武装暴动,极大地震慑了反动统治阶级,使饱受欺压的劳苦大众看到了希望,是党领导农民斗争的一次重要尝试,为鲁西地区后来的革命斗争打下了基础。坡里暴动虽然失败了,但作为全国武装革命的一个组成部分,在鲁西乃至山东影响甚远,具有重大的政治意义。

坡里暴动失败后，杨耕心受到通缉，在当地已无法存身，经党组织同意潜往东北，继续为党工作。

献身抗战一线

杨耕心刚到东北时，因为没有公开的职务，无法维持生计，幸因他的英语好，考进哈尔滨邮局，成了邮差。虽然薪俸较高，生活有了保证，但受职务所限，不便接近广大群众，难以为党做更多的工作。九一八事变后，他多次给父亲写信，陈述在东北当亡国奴的苦恼，希望允许他回家当个小学教员，终于得到了父亲的同意，返回家乡。

1932 年 9 月，杨耕心回到家乡，在父亲的安排下到阿城镇县立第三高级小学任教员。杨耕心以小学教员身份做掩护，继续为党工作。任教期间，他订购大量进步刊物，自编教材，用马克思列宁主义教育青年一代。他虽然一直未能与党组织取得联系，但他主动团结爱国人士，揭露蒋介石“攘外必先安内”政策的反动本质和日本帝国主义的侵略罪行，抨击国民党反动派的军事“围剿”和文化“围剿”。此外，他还联合校内外进步力量，团结社会爱国人士，利用各种机会开展活动。

1933 年寒假，中共北平地下党员韩子栋回到原籍阳谷，把杨耕心的组织关系转到中共中央北方局，由他单线领导。不久，中共中央北方局通过韩子栋转告杨耕心，要他到苏区党校学习，但杨耕心因脚疾严重，没有成行。

1934 年 4 月，杨耕心和共产党员盛北光、翟子超组建了中共安乐镇临时中心支部，杨耕心任支部书记。同年秋，安乐镇中心支部扩大为中共阳谷县委，杨耕心任县委书记。他倡导建立了阳谷县抗日后援委员会和党的外围组织——中坚社，领导中坚社成员组织群众在街道、集市以演戏、讲演等形式大力宣传抗日爱国，发动募捐，支援前线。秋末，杨耕心和共产党员王伯谨与设于寿张镇的山东省立第八乡村师范学校中共支部建立联系。不久，盛北光、翟子超等先后离开阳谷，阳谷县委和中坚社的工作由杨耕心一人领导。

1935 年春，杨耕心调到安乐镇县立二高任六年级班主任，同共产党员王筱湖、宋励华等一起，经过两年多的努力，把二高变成了培养革命战士的红色小学。从 1935 年春天起到 1937 年七七事变，安乐镇县立二高的毕业生绝大多数都先后参加了抗日战争和革命工作。

七七事变后，杨耕心愤然辞去教员职务，投身抗日救国的洪流。他和朱励华、王筱湖等一起建立阳谷县抗日后援委员会，积极从事抗日工作。1937 年 8

月，中共鲁西特委书记刘晏春决定派杨耕心到国民党第二十六军孙连仲部做策反工作。经过两个多月的努力，杨耕心在阳谷、聊城动员了近百名进步青年和小学教师加入孙部。但因叛徒出卖，策反工作失败，杨耕心紧急布置一部分同志回原籍，一部分同志去延安。他自己辗转到了八路军驻西安办事处，被党组织安排在国民党统治区做军运工作。后来，杨耕心进入武汉国民党军事委员会战时干部训练团政治科学习，结业后被分配到国民党第二十九军第六师任简报主任。在第六师，他曾因"共产党嫌疑"的罪名被审查关押数月，释放后仍被严密监视。此时，他向党组织提出回原籍工作，未能如愿。

杨耕心纪念雕像

1943 年秋，杨耕心在鄂西大会战中被俘，于鄂西松滋县暖气街惨遭日寇杀害，终年 43 岁。

参考文献

1.《中共冀鲁豫边区党史资料选编》编辑组编：《中共冀鲁豫边区党史资料选编第一辑(下)1921.7—1937.7》，济南：山东大学出版社，1985 年。

2.本书编写组编：《光岳春秋》下册，济南：山东人民出版社，2014 年。

3.靳风莲主编：《追忆与传承：聊城革命人物故事》，济南：山东人民出版社，2020 年。

4.谢玉琳主编：《鲁西英烈》(一)，济南：山东人民出版社，1988 年。

5.张锡九主编：《鲁西名人传略》，济南：山东友谊书社，1991 年。

6.中共聊城市委党史研究室、聊城市政协文史资料委员会编著：《聊城重要历史事件》，北京：中共党史出版社，2003 年。

7.赵平文：《革命先驱：山大附中校友杨耕心》，《山东大学报》2021 年 6 月 30 日。

滔滔江河水　颂歌咏流传

——何以文烈士

1946年春，一对年轻的夫妇乔装打扮，深入上海为解放区采购医疗物资，返程途中不幸被国民党反动派逮捕。面对敌人的严刑逼供，这对夫妻始终严守党的机密，坚决不吐露任何实情，最终被凶残的敌人捆绑装入麻袋，抛入长江，双双牺牲。这对夫妻就是何以文和何文仙，去世时家中还留有年迈多病的母亲和未满周岁的女儿。

何以文(1921—1946)，原名严明，江苏奉贤人。1942年，入复旦大学会计系学习。1945年春，到华中建设大学财经系学习。抗战胜利后，被分配到苏皖边区政府华中银行直属靖江支行工作。1946年3月牺牲。

走上革命道路

何以文家境贫寒，父母以务农为生，勉强度日。10岁那年，他被父亲送到当地一户何姓中医家学习医术，以求将来讨得好生活。因为聪明颖悟，何家对其颇为喜欢，遂将他招为上门女婿，并将原名严明改名何以文。在何家的资助下，何以文进入奉贤县城的一所初级学校读书。初小毕业后，考入江苏省立上海中学。

上海中学是一所具有悠久历史和一定声望的学校，校内新思想活跃，经常有进步学者到学校作专题演讲，进行革命宣传；同时，为促进青年学生们在政治思想上的进步，上海中学的中共地下党组织购置了《向导》《新青年》等一批进步书刊，供学生们阅读。进步学者的演讲、中共地下党的引导和进步杂志的影响，使何以文的思想水平不断提高。

何以文进入上海中学学习之时，恰逢淞沪会战结束不久，上海全境沦陷。何以文加入了党的秘密外围组织上海学生界救亡协会，开始投身抗日救亡活动。他和协会成员以及校内一些思想进步的学生，对周边的同学们进行思想动员。他们经常利用历史、地理、国文等课程，把时局与现实的问题引进同学们的上课学习过程中。课余时间，何以文组织同学们在教室里教唱爱国救亡歌曲。同时，何以文和协会成员利用自修时间，开展读书小组、文娱体育、个别访问等活动来宣传革命理论，揭露日本帝国主义的罪行。放学后，何以文还经常组织同学们到街头散发传单、张贴标语，号召大家抵制日货、奋起救国。经过革命实践的锻炼和党组织的考察，何以文于 1939 年秘密加入了中国共产党。此时，他才刚满 18 岁。

坚守“孤岛”抗战

1940 年，在何以文等中共党员的策划下，上海中学掀起了“反汪斗争”和“六月护校运动”，粉碎了汪伪勾结顽固派迫使上海中学登记投降的阴谋，在全市产生了一定的影响，对汪伪接管上海教育界的阴谋也是一大打击。由于积极参加相关斗争活动，何以文被校方董事会找借口开除出校。

离开上海中学后，在党组织的安排下，何以文转入上海光华大学附属中学商科就读。太平洋战争爆发后，上海沦陷为“孤岛”。此时，光华大学的张寿镛校长为使学校免遭日伪文化控制和奴化教育，作出了不向日伪注册并停办学校的决定。上海光华大学附属中学的一些老师和同学则利用时机开设了补习班，向社会各界传授知识，进行爱国教育和思想启蒙。其中，何以文负责在北京路、黄河路口的一条弄堂内组建壬午义务小学，并亲自担任校董和校长。这所学校主要面向工人，也吸收商店店员、学徒、黄包车夫等。何以文结合这些群体的知识基础，以通俗易懂的语言宣传革命的道理，提升他们的爱国觉悟。何以文还参加了中共地下党在宗教界的进步组织上海基督教团体联合会，利用基督教青年会的团契形式，团结群众，开展抗日救亡的宣传活动。

1942 年秋，高中毕业后的何以文考入了复旦大学，在会计系读书。其间，何以文一边认真学习专业课程，打下经济学基础，一边在校内广结人缘，秘密开展党组织活动。他先后团结动员了本系和经济系的20多名同学，将壬午义务小学发展为义务中学，学生多达五六百人。何以文和同学们自编讲义，组织学生们参加演讲比赛等各项活动，同时进行家庭访问，进行广泛的社会调查。在这些活动中，何以文结合自己所学的政治经济学等课程，向工农群众宣传马克思主义的革命理论，启发他们的革命觉悟和斗争精神。

1944年秋，中共党组织发动上海全市大中学校学生开展义卖募捐活动，所得款项作为贫困青年学生的救济金。何以文不辞辛劳，夜以继日，团结同学，动员群众，为资金募捐作出重大贡献。也正是在这些活动中，何以文逐渐认识到经济和金融对国计民生的重要性。

求学华中建大

随着时局的发展，上海的党组织安排何以文前往淮南解放区根据地工作。经过一路辗转，何以文来到了安徽的黄花塘，在该处稍事休整后，经过党组织研究，决定让其进入华中解放区的建设大学财政经济系学习。

华中建设大学先后在淮南、潍县等地办学，教学设施缺乏，生活设施也只能是勉强维持。对此，一些从大城市来的同学对学校环境有所抱怨，何以文则向同学们动员说，物质生活虽然清苦，可精神生活却很充实，而且随着革命形势的向前发展，眼前的艰苦是暂时的，未来则是充满希望的。他和华中建设大学的老师同学们一起，自己动手，艰苦奋斗，顺利解决了最基本的生活设施问题。

为了适应边区的和平建设需要，华中建设大学主要目标是培养工农医各种专门人才服务新民主主义的政治、经济、文化建设，除了进行科学教育外，还要进行人生观和价值观的改造。为了更好地贯彻理论联系实际、坚持学用一致的教育方针，华中建设大学采取上课和讨论相结合的教学方法。何以文和其他同学在校期间的学习分为政治教育与业务学习两个阶段。在政治教育阶段，除校长和学校的专职教师讲课外，还请来解放区党政军各部门的领导和专家作专题报告。在业务学习阶段，华中建设大学又特意调集一批专家、学者，编写上百万字的教材讲义，由各系的系主任和专职教师讲授。何以文和同学们十分珍惜这难得的学习机会，以满腔的热忱积极地投入到各项课程的学习中去。在华中建设大学虽然只有短暂的一年学习时间，但是通过紧凑的学习安排，何以文开阔了眼界，加深了对革命理论及经济学尤其是金融学专业知识的理解。

奉献红色金融

1945年8月，中国人民取得抗日战争的伟大胜利。面对急需大批干部接管新解放城市的形势，上级党组织决定让华中建设大学的学生提前结业，奔赴各根据地和解放区工作。于是，何以文和同学们结束了在华中建设大学的学习，服从党组织的分配，到苏皖边区政府的华中银行第一分行负责边区政府的财经工作。

到达苏皖边区后，何以文先后担任出纳股长、营业股长、副主任等职务。虽然经济工作繁重，尤其是要每时每刻与票据和钱款打交道，事项繁杂，名目诸多，但何以文不畏艰难，心细如发，对待每一笔账目、每一项收支都认真细致、一丝不苟。正是由于这种严谨的工作作风和出色的工作业绩，1946 年 1 月，何以文又被组织抽调到华中银行直属靖江支行，任办事处副主任一职。在他和同志们的辛勤工作下，靖江沿边地区的银行、金融业得到了初步改善，有力地支援了前线革命活动。

1946 年 3 月，何以文接到组织的工作委派，奉命前往自己所熟悉的上海地区，为解放区采购药品等急需物资。在去往上海的途中，何以文征得党组织同意，回家动员妻子何文仙一同参加革命。3 月 19 日，何以文夫妻辞别了老母亲和未满周岁的女儿，准备返回苏北解放区，为战士带去急需的各类物资。然而，何以文夫妇在途经江阴黄田港时，被国民党七十九师察觉，双双被捕入狱。

何以文妻子何文仙

面对敌人的严刑逼供，何以文夫妻始终坚不吐实情，严守党的机密。最终，他们被敌人凶残地用铁丝捆绑双手装入麻袋后抛入长江，壮烈牺牲。何以文牺牲时，年仅 25 岁。江涛浩荡，深情歌颂着英烈的事迹。

参考文献

1.周亚明:《共和国不会忘记:复旦大学烈士传》，上海:复旦大学出版社，2021 年。

2.周桂发主编:《上海高校英烈谱》，上海:复旦大学出版社，2011 年。

3.中共上海市委党史资料征集委员会编:《解放战争时期上海学生运动史》，上海:上海翻译出版公司，1991 年。

4.沈吉明主编，《金汇志》编写组编:《金汇志》，上海:上海三联书店，1989 年。

5.桂永浩主编:《复旦英烈传》，上海:复旦大学出版社，2010 年。

6.《史品上中》编写组编:《史品上中:菁英教育的缩影》，上海:上海教育出版社，2015 年。

7.《华中解放区最高学府:华中建设大学》，《淮安日报》2008 年 9 月 29 日。

漫漫烽烟路　灼灼战地花
——里希烈士

在上海劳动妇女战地服务团，里希是服务团中年龄最小的，也是最活跃的一个。她表现很突出，好像有一股使不完的劲，样样活动都跑在前头，唱歌演戏少不了她，一有空就练习写字，每天写日记，还写了不少文章刊登在后方的报刊上。1938 年，她 17 岁，在服务团中光荣地转为中共正式党员，被誉为“勇敢的战地之花”。

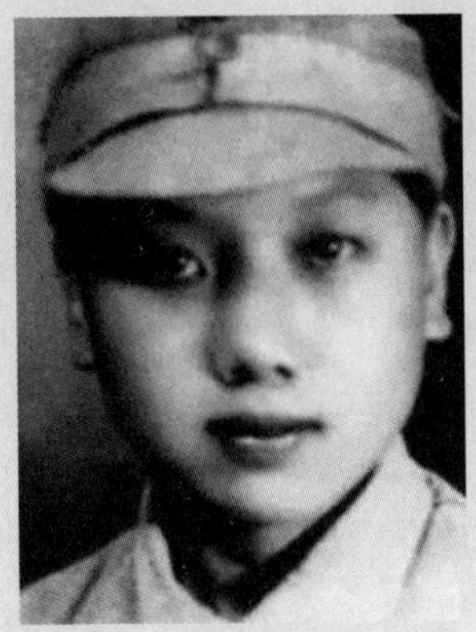

里希(1921—1946)，原名李亚芬，江苏常州人。1937 年 10 月，参加何香凝先生发起的上海劳动妇女战地服务团。1940 年，参加新四军。1941 年，进入苏北盐城抗大五分校学习。1944 年，进入华中建设大学民运系学习。1946 年 4 月在山东禹城被国民党匪特杀害。

活跃在女工夜校

1921 年，里希出生在上海。父亲是厨师，母亲当过袜厂女工，做过保姆。8 岁时父亲病故，家境十分贫寒，里希勉强读了 2 年小学就辍学了，母亲带着她和两个姐姐一个弟弟艰难度日。

为了生活，里希 12 岁进上海电机织袜厂做童工。她热爱生活，不畏劳苦，有强烈的求知欲望。当时上海法南区共青团借惠中中学教室以女青年会名义开办女工夜校进行革命活动。为了学到更多的知识，弥补自己文化水平的不足，在每天繁重的劳动之后，里希坚持到女工夜校去学习。夜校里有些老师是中共地下党员，他们不仅教女工们识字，还结合当时的抗日斗争形势宣传革命真理，发动学生投入抗日救亡运动，教她们唱进步歌曲，排演《放下你的鞭子》等戏剧。里希积极参加革命宣传、募捐和游行示威等活动，表现得机智勇敢。她很聪明，新歌一唱就会，也擅长表演。每当她用上海方言演唱《工人自叹》时，真挚淳朴的感情和富有感染力的表演，激发了女工们对剥削者的仇恨和抗日救亡的热情，鼓舞了工人团结斗争的意志。

1936 年，里希参加了“三八”“五一”节的抗日救亡集会游行。当遭到巡捕水龙头的冲击和警棍的抽打时，她毫不畏惧，继续和工友们一起手挽着手高喊“打倒日本帝国主义”“打倒卖国政府”等口号。嗓子喊哑了，队伍一次又一次被冲散，她仍不退缩，一直坚持到最后。为团结更多的工友，里希经常走访工人家庭，积极动员女工上夜校学文化，参加政治活动。在夜校，她组织同学们成立读书小组，鼓励女工阅读进步书刊，看进步电影，唱进步歌曲，提高政治觉悟。她还经常带弟弟志明到青年会参加活动，弟弟在她的引导下，后来也参加了革命。1936 年，她在女工夜校教师孙维华介绍下加入了共产主义青年团，成了夜校的骨干，开始了新的革命生涯。

1937 年七七事变后，随着淞沪会战爆发，许多工厂被炮火摧毁，工人失业，大批居民流离失所，无家可归，社会秩序混乱，人心不安。在这民族生死存亡的危急关头，中国共产党号召人民奋起反抗，中共上海地下党发动群众运用各种形式进行宣传、慰劳、捐献，并救济难民。里希在共青团组织的直接领导下，积极投入抗日救亡的群众运动中，到工厂、商店、里弄、街头去宣传募捐，后到难民收容所里去工作。她不怕脏不怕累，除了负责管理难民吃睡等一般事务外，主要负责宣传工作，向难民宣传抗日救亡的道理，教难民识字，唱抗日歌曲。有些青年难民，在她的宣传教育下也投入抗日救亡运动。里希还奋不顾身地到淞沪前线去救护伤兵，虽然只有 16 岁，但身上却好像有永远使不完的劲儿。

参加上海劳动妇女战地服务团

1937 年 9 月，全国妇女抗敌慰劳总会上海分会会长何香凝派胡兰畦与上海女青年会劳工夜校联系，组织战地服务团赴前线慰问抗日将士。中共上海地下党派出共青团江苏省委组织部部长胡瑞英去组织女工夜校一批思想觉悟高、不怕苦、不怕死的共青团员参加服务团。中共上海沪东、沪西区委也委派党员任秀棠参加服务团,以进行党的工作。经过研究,选定了里希(李亚芬)、金敏玉(里路)、郑惠珍(郑里明)、李惠英(李祥福)、张定宝(张小泯)、龚琦玮、秦秋谷、柳秀娟、胡瑞英、任秀棠等 11 人组成战地服务团。该团有 9 名成员是纺织女工出身,故取名上海劳动妇女战地服务团。她们都具有劳动人民的优秀品质,不怕艰辛,能吃苦耐劳,也都有一股强烈的抗日热情,决心踏上抗日前线去服务。

里希(前排左一)参加的上海劳动妇女战地服务团成立时合影

10 月,服务团从上海出发前,全体团员去向何香凝辞别。里希年龄小,个子长得也矮,怕不让去,站在最后面,踮起脚尖装着不比别人矮的样子,但仍被何香凝发现了。何香凝考虑到前线生活艰苦、斗争残酷,开始不同意她去。她急哭了,表示不怕苦不怕累,不怕飞机和大炮,坚决不拖后腿。何香凝见她抗日热情很高,决心很大,就欣然同意了。何香凝叮嘱服务团成员们一定要爱护那些用生命在为我们民族生存而抗战的士兵;一定要提高警惕注意汉奸;一定要牺牲爱情,为抗战服务到底。服务团的具体工作是到前方发放慰问物资,救护伤员,组织、宣传、教育前方军民坚持抗战到底。所有慰问物资、救护药品、宣传资料、经费以及服务团的生活费等,都由全国妇女抗敌慰劳总会上海分会提供。

里希同其他十位服务团成员告别了亲人,来到抗日前线。她们先到淞沪前线嘉定国民党十八军罗卓英部,然后随军出发,跋山涉水,一边行军一边宣传抗日。有时一天行军几十里甚至上百里,每到一地士兵们休息了,她们就忙着宣传演出。她们的生活十分艰苦,一天两餐,吃的是南瓜、萝卜叶,睡的是破屋。有时刚躺下,敌机来轰炸,马上就转移,有时情况紧急,一夜起来数次。一次,在安徽遇到发大水,水深齐腰,身上背了很多东西,除了穿的衣服、毯子,还有米袋、挎包，行军十分困难，一连跑了几条路都跑不出洪水区。等到洪水退去，士兵们纷纷脱下湿衣服烤干，里希和同志们却仍旧穿着湿衣服为士兵们演出，士兵们十分感动。

以下是里希在服务团期间写的一篇日记：

在田间

里希

4点钟，已经是大天亮了。

黄色的田野里，老表们（江西群众的爱称）早在割稻了，“啪啪”的打稻声，半夜里都响着。这是农民一年辛劳的收获，水、旱灾害，都没有使稻子死亡，这该是值得欢喜的事。我们服务团要去参加农民们的收稻劳动，可农民们似乎不敢相信。

“怕是要分我们的谷吧！”一些老百姓担心地议论着。他们总以为：哪有这样好的人，会来帮我们割禾？有些人家还拒绝我们的帮忙。好吧！我们决心让老百姓们看看事实到底怎样。

5点钟的样子，驻地周围的田间增加了许多男兵女兵，和老百姓一样地晒着太阳光着脚割稻……

我们这一组，8个机枪连弟兄和我们2个女兵。可是镰刀呢？只有6把，好，采取分工合作的办法，6个同志去割稻，2个打，另外2个“打杂”。

这次割稻不比去年容易。这里的早稻中夹着晚稻，割的时候得防止把晚稻割下来。田又都是湿田，水满泥深，脚伸出伸进真费力。因为是水田，软软的蚂蝗不知不觉地老往人脚上爬。

“啊！蚂蟥，蚂蟥。”机枪连周同志伸脚一看，嘿！蚂蟥沾满了两条泥脚杆，长的、短的、胖的、瘦的，数一下，起码有15条。

“他奶奶的，死家伙……”一面骂一面拍，蚂蟥像牛皮筋那样粘住了，真不容易拍下来。他急得把右手的镰刀也凑上去打，结果蚂蟥没打下来，反在脚杆上增多了一条条伤痕。我们这伙儿，要算他挂彩挂得最凶。

我从来没下田劳动过，今天“开洋荤”第一次。弟兄们的嘴不大休息，和手一样忙。

“来，老表，我来帮你除草。”第一次下田劳动的赵同志，一直想帮一个老表下田。

“你不会，要不得，要不得。”

见老表这样说他感到难受，把眼睛睁得很大：“喂，你别这样说啊！我做多了还不是会了，我要你写字还不是写不到，要你上操还不是不会?”大家都笑了，老表也跟着笑了。

以前带着恐惧、怀疑的老百姓见我们真是帮他们来劳动的，他们拿茶呀，米酒呀，豆子呀，来慰劳我们了。

“恰(吃)罗！恰完它罗!”老表们热情地招呼着我们。阳光很强烈，劳动一天下来手臂和腿都被晒得热辣辣的有点痛，脸孔更是，晒得通红通红的。

但在归队的路上，大家都很高兴。

“汗淌淌，乐洋洋，唱着歌儿进村庄!”

(原载生活书店 1940 年出版的《战地三年》)

1940 年 10 月，由于国民党更加消极抗日，积极反共，对服务团的活动也诸多刁难，阻止服务团进行抗日宣传，甚至企图收拢利用这支队伍。服务团在难以继续开展工作的前提下，向八路军桂林办事处汇报，撤离了罗卓英部队。至此，上海劳动妇女战地服务团结束了为期三年的战地服务。三年间，里希随服务团辗转战地，跨越苏、浙、皖、赣、湘、鄂、豫、桂八省，行程两万里。服务团虽身在国民党部队，但一直在共产党领导下开展工作。里希与其他团员们无论在演剧、唱歌、出墙报、印发宣传品，还是在救护伤员等方面都做了大量的工作，表现出不怕苦、不怕死的革命本色。

经历皖南事变的考验

根据上级党组织决定，服务团成员一部分前往延安，一部分去皖南新四军军部。胡瑞英、任秀棠、陈兰湘、尹小驹等经历艰难险阻到了延安。里希、里路等 12 位同志到皖南参加新四军，被分配去做民运工作、机要工作，并参与军直教导队工作。来到部队，里希感到一切都是新鲜、亲切、温暖的。元旦将临，她和同志们一起赶排了《水手舞》《红缨枪舞》《军民一家》等节目，参加军民联欢会，共同欢度元旦节。

1941 年 1 月 6 日，新四军部队在泾县茂林地区被国民党八万余人包围，这就是震惊中外的皖南事变。我军被迫自卫激战七昼夜。开始时集中突围，后来分路突围，最后三五成群地分散突围。在突围中，里希和服务团的战友还利用“快报”等形式开展宣传报道，以鼓舞战士的斗志。到战争十分激烈时，她又和同志们一起主动救护伤员、抬担架。部队几天几夜突围不出，没有饭吃，既饿又渴，疲惫不堪。在第三天夜晚突围行军中，前面传来口令说:“原地休息。”她和战友里路在一起，一停下来就睡着了。等醒来时，部队已经出发。她焦急万分，到哪里去寻找自己的队伍呢？山上是茫茫林海，山下有敌人盘旋。寒冬腊月，北风刺骨，她们饿了喝山水，困了就地躺下。到了第七天才遇上自己队伍的侦察参谋胡彪，胡彪熟悉当地情况，把她和里路带到一个村庄交给了老乡。这时她们已经好几天没有进一粒粮食了。老乡见是新四军战士，给予她们热情接待。不久，她们又在茂林大街上碰到一个跌伤了脚的男同志任云，三人成立了临时党小组，任云为组长，一起商量如何突围。在这生死关头，他们都把生的希望让给同志，把死的可能留给自己。最后，党小组组长任云决定要女同志先走，里希和里路只得服从。农历年初四是当地妇女回娘家拜年的日子，她俩到茂林街上买了一块红布和一些点心，假装回娘家拜年，终于逃出了包围圈，在二月中旬回到了阔别三年的家乡上海。

里希到了家里，家中三个姐姐已先后出嫁，剩下年迈的妈妈和幼小的弟弟，生活十分困难，妈妈多次要求里希留下做工将弟弟带大。这时，她想的不是自己的小家，而是党，想着寻找自己的队伍，她坚信革命一定会胜利。她仅在上海住了一个星期，就毅然决定和几位同志一起找部队去。临走那天，她怕妈妈伤心或者不让走，便和三姐商量好，买了电影票同妈妈、弟弟一起去看电影，看到一半时，由三姐来找她回去。就这样，她离开了家，怀着急切的心情和同志们一起日夜赶路，通过道道封锁线，于 1941 年 2 月底，回到了在苏北盐城重建的新四军军部。

新四军代军长陈毅亲自接见了里希、里路等同志，勉励大家要在各自新的岗位上继续努力战斗，为革命作出新的贡献。

在抗大与华中建大学习

1941 年 3 月，里希进入苏北盐城抗大五分校学习。抗大强调军事化，学习生活艰苦而又紧张，清晨吹起床号后，十分钟内要把背包打好、军装穿好、绑腿绑好出操。因常有敌机骚扰轰炸，在屋里上课不安全，只能将课堂设在野外的树荫下，背包当凳子，膝盖当课桌。里希学习十分认真刻苦，笔记完整，成绩好。她担任互助组组长，善于从生活上、学习上帮助同志。组里有一位新入伍的同志，怕难为情，在会上不敢发言，她对新同志说："学到的东西是书本上的，要经过自己头脑的思考，不发言，就不容易消化。"还教这位同志在发言前作好提纲。在她的帮助下，这位同志终于在会上发了言，进步很快，后来成了党的宣传干部。里希以身作则，热情帮助别人，赢得了大家的信任，抗大召开党代会时，她被选为女生队党代表。

1942 年 3 月，里希调华中局党校参加第三期整风学习。从党校毕业后，里希被调到新四军军部作战科当见习参谋，负责文书和机要工作。她工作严肃认真，一丝不苟，从未出过差错。里希和同志们相处十分融洽，她到哪里，哪里的空气就活跃起来，同志们称她是“快乐头子”。当里希知道战友滕雪凡刚经历爱人牺牲又失去爱子时，便想方设法安慰、体贴、关怀她，促使她从痛苦中解脱出来。1943年冬，新四军军部从盐阜转移到淮南时，每天夜里行军，寒风刺骨，当时部队供给困难，里希为了让别的同志穿上棉裤，自己不领棉裤，只穿一条未过膝的旧绒线裤，甘愿受冷挨冻。

1944年，里希被派到华中建设大学民运系学习。她学习认真，接受能力强。有一次，学员们在讨论首长报告时，有个学员提出了不切实际的问题，引起大家争论不休。里希说：“我们讨论首长的报告，要加深对工作重要意义和方针政策的认识，把设想出来的偶然性很大的问题，展开讨论，这是钻牛角尖。”短短数语，结束了这场争论，并为同志们指出了正确的学习方法。军直政治部文工队为了演出曹禺的名剧《雷雨》，特邀里希演四凤。里希真挚感人的形象塑造给人们留下了深刻的印象，受到赞赏。里希个性活泼开朗、端庄大方，待人热情诚恳，很能体贴照顾别人，同志们都爱和她接近，有的男同志对她产生了爱慕之情，但她全身心地扑在工作上，始终不谈恋爱。要好的战友关心地问里希：“你为什么不找伴侣？”里希不假思索地回答道：“早着呢，急什么！”战友追问：“还等到什么时候？”里希果断地回答：“抗战胜利以后！”

在斗争中光荣牺牲

1945年抗战胜利后，里希随部队北上转移到山东。行军途中，每到一地，她就和当地老乡建立联系，了解当地风俗，学习俚语，并用它宣传党的政策，使群众感到亲切易懂。部队抵达山东临沂，组织上要她仍回军直属机关工作。她抱着面向实际、深入群众的愿望，向组织提出到基层去，到最艰苦、敌情最复杂的地方去工作。组织上同意了她的请求，批准她参加山东渤海区党委组织的巡视团，到新解放的地区去工作。12月，里希随巡视团到禹城县北部新解放区，该地区敌人活动猖獗，斗争十分激烈，环境非常险恶。里希置个人安危于不顾，随时准备为人民的利益牺牲自己的一切。她在给战友的信中说：“为了争取铁路两侧的优势和阵地，不久我就要转移到新地区，干部更少了，我一个人要担负起两个人的工作，那写信的空隙就更少了。”里希有一支从战友那里得到的手枪，她曾亲口对一位同志说：“万一我遇到不幸，希望你告诉党来索取我的遗物。”她又说：“我在斗争中牺牲是光荣的，共产党员应该舍得为自己的事业献身。”

里希怀着满腔的革命热情，在禹城四区战斗。她独自一人在离巡视团团部

2公里外的一个村庄工作，人生地不熟，困难确实不少。但她没有知难而退，依靠组织，依靠当地干部和积极分子，虚心向有经验的同志学习。由于她主动努力，很快就把村子里的工作开展起来了。里希像一团火，去到哪里，哪里就燃烧起来。她发动群众"反奸诉苦"，控诉敌伪统治的暴行，批斗敌伪爪牙，宣布没收大汉奸的财产，把汉奸掠夺来的粮食和浮财分给老百姓。敌人胆战心惊，酝酿对她下毒手。

1946年4月21日深夜，十多个国民党武装匪特先袭击了巡视团团部，团长陈放受了重伤，另一个干部牺牲。然后，匪特再窜到里希住的村庄，假冒团部来人送信，骗房东开门，将里希绑走。里希在同敌人拼死搏斗中惨遭杀害，牺牲时年仅25岁，遗体安葬在惠民县烈士陵园。

参考文献

1.中共常州市委党史征集研究委员会、常州市民政局合编:《常州革命英烈》,北京:中共党史资料出版社,1986年。

2.任月英主编,山东省地方史志编纂委员会编:《山东省志·妇女团体志》,济南:山东人民出版社,2004年。

3.朱强娣:《新四军女兵》,济南:济南出版社,2004年。

4.山东省民政厅编:《光照千秋　山东革命烈士事迹选2》,济南:山东人民出版社,1983年。

5.刘伯超主编,新四军历史丛刊社编:《华中抗日斗争回忆》(十),上海:百家出版社,1993年。

6.全国妇女联合会办公厅、福建省妇女联合会编:《青春在战火中》,福州:福建人民出版社,1997年。

7.荒砂、孟燕坤主编,《上海妇女志》编纂委员会编:《上海妇女志》,上海:上海社会科学院出版社,2000年。

8.中央广播电视总台组编:《了不起的她们　鞠萍姐姐讲巾帼英雄故事》,合肥:安徽少年儿童出版社,2022年。

文章千古事　本色中华魂

——闻一多烈士

1946年7月15日晚，刚刚参加完悼念李公朴大会，并作了激动人心的最后一次演讲的闻一多先生，倒在了血泊之中，鲜血染红了大地。他头部中三枪，胸部、左腕也被击中。他的儿子闻立鹤也中了五枪。一代红色诗人、民主战士、著名学者闻一多先生就此陨落。

闻一多（1899—1946），族名家骅，字益善，号友山、友三，湖北浠水人。中国民主同盟早期领导人，新月派代表诗人和学者，民主战士。1928年，任国立武汉大学文学院院长。1930年，任国立青岛大学文学院院长兼国文系主任。1932年，任国立清华大学国文系教授。1937年，任西南联合大学教授。1941年，任国立清华大学文科研究所中国文学部主任。1946年7月被国民党特务暗杀。

书香世家　诗人学者

1899年11月24日，闻一多出生于湖北浠水县巴河镇闻家铺的一个封建地主家庭。他的祖先是鄂东一带有名的世家望族，书香门第。宽大的院落，门首悬挂着“春生梅阁”四字匾额，两旁镌刻“七十从心所欲，百年之计树人”对联，闻家重教的家风可见一斑。祖父闻佐洼公是太学生，父亲闻固臣是清末的秀才。母亲是太学生刘廷熙的女儿，从小也受过“映雪囊萤”“悬梁刺股”的家教，对子女要求极严格。在祖父和父母亲的教诲和督促下，闻一多潜心读书，勤于思考，兴趣广泛，对绘画的兴致尤为突出。1910年，年仅11岁的闻一多考入两湖师范学堂附属高等小学，和几个嫡堂兄一起到武昌读书。在这所新学堂里，闻一多读到了《新民丛报》《东方杂志》等书刊。1911年武昌起义爆发，他以惊奇的目光目睹辛亥革命的风云。辛亥革命后回到家乡，少年闻一多把武昌起义的情形画成类似连环画的图画贴在墙上，表示真诚地拥护共和。

1912年夏，闻一多在武昌考入清华学校。年仅13岁的他，千里迢迢从家乡到北京上学。入学后，闻一多因英文成绩差，自动留级。1921年快毕业时，闻一多又因支持北京八校教师索薪斗争而罢考，被罚延缓毕业一年。这样，闻一多在清华学习了将近10年。1912—1922年，是中国社会大变革、大动荡的10年，也是闻一多由少年成为青年、由稚嫩走向成熟的10年，是闻一多一生中重要的阶段。它使闻一多这位荆楚少年步入了新的天地，通过接触西方文明，受到了比较全面的现代科学文化知识的启蒙。他除学习读本、文法、图画、数学、音乐、博物、英文等课程外，还听取各种课外学术讲座，参与文学、美术、戏剧、音乐、体育、演讲等众多社团活动。

1922年5月中旬，闻一多结束了清华十年的求学生活，赴美留学，留下了许多脍炙人口的爱国诗篇。

1925年5月，闻一多怀着“振兴国剧”的美好理想提前归国。回国后，闻一多在北京艺术专科学校任教务长，并加入新月社，和徐志摩、刘梦苇等人一起创办《晨报·诗镌》。1926年秋后，到上海吴淞国立政治大学担任训导。1927年春，应邓演达的邀请，到武汉总政治部任艺术股股长。不久，因不习惯军中生活，离开武汉，仍回上海吴淞国立政治大学任职。大革命失败后，他到南京土地局任职，为期甚短。1927年夏，在上海与徐志摩、饶孟侃等人筹办《新月》杂志。1925—1927年，既是闻一多为我国新诗发展作出独创性贡献的三年，又是闻一多在急剧的社会动荡中困惑、迷惘的三年。

1927年秋后，闻一多到南京第四中山大学外国文学系当主任，开始了他的学者生涯。当时，汤用彤、陈寅恪等著名学者都是外国文学系的副教授，而新月诗派后期的著名诗人陈梦家和方玮德则是闻一多的学生。

1928年9月，闻一多应邀到正在筹办中的国立武汉大学出任首任文学院院长。珞珈山前石坊上镌刻的“国立武汉大学”六字，出自闻一多手笔。闻一多先生还设计了国立武汉大学校徽。他还力促校委会聘请文学批评家朱东润和诗人朱湘到国立武汉大学执教，开创新的学科。后因国民党政治势力插手武大，挑起派别之争，闻一多成了被排挤的对象。1930 年 4 月，他向校方提交辞呈。尽管学校竭力挽留，但闻一多去意已决。

多彩年华　执教青岛

1930 年夏，国立青岛大学筹建，闻一多出任文学院院长兼国文系主任。闻一多到国立青岛大学时正是学校初创阶段。那年，国立青岛大学在北平、济南、青岛三处招收一年级新生，闻一多进校第一项工作就是参加招生阅卷。招生阅卷时，闻一多以诗人特有的敏锐，看中了臧克家写的《杂感》：“人生永远追逐着幻光，但谁把幻光看作幻光，谁便沉入了无底的苦海！”给了 98 分的最高成绩，破格录取了数学考试为零分的臧克家。闻一多先是在学校斜对门处租赁了一间房子，房子在楼下一层，阴冷潮湿、光线阴暗。1931 年，闻一多将妻儿送回湖北，只身留校，搬入当时的第八校舍，一所二层德式小楼的二楼。直到 1932 年暑假闻一多先生离开国立青岛大学到母校国立清华大学任教为止，都一直居住在这里。也正是在这里，闻一多写下了《奇迹》，这是闻一多告别诗坛的压卷之作，徐志摩对此评价道：“闻一多三年不鸣，一鸣惊人，出了‘奇迹’。”

当年闻一多居住在这座小楼的二层，现名一多楼

1950 年，国立山东大学将这座闻一多住过的小楼命名为“一多楼”，后来中国海洋大学又在此为闻一多先生塑像立碑，碑文由先生当年的得意弟子臧克家撰文并书写：“杰出的诗人、学者、人民英烈闻一多先生 1930 年受聘于国立青岛大学……瞻望旧居，回忆先生当年居于斯工作于斯，怀念之情曷可遏止？爰将所居，命名‘一多楼’，略事陈设，依稀旧容，并于庭院立石，以为永念。俾来瞻仰之中外人士，缅怀先生高风亮节而有所取法焉。”

在这里，闻一多全身心地致力于《诗经》《楚辞》和《全唐诗》的古典文学研究考证工作，到了如痴如醉的地步。当然，除了上课，他偶尔也会走下楼来，这是因为他听到了书商兜售旧书的叫卖声。他一心扑在学问上，默默地、严肃认真地、一点一滴地在啃、在钻研、在创造。

闻一多在国立青岛大学任教时，除忙于院、系的行政事务外，主要讲授历代诗选、唐诗、英国诗选等课程。授课之外，闻一多继续从事诗歌创作及《诗经》、唐诗研究，取得重大突破性成就。闻一多虽是著名诗人，但平易近人、和蔼可亲，他诲人不倦、循循善诱，常常放下手中的工作来指导青年学子写诗作文。当年闻一多的学生臧克家就曾常到闻一多家中讨教，臧克家的处女诗集《烙印》就是在闻一多的热情指导与帮助下创作出版的。

在国立青岛大学，闻一多的唐诗研究有了很大进步。梁实秋在《谈闻一多》中说："一多在武汉时即已对杜诗下了一番功夫，到青岛以后便开始扩大研究的计划，他说要理解杜诗需要理解整个的唐诗，要理解唐诗需先了然于唐代诗人的生平，于是他开始草写唐代诗人列传，积稿不少，但未完成。他的主旨是想藉对于作者群之生活状态去揣摩作品的涵义。"臧克家在《我的先生闻一多》中回忆道："这时候，他正在致力于唐诗，长方大本子一个又一个，每一个上，写得密密行行，看了叫人吃惊。关于杜甫的一大本，连他的朋友也特别划列成了目录，题名：《杜甫交游录》。"

闻一多的诗经研究是在武汉大学开始的，但他学术成果的基础，则是在国立青岛大学奠定的。他的诗经研究很有创新之处，特别注意运用西方文化人类学的方法，窥视中国文化源头时代人的心态变化，许多观点与传统的注经结论截然不同，后来得到郭沫若的高度评价。

闻一多在国立青岛大学执教期间，校长杨振声是其好友，挚友梁实秋是国立青岛大学图书馆馆长，留美同学赵太侔、邓以蛰也在这里任教。大家以诚相待，生活十分愉快，这可以在他一生少有的一篇即景抒情散文《青岛》中得以一窥。在这篇千余字的短文中，闻一多用诗意浓郁的笔调，对青岛海滨的春、夏、秋三季景色作出了准确、凝练的描绘，读来宛入其境，令人流连忘返。

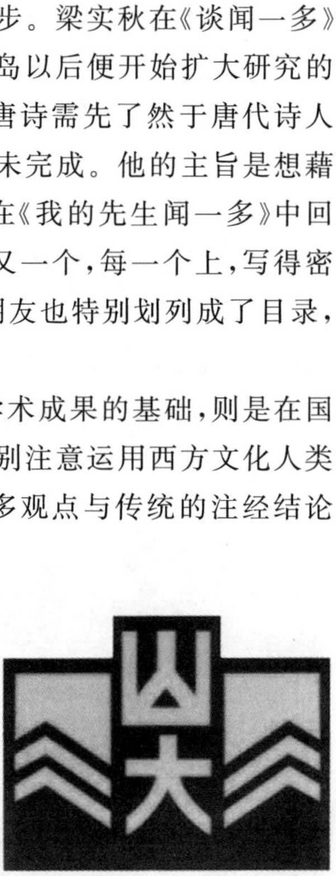

闻一多设计的山大校标

闻一多在青岛居住的时间虽然不过短短两年，但这两年却是他从诗人向学者转变的关键时期。

民主斗士　巨星陨落

闻一多于 1932 年 8 月离开青岛后，应朱自清邀请，回到了阔别十年的清华园，担任国立清华大学国文系教授。闻一多虽埋头在故纸堆中，但他仍然把爱祖国、爱人民奉为自己的天职。西安事变后，他从国家与民族的安危出发，对西安事变的和平解决颇感欣慰，对中国共产党以民族利益为重的宽广胸怀赞不绝口。

1937 年 8 月，国立清华大学奉命南迁，和北京大学、南开大学合组为国立长沙临时大学，文学院设在南岳的圣经学校。闻一多原打算按照清华的规定在国内休假一年，因南下的教授不多，他暂缓休假，来国立长沙临时大学授课。12 月末，国立长沙临时大学奉命迁昆明，闻一多谢绝了乘车坐船绕道越南转赴昆明的规劝，毅然报名参加了学生组织的湘黔滇旅行团，随同广大青年徒步，于翌年 4 月 28 日到达昆明，历时 68 天，行程 3500 里。两个月的徒步旅行成了闻一多一生中最坚实的生活的里程碑。

国立长沙临时大学迁昆明后改名为国立西南联合大学。由于校舍不够，文、法两学院暂设于离昆明 400 里的边城蒙自县。在蒙自，闻一多讲授《诗经》《楚辞》，除了上课不轻易出门，将全副精力投入学术研究。同事们见他精于读书，就送他“何妨一下楼主人”的雅号。抗战期间，昆明物价飞涨，到 1942 年春，昆明物价平均为战前的 60 倍，而教授的工资却没有增加。闻一多为了养活一家八口，不仅挂牌刻印，变卖书籍和衣物，甚至带着孩子抓蝗虫回来炒着吃。就是在这样艰难困苦的条件下，闻一多对《楚辞》、《周易》、《庄子》、《尔雅》、乐府、神话进行了深入的研究，开拓了中国古典文学研究极其广阔的领域。1940 年 7 月，闻一多担任中文系主任。1941 年 8 月，闻一多担任国立清华大学文科研究所中国文学部主任，为国立西南联合大学的学科建设作出了重要贡献。

1944 年秋，闻一多加入中国民主同盟，担任民盟中央执行委员、民盟云南省支部宣传委员以及民盟云南文化工作委员会主任委员和青年委员，思想进入更开阔的境界。他真诚地拥护中国共产党的纲领，并尝试运用马克思主义观点剖析中国社会问题。

透过闻一多关于“知识青年是民主运动的先锋”，“人民大众”是“民主运动的真正的原动力”这些精辟的论述，我们可以看到作为“斗士”的闻一多已经树立了新的唯物观和历史观。

1946 年春，闻一多在与冯友兰的一次谈话中说他“打算用唯物史观底层观点研究中国文学史”。朱自清在《闻一多全集》的序文中，从“闻一多怎样走着中国文学的道路”这个特定的角度，展示了闻一多“斗士藏在诗人里”“学者中藏着诗人，也藏着斗士”的“三位一体”的“三重人格”，讴歌了这位“不寻常的考据家”的姿态和视野。他把“五四”科学民主精神引入学术领域，主张“真能放弃传统意识”，对一切都要重新认识，重新创造。他在“故纸堆内讨生活”，为的是“探求‘这民族’‘这文化’的源头”，看清“我们这民族这文化病症”，“对症下药”，“从历史里”创造“崭新的现代的‘诗的史’或‘史的诗’”。

1945年3月12日，闻一多与吴晗等人一起草拟了《昆明文化界关于挽救当前危局的主张》，严厉驳斥蒋介石当时叫嚷的“要联合政府就是要推翻政府，开党派会议就是分赃会议”，以及所谓“通过宪法、实行宪政、结束训政”的谬论。

1945年8月15日，日本宣布无条件投降。抗战胜利了！人民胜利了！闻一多怀着胜利的喜悦到理发店剃了那留了八年的长胡须。可是，他很快就意识到“剃得太早了”。当李公朴问他“你的胡子是不是剃得早了些”时，闻一多爽朗地说“那就把它再留起来”。闻一多没有重新蓄胡须，但却以更坚定豪迈的步伐踏上了民主运动的新征程。

1946年5月4日，既是五四运动27周年纪念日，又是国立西南联合大学奉命结束办学的日子。闻一多没有参加结业典礼，来到了云南大学至公堂，出席昆明学联举办的青年运动检讨会。闻一多殷切地希望青年都能投身到革命政党的怀抱，在革命政党的领导下，完成中国民主革命的任务。联大复员了，教员本来可以先走，但闻一多留下了。这既是因为有大量的民盟的工作要处理，也为了保护学生的安全，防止特务乘教员走后对进步学生下毒手。联大的同学来辞行，闻一多为他们写了离别赠言——“君子不可以不弘毅，任重道远”，末尾郑重地盖上一枚自刻的印章，上面是“叛徒”两字。闻一多在解释为什么叫“叛徒”时说：“因为我要做一个旧世界的叛徒。”

学生安全了，斗士们却遭到围剿。7月11日早晨，联大最后一批复员同学乘汽车离开昆明，民主运动的种子撒向全国各地。当晚，民主战士、民盟中央执行委员李公朴便遭到特务的暗杀。闻一多镇定自若，他说：“假如因为反动派的一枪，就畏缩不前，放下民主工作，以后谁还愿意参加民主运动，谁还信赖为民主工作的人。”他草拟了《中国民主同盟云南省支部发言人为李公朴同志被暴徒暗杀事件之严重抗议》和《李公朴先生被刺经过》，揭露反动派屠杀革命斗士的罪行。

7月15日，闻一多不顾李公朴治丧委员会的劝告，坚持参加了悼念李公朴大会，并作了激动人心的最后一次演讲。

这天下午，闻一多又赶到《民主周刊》社举行记者招待会，介绍李公朴的事迹，抨击反动派的卑劣行径。五点左右，记者招待会结束，闻一多在回家的路上遭到昆明第六行动组特务们的狙击。闻一多倒在血泊中，鲜血染红了大地。

李公朴、闻一多在昆明相继惨遭暗杀殉难的噩耗传出后，各地各界人士纷纷致函、致电，提出强烈抗议。1946年7月17日，中共中央主席毛泽东、八路军总司令朱德自延安发出致闻一多家属唁电。从大批函电诗文中，可以看出李闻惨案所引起的强烈社会震动和对中国时局走向的深刻影响，各阶层群众充分表达了对人民英烈李公朴、闻一多事迹、人格与精神的敬仰。

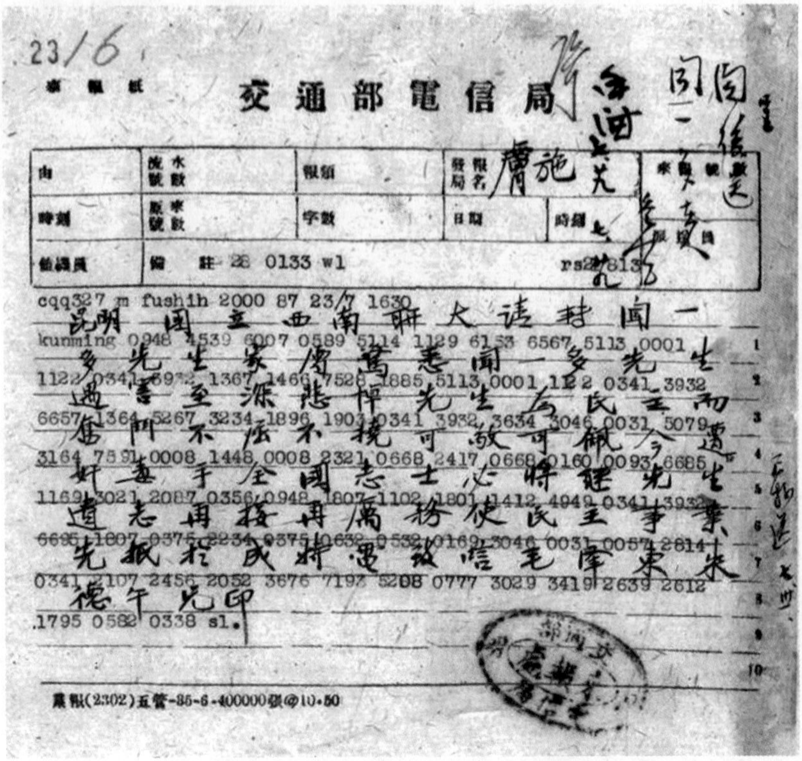
交通部電信局

cqq327 m fushih 2000 87 23/7 1630

昆明国立西南联大请转闻一多先生家属鉴闻一多先生遇害至深悲悼先生为民主而奋斗不屈不挠可敬可佩今遭奸毒手全国志士必将继先生遗志再接再厉务使民主事业克抵于成特电致唁毛泽东朱德午先印

毛泽东、朱德致闻一多家属的唁电

闻一多“以身以命争民主，用力用血奠和平”，四海惊传，普天陨涕。各地隆重举行悼念活动，花圈成山，挽联如林。中国共产党、各民主党派和人民团体，以及各界人士饱蘸着血泪写成的一副副挽联，尽情地抒发了“为民主的未亡人”对“民主导师”的深沉哀思和无限崇敬。1946 年 10 月 4 日，上海市各界五千余人举行李公朴、闻一多追悼大会。毛泽东和朱德的挽联是：“为保卫政协争取民主而牺牲的斗士精神不死！”中共代表团的挽联是：“继两公精神，再接再厉争民主；汇万众悲愤，一心一德反独裁。”周恩来和邓颖超的挽联是：“为民主、为和平、为大众，成仁取义；反独裁、反内战、反特务，虽死犹生。”宋庆龄的挽联是：“血溅金沙，完有大名光宇宙；魂招歇浦，愧无巨笔志功勋。”会上，邓颖超宣读了周恩来亲笔写的哀悼词：“今天在此追悼李公朴、闻一多两先生，时局极端险恶，人心异常悲愤。但此时此地，有何话可说？我谨以最虔诚的信念向殉道者默誓：心不死，志不绝，和平可期，民主有望，杀人者终必覆灭！”

1949 年 8 月，毛泽东在《别了，司徒雷登》一文中说“我们中国人是有骨气”的时候，他想起了闻一多。他说：“闻一多拍案而起，横眉怒对国民党的手枪，宁可倒下去，不愿屈服……我们应当写闻一多颂，写朱自清颂，他们表现了我们民族的英雄气概。”

2009 年，闻一多被评为 100 位为新中国成立作出贡献的英雄模范人物之一。

山东大学校园里的闻一多雕像

参考文献

1.王效挺等主编：《北大英烈》，北京：北京大学出版社，1994 年。

2.闻黎明编著：《闻一多年谱》，北京：群言出版社，2014 年。

3.《闻一多纪念文集》，北京：生活·读书·新知三联书店，1980 年。

4.闻立树、闻立欣编撰：《拍案颂：闻一多纪念与研究图文录》，北京：北京图书馆出版社，2007 年。

5.陈凝：《闻一多传·后记》，《郭沫若学刊》2016 年第 2 期。

忠心何耿耿　为党育人才

——朱达章烈士

为了增强学生的劳动观念，朱达章带领学生开垦了一片荒地作为学校的劳动基地，常常与学生们一起参加生产劳动。他说："我生在桂林，长在广州，过去是个四体不勤、五谷不分的纨绔子弟，参加革命后，补上了这一课。我们参加劳动种菜，不仅为了改善伙食，更重要的是通过参加劳动，改造我们的思想。"

朱达章（1913—1946），原名熊绍琼，笔名司徒华，广西桂林人，诗人。1936年，受党组织委派参加广西第四集团军，曾任上尉宣传部主任。1937年底，到国民革命军第五路军做统战工作。1939年，加入中国共产党。1945年，任华中建设大学教授兼文教系副主任、预科主任。1946年，任临沂山东大学党委书记兼教务长。1946年7月遭国民党特务暗杀牺牲。

脱下长衫去做工

1913年，朱达章出生于一个商业资本家家庭。他天资聪颖，从小热爱文学，能作诗词。小学毕业后，考入广州智用中学。九一八事变后，抗日救国的新思潮不断冲击着青年朱达章，使他开阔了眼界，萌发了救国救民的思想。

1932 年，19 岁的朱达章从智用中学毕业回到家乡，决心不再继续升学，要脱下长衫去做工。当时他的叔父在梧州硫酸厂当工程师，朱达章便在叔父介绍下到厂里当练习生。叔父劝他说："做练习生要起早贪黑，和工友一起劳动，工资又低，你受不了那般苦，再说，咱家也不缺那几个钱。"朱达章说："我做练习生不是为了钱，是为了和工友一起劳作，共享甘苦，磨炼意志。"为磨炼意志，广泛接触社会，他又先后到桂林印刷厂当校对，到他姐夫开的书店当店员，到学校当教员，到省立广西大学图书馆和广西省立图书馆当馆员。

在图书馆工作期间，他怀着强烈的求知欲望和顽强的钻研精神积极自修，常写诗填词，撰写杂文，以此抒发自己的爱国情怀。经过几年的刻苦学习，他在文学艺术上有了较深的造诣。他曾对父亲说："国家在这存亡危机之秋，我堂堂七尺男儿，不思报国，而惜身苟且，将贻笑后世。"

服从安排为统战

一位中共地下党员从朱达章的稿作中发现这位青年思想进步、有爱国热情，便与他取得联系，经常和他谈思想、介绍进步书刊、讲解革命道理，使朱达章受到党的理论启蒙教育。1936 年春，这位中共地下党员介绍朱达章到中共党组织领导的桂林书社做副刊编辑工作。在这里，朱达章受到中共地下党的帮助教育，思想进步很快。面对国民党的不抵抗主义，他满腔义愤，要求亲赴疆场，杀敌救国。党组织考虑他的身世，决定让他到桂系军队做军运工作。

1936 年夏，朱达章在桂林参加广西第四集团军，先后任中尉服务员和上尉宣传部主任。在此期间，他忧国忧民，以笔为刀，写了很多诗词，揭露社会黑暗，反映民众疾苦。1937 年底，朱达章到达武汉后，以司徒华的笔名出版了诗集《秦琶》。《秦琶》内容广泛，有的赞美祖国的山水风光，有的描述广大贫苦民众的生活，更多的是纪念五卅惨案、七七事变等重大事件。第二年春，朱达章来到八路军驻武汉办事处，要求赴延安工作或学习。办事处的人员赞扬了他之前工作的成绩，说明当前第二次国共合作刚刚开始，需要大批力量到友军部队做统战和政治工作，同时说明他在友军部队有基础，劝他再回友军部队工作。朱达章以民族利益为重，放弃个人要求，接受办事处的安排，到国民革命军第五路军一七一师任政治部组织科少校科长，做统战工作。

1939 年春，朱达章向政治部中共地下党组织提出入党申请，由其好友《桂林日报》编辑洪雪村（中共地下党组织成员）介绍入党。入党后，朱达章精神振奋，满腔热情地开展工作。政治部宣传队中，有大批来自各地的男女青年，他们大多数是爱国的，但是非不清、方向不明。朱达章以组织科长的合法身份，向他们进行正面教育，介绍高尔基、鲁迅的作品和马克思列宁主义著作以及共产党的抗日主张。这些男女青年，经过学习教育，看清了八路军、新四军是真正抗日的队伍，他们主动向朱达章等靠拢，后来多数走上了革命道路，有的经过长期锻炼，成为党的领导干部。

1939 年底，国民党反共摩擦加剧，根据中共党组织的安排，朱达章等共产党员和宣传队的大部分进步青年、爱国士兵，分批离开一七一师，进入淮南边区根据地。

1940 年 3 月，淮南边区先后成立滁县等六县抗日民主政府，朱达章任滁县县府秘书兼党团书记，后调任新四军江北指挥部政治部秘书，协助政治部主任邓子恢做地方工作，发展巩固抗日根据地，加强民主政权建设。皖南事变后，原新四军江北部队编为第二师，朱达章任二师政治部宣传部副部长。1943 年春，朱达章到淮南东部地区区委工作。秋天，到华中党校学习。在整风运动中，朱达章受到组织的审查，他始终能够正确对待，坚持党的领导。1944 年秋，朱达章调中共中央华中局，任政策研究室研究员，专门研究民兵问题。他通过实地调研，撰写的有关民兵工作论文印发各地，很有实用价值，受到上级表扬。

言传身教育人才

1945 年春，朱达章任华中建设大学教授兼文教系副主任。冬天，华中建设大学迁到苏北淮阴，朱达章改任预科主任、党总支书记。朱达章的办学风格深受其姐夫唐现之影响，任劳任怨，谦虚待人，在师生中享有很高威望。他带领师生动手搭茅屋，劈木板当课桌，以笔记本代课本，坚持学习。

1946 年春，国民党连续在华中地区制造军事冲突，新四军军部和直属机关及后勤学校等实行战略转移。3 月，华中建设大学自淮阴出发，开始北上。在行军途中，朱达章处处关心爱护同学，他脱下大衣，给衣服单薄的同学御寒，把自己的马让给体弱的同学骑，一些同学的脚扭伤了，他拿着松节油为他们擦，并找来牛车让脚扭伤的同学坐，而他自己却拖着瘦弱的病体来回奔波。有一天黄昏，师生们到达吴集镇，正遇滂沱大雨，朱达章组织人员给同学们找到住处，让大家围着被子取暖，他却头戴斗笠，站在村口等牛车，接掉队的同学。同学们见他全身淋得湿漉漉的，感动地说："朱主任这样关心我们，再大的困难我们也要克服。"

经过 10 天的长途跋涉，华中建设大学 600 多名师生于 1946 年 3 月 14 日到达华东局、新四军军部和山东省府驻地山东临沂，被安排在城东的田家黑士敦等村庄。4 月 5 日，山东省政府决定将在临沂成立的山东大学（后为区别于国立山东大学，一般称临沂山东大学）和华中建设大学合并为新的山东大学，校址在临沂城。朱达章被任命为山东大学管理委员会成员、山东大学党委书记兼教务长。

1946 年 5 月 4 日，两校合并后的山东大学正式开学。陈毅军长、华东局宣传部部长彭康等出席开学典礼并分别作了重要讲话，他们要求师生们增强信心，战胜各种困难，把山东大学办成一所新型的正规化大学。合并后的山东大学下设政治、经济、文艺、教育、医学等系，专科、预科两个部，一个附属中学，共约 2000 人。合并伊始，百绪待理，作为主要负责人，朱达章为临沂山东大学的建设付出了全部的心血。他很注意两校师生的团结，对两校师生同等对待，不辞辛苦地进行个别谈话，帮助大家提高认识，加强团结，相互学习，共同进步。

朱达章不仅致力于教育，为党政军培养和输送人才，而且非常关心政治时局，善于抓住各种机会为党工作，扩大党的影响，并借此向学生进行思想教育。通过一系列工作，广大学生的阶级觉悟迅速提高，学习态度普遍端正，加之课程内容充实，教学方法得当，学校党组织思想政治工作抓得紧，同学们热情高涨，勤奋探索，学习氛围浓厚。朱达章逐渐摸索出了一套较完整的教学方法，他把课堂教学、课外教育、劳动锻炼融为一体，注重学生的劳动实践，组织学生进行社会调查和参加实践活动。学校各类丰富的活动使同学们在政治上受到启迪，思想上受到教育，身体上受到锻炼，学到了专门知识，增长了才干，奠定了建设新民主主义社会的思想基础。朱达章为培养新型的建设人才，为发展繁荣解放区的教育事业作出了积极贡献。

1946 年 6 月 26 日，蒋介石撕毁停战协定和政协决议，大举向中原解放区进攻，全面内战就此爆发。不久，临沂山东大学迁至莒南县汀水镇。7 月 7 日，学校在镇外大树林中隆重举行纪念七七反内战大会，朱达章在会上作了长达 6 小时的报告。他生动而又有说服力的报告，使同学们深受教育，他们痛恨国民党反动派的倒行逆施。最后，全校师生一致通过了反内战通电：要求国民党政府立即撤退一切进攻解放区的部队；彻底履行三大协定和四项宣言；要求美国立即停止对蒋介石的一切军事援助，立即撤退一切驻华美军。

国民党在调兵遣将大举进攻解放区的同时，派遣大批特务，对中共党政军领导人采取暗杀行动。7 月下旬，朱达章回临沂向山东省政府汇报工作。22 日晚，在只身返回驻地途中于临沂县册山区后村被国民党特务暗杀。国民党特务从背后窜出，用绳子勒住朱达章的脖子，强行拖走勒死，将尸体投入井中。

朱达章牺牲后，华东局举行了追悼会，陈毅致悼词，薛暮桥、陈辛等送了挽联。1954 年，朱达章被追认为烈士。1959 年，临沂市人民政府在临沂市兰山区半程镇下艾崮村西的英雄岭前麓建立了“茶山革命烈士陵园”，安葬着朱达章等 214 位在抗日战争和解放战争中牺牲的革命烈士。

茶山革命烈士陵园朱达章烈士墓及陵园简介

朱达章诗词选

朱达章自小酷爱文学，常写诗词，在其投身革命和教育事业的过程中，写下了很多诗词作品，以表达爱国之情。1936 年夏至 1937 年底，朱达章在广西第四集团军政训处工作。他经常以笔做刀枪，写诗揭露社会黑暗，反映民众疾苦，赞颂反帝救国，抒发个人情怀。《无声的中国》《我们的卢沟桥》等诗就是他在这期间写的。

无声的中国

——纪念“五卅”

你爱说“无声的中国”，
中国是无声的么？
我听见了，
十二年前在东南，
有一片众口同声的吼叫：
“我们要活！”

一个人用他的鲜血，
向时间的账簿上画一朵红花，
后来他悄然去了，
他是严肃而壮烈的。

如今度过十二年的岁月，
这朵红花更艳丽了，
你想是隐隐的雷声么？
不啊，那是一片吼声响彻天外！

如今年年五月有个季节，
来纪念那位高明的画手，
那千万口牙一齐咬紧——
要挣脱巨锁走上理想的路程！
会有一天你会不说“无声的中国”，
那时你震得昏去了，
那一声怒吼一声雷！

1937 年 5 月 30 日于兴安

我们的卢沟桥

卢沟桥，我们的卢沟桥，
呆望着永定河的晓月，
在回忆，它永不曾意识到它的苍老，
多少风尘，几回干戈动地，
踏上无数铁蹄的印迹——
它成了北平的锁钥！
有回李自成统兵一直逼上京城，
你，你记得清那时，
永定河边堆积多少血骨？
久了，这年的记忆是模糊的。
我再问你，那回
几国外族的刁兵，
是怎样侵袭过古老的都城？

这回忆是伤心的，
你自己也重重受不了！
卢沟桥这是难言的耻辱，
你甘心背负敌人的寇骑？
想无心再望晓月，你将
哀伤于刺耳的蹄声！
保卫你，我们保卫你，
你看，
抗战的呼叫响彻四方了！
永定河里的水年年潮，
年年的潮不比今年高，
我们的心呀，随着潮，
潮在高，心在烧——
热的心，高的潮，
保卫卢沟桥！
保卫卢沟桥！
保卫卢沟桥！

参考文献

1.临沂市地方史志办公室编:《临沂年鉴1995》，济南:齐鲁书社，1997年。

2.王志民主编:《山东重要历史人物》第8卷，济南:山东人民出版社，2009年。

3.[加]何倩:《百年家国　唐家故事》，桂林:广西师范大学出版社，2021年。

4.魏华龄主编，桂林市政协文史资料委员会编:《桂林文史资料:第22辑先辈足迹》，桂林:漓江出版社，1992年。

5.山东省民政厅编:《山东革命烈士诗词选》，天津:天津人民出版社，1994年。

6.中共临沂市委党史资料征集研究委员会编:《临沂革命斗争史稿:1919—1949》，济南:山东人民出版社，1991年。

碧血凝朝露　曙色染绛红

——戚夯烈士

山河破碎，民族危亡，一个爱国知识分子的良知，使他毅然走出平静的书斋，于不惑之年高举义旗，挺身而出，舍身救亡；知天命之年，痛失爱子，却斗志弥坚，拼死御寇；年近花甲，奉调邯馆铁路办事处，拖着病弱之躯，殚精竭虑，工作不息，直至为国捐躯。他就是戚夯烈士。

戚夯（1893—1948），原名伯黎，字牖民，山东武城人。1940年，加入中国共产党。抗战时期，曾任武城县抗日游击队队长、抗日民主政府代县长、中共冀南第六军分区抗日独立营营长。1916—1917年，就读于山东公立法政专门学校。1948年初，在解放区任邯馆铁路局会计科科长、铁路局筹建处财务处处长。1948年4月27日夜在国民党特务操纵纠集的武装叛乱中牺牲。

年少勤学　矢志报国

1893年，戚夯出生于武城县杨庄乡戚庄村。他成长于一个家境宽裕的环境，其父性格淳朴，虽非饱学之士，却也略通文墨，对儿子抱有厚望。9岁那年，戚夯便被送往乡间学堂接受启蒙教育。随着科举制的废除和新式教育的兴起，他顺利考入武城高等学堂，研习四书五经和古典文学，并增修英语、数学、体育等新兴学科。这些课程极大地激发了他的学习兴趣，开拓了他的视野。在高等学堂深造三年后，他以卓越的成绩被临清中学录取，未及毕业又考入山东公立法政专门学校。然而，正当他满怀壮志、憧憬未来之时，家庭经济却日渐拮据。在学堂修习一年后，戚夯因无力支付学费而中断学业。

在校园岁月里，戚夯以其谦逊和善、安静少言的性格及聪颖勤奋、志向高远的特质，赢得了师长的喜爱和器重。他对文学和历史兴趣浓厚，尤其对历史上的仁人志士怀有极高的敬意。每当提起戚继光的事迹，他总是神采飞扬，口若悬河，对戚氏能出这样的民族英雄感到自豪。这份自豪感激励着他追求自强与进步，他决心效仿先贤，倾毕生精力，为挽救民族危机而奋斗。

廉洁奉公　体恤百姓

1918 年，武城县设立地方自治筹备处，戚夯担任主任。该机构本为政府收集民意、推动自治而设，但在军阀混战的背景下，自治名存实亡，机构徒有虚名。1924 年，武城县成立财政保管处，戚夯担任科长。1930 年，随着财政保管处的撤销和财政局的成立，戚夯升任局长。同年，阎锡山、冯玉祥联合讨蒋战争爆发，武城县原县长离职逃亡，地方秩序陷入混乱。戚夯挺身而出，联合各界维护秩序，确保民众安全渡过难关。他以民为本，关心民众疾苦，因此在武城地区享有盛誉。

1924 年春，戚庄遭到了数百名土匪的攻击。村民们虽勇敢自卫，但因力量悬殊，土匪最终还是洗劫了村庄。先后有 30 多名村民死亡，百余间房屋被焚毁，财产损失更是难以统计。戚夯得知这一惨剧，心情极为震动和悲愤，他立刻返村，详细调查事件经过以及人员伤亡和财产损失情况，并上报县公署，要求救助受害群众。此外，他还前往省公署进行呼吁，并投书报社，陈述戚庄被害惨状，以引起新闻界的同情和支持。经多方奔走，他终于为家乡父老赢得了社会的救济和帮助。

身陷囹圄　痛中觉醒

1935 年，戚夯先后被调至平原和济宁担任财政科长。在接手工作时，他注意到账目存在问题，有多处涂改，经过仔细核查，认定前任科长确有重大贪污行为。前任科长见事已败露，就托人向他疏通，希望以部分贪污款项换取戚夯的沉默。戚夯当即严词拒绝说："这是公款，是老百姓的血汗钱，我们要凭良心办事，岂能蒙混过关！"此人阴谋未能得逞，遂利用与时任省民政厅厅长的关系，向韩复榘诬告戚夯。省政府不分青红皂白，就以莫须有的罪名将戚夯撤职查办，押入历城看守所。

在历城看守所的牢房中，戚夯目睹了那些形容枯槁、衣衫褴褛的囚犯们，他们中有因无力偿还债务而遭囚禁的农民，有被逼无奈走上犯罪道路的"强盗"，还有被官府错抓的无辜之人。这些囚犯不仅要忍受疾病的折磨和饥饿的煎熬，还要随时面对看守们的无情虐待和残酷对待，场面惨不忍睹。戚夯亲身经历了社会的不公和人间的深重苦难，回想起自己在政界的多年沉浮，他夜不能寐，深思国家的前途和命运。在这种腐化的体制下，正义和真理无处可寻，他逐渐认识到，如果不推翻国民党的黑暗统治，广大民众就无法获得真正的解放，政治制度非得改变不可。

获释后，戚夯返回武城，选择了一种离群索居的生活方式，专注于阅读和写作。他将自己在狱中的经历和感悟作为素材，撰写了《狱中杂记》(该手稿在1958年被聊城军分区收集，曾在展览中展出，之后下落不明)。在书中，他揭露了统治者的暴行，表达了自己的愤慨与失望。除此之外，他还创作了自传体小说和若干杂文。在这段时间里，他对鲁迅、郭沫若、蒋光慈、丁玲、郁达夫等作家的作品极为推崇，经常翻阅。他还阅读了《东方杂志》《大众生活》《拓荒者》等进步刊物，这些阅读经历极大地促进了他思想的转变，为他日后投身革命事业打下了坚实的基础。

毁家纾难　舍身御寇

1937年7月，七七事变爆发。戚夯为之震动，民族意识和责任感促使他毅然决然地走出书斋，加入由爱国将领范筑先指派的武城县县长徐占奎领导的临时政府，担任行政科长。但不久，随着日军侵占武城，临时政府被迫解散，戚夯只得返回戚庄老家。

武城失守之后，侵略者开始筹建傀儡政府，招揽了一群土匪、流氓和民族败类作为其帮凶。为了进一步控制人心，他们还计划拉拢一些有影响力的人士加入，以加强殖民统治。得知戚夯在当地有很高的声望，敌人企图用财富和权位诱惑他，希望他能为傀儡政权效力，实现"以华制华"的策略。经过一番策划，敌人派人到戚庄邀请戚夯到县城商谈。戚夯立刻识破了敌人的用心，以身体不适为由当即拒绝前往。

国家存亡的危急时刻，国民党军队纷纷南撤，戚夯感到极度痛心和忧虑，急切地寻找挽救国家的途径。他的儿子戚烽原本在德州求学，事变后返回家乡，并于 1938 年加入中国共产党。戚夯常与儿子分享自己的忧虑和苦闷，并鼓励他投身军旅，为国家效力。戚烽则利用这个机会向父亲阐释当前的严峻局势，讲述自己的革命信念，宣传党的抗日政策。戚夯被党的坚韧不拔和英勇抗战的精神所感染，在绝望中看到了希望。随着敌人不断施压，他不能再以疾病为由回避，面对民族的危机，他也无法再安坐家中。不顾家庭的牵挂和抱病的身体，戚夯毅然作出最后的选择——跟着共产党走，把自己的一切献给革命！誓与日寇血战到底！

戚夯无畏的革命勇气极大地激励了众多热血青年。在他的引领和多次秘密筹备下，以戚庄党支部为中心的抗日小组悄然成立，武城县首支抗日武装诞生。虽然起初只有寥寥数人和几支短枪，但在党组织的引导和民众的支持下，这个小组迅速成长为一支充满活力的人民武装，并积极投身于抗击侵略者的斗争之中。他们破坏敌人的通信线路、处决内奸、抢夺补给、攻击敌人据点，令敌人惶恐不安。在戚夯的带领下，这支队伍不断壮大，很快升级为分区独立营，戚夯担任营长。独立营成立后，战斗行动日益增多，给日伪军造成了重大损失。

戚庄游击队合影

戚夯的革命行动让敌人既憎恨又畏惧。敌人起初试图用高官厚禄来引诱他，但戚夯对此不屑一顾。随后，敌人又没收了他的全部家产。1940 年 5 月，敌人更是突然逮捕了他的女儿、儿媳和还在襁褓中的外孙女，将她们关进了伪警察局，企图通过这种卑鄙的手段迫使他放弃革命。然而，戚夯依然镇定自若，继续投身于革命工作。他曾说："古人云，'天下兴亡，匹夫有责'，我们父子爰举义旗，以救亡图存为己任，早将生死置之度外，誓与日寇血战到底，直到最后胜利。我之亲属身陷囹圄，任凭敌人处置。"1940 年，在王新和刘远光的介绍下，戚夯加入中国共产党，完成了从民主爱国人士到共产主义战士的转变。

一年后，在党组织的不懈努力下，戚夯的家人得以获救。为了全心投入革命，戚夯破釜沉舟，毁家纾难，携全家迁往运西解放区。当时，他的小女儿尚在襁褓之中，带着婴儿行军和工作极为不便，戚夯只得将她寄养在天主教堂。开始，爱人徐竹群舍不得，戚夯开导说："你应该相信革命斗争会胜利的，等打了鬼子再把孩子接回来吧。"遗憾的是，他再也未能见到这个孩子。在戚夯的影响下，家中十余人相继投身革命。他70多岁的父亲在党的鞋袜工厂担任伙食管理员，妻子徐竹群成为厂长，11岁的女儿淑华也常为党送信、放哨。

1941年夏季，戚夯担任武城县抗日政府代县长及民政科长。戚夯不顾个人安全，利用自己在武城知识界和上层社会中的影响力，深入他们中间宣传党的统一战线政策，促使一些富裕家庭和开明绅士自觉出钱出力。冀南地区旱蝗成灾，再加上敌人的掠夺，人民生活极度艰难。尽管戚夯年事已高且身体状况不佳，但他依然每天吃糠咽菜，组织上多次提出要照顾他，他总是婉拒。他平易近人，常常手持旱烟袋，无论走到哪里都与群众同吃同住，深受武城人民的尊敬和爱戴。一次，戚夯在吴庄遭遇敌人，敌人问他身份，他镇定地谎称自己是吴庄的牛贩子。敌人不信，打了他几个耳光。当时戚夯身穿破衣，头裹破布，很像贩牛的穷老头。这时，许多群众走向前说："他是贩牛的，弄这穷老头干什么？"在群众的掩护下，戚夯安全脱险。

1942年12月，戚夯的独子、县大队副政委戚烽英勇牺牲。在儿子的追悼会上，他满怀深情地亲书挽联："对党对国对民族赤胆忠心，对父对母对人民尽忠尽孝。"

老骥伏枥　血沃冀南

1943年夏季，戚夯应组织安排前往太行山区参与整风运动的学习。1944年冬季学习结束后，他被任命为第六专署的文教科科长。随后在1945年夏天，他又被调任为武城县抗日政府副县长。1948年初，在地委进行的整党工作中，由于受到当时"左"倾错误思想的影响，戚夯遭遇了不公正的对待。尽管如此，他并未沉溺于个人的得失之中，始终怀抱着革命的乐观主义，对党和人民保持了一颗赤诚之心。

为了适应形势的发展，迎接解放战争的胜利，党计划在晋冀鲁豫解放区修建一条从邯郸到馆陶的铁路，并特别成立了邯馆铁路办事处。1948年春季，戚

戚夯烈士墓

夯被调至该办事处担任会计科科长，他甫一到任就立刻投入到了繁忙的筹备工作中。尽管年近60，他依然夜以继日地工作，领导和同事们都劝他要注意休息，他总是说："我虽年近花甲，还能再奋斗20年。"这豪言壮语，表达了他对革命事业的赤胆忠心，同志们亲切地尊称他为"老英雄"。当时，解放战争已经进入了战略反攻阶段，国民党反动派在邯郸地区利用反动会道门白阳古教发动武装暴乱。4月27日夜晚，他们纠集了2000多名暴徒，分别包围了肥乡县政府、公安局和邯馆铁路办事处。办事处的全体干部英勇抵抗，击退了暴徒的多次进攻。敌人见攻击不成，便纵火烧房。在激烈的战斗中，戚夯腰部中弹，由于伤势严重且年事已高，最终因失血过多壮烈牺牲，享年55岁。

天将破晓，朝露晶莹。戚夯烈士用自己的生命和鲜血迎来了全国解放战争胜利的曙光。

参考文献

1.中共德州地委党史资料征集研究委员会编:《鲁北党史人物传略》，德州:德州党史资料研究委员会，1986年。

2.山东省武城县地方史志编纂委员会编:《武城县志》，济南:齐鲁书社，1994年。

茫茫原上土　埋骨不埋名

——胡寅烈士

1943—1945 年，胡寅采用声东击西、灵活机动的战术，在章丘指挥对日伪作战数十次，消灭敌人千余人，大长了抗日军民的士气，打击了日伪军的嚣张气焰。他的声威使敌人闻风丧胆，汉奸特务们常用“出去叫你碰上胡寅”的话恐吓彼此。

胡寅（1912—1949），原名胡欣然，中共党员，山东寿光人。1937 年，考入国立山东大学。1932 年，加入中国共产党，曾任八路军山东纵队一旅三团政治处主任、鲁中军区第十二团政治委员、中共章丘县委书记、中国人民解放军第四十一军一二四师政治部主任。1948 年 12 月在河北省喜峰口附近不幸因车祸遇难，时年 37 岁。

探求真理　忠党爱国

胡寅出身于富裕农民家庭。1920 年在本村上小学，聪慧过人，学习成绩优秀，老师们都称赞他品学兼优。1926 年，为避匪患，胡寅随父亲去青岛大英烟草公司打工。在颠沛流离的艰难生活道路上,胡寅饱尝了工人的悲惨生活,激发了他要求民主、立志救国救民的思想。

1928年,胡寅考入寿光城里县立高等小学,翌年因领导学生争民主、闹学潮而被校方开除,后转入崔家庄双凤小学就读。双凤小学是中共寿光党组织活动的中心,学校有进步校长李植庭和数名共产党员执教,共青团组织也一直在学生中活动,广泛传播进步书籍。在校期间,胡寅阅读了不少进步书籍,思想受到启迪。

1931年夏,胡寅以优异成绩考入青岛市立中学。彼时,他经常来往于大英烟草公司各卷烟厂和铁路机务段等处,接触基层工人,接受青岛中共党组织的培养教育。1932年,胡寅加入中国共产党,开始从一个热血青年逐步成长为无产阶级先进分子。他结交了柴立夫、吴强等一批先进知识分子,丰富了革命理论。他积极参加工人罢工运动,组织青岛李村师范、铁路中学、市立中学学生同乡会,开展学生运动,积累了领导革命斗争的经验。此时青岛正处在白色恐怖之下,党组织屡遭破坏,在上级党组织安排下,国立山东大学成为青岛市开展爱国进步活动的主要发源地。胡寅冒着极大风险,坚持与党组织保持联系。1937年,胡寅报考国立山东大学。

1937年,七七事变爆发。中国共产党高举抗日大旗,在事变发生的第二天就向全国发出《中国共产党为日军进攻卢沟桥通电》,指出:“平津危急!华北危急!中华民族危急!只有全民族实行抗战,才是我们的出路!”1937年9月下旬,中共中央北方局号召“共产党员脱下长衫,到游击队去”,时任中共山东省委书记黎玉从延安返回泰安,根据山东的抗战形势,决定在泰安徂徕山举行抗日武装起义。

抗日救国心切的胡寅积极响应号召,带领国立山东大学部分同学,先后去济南、泰安寻找省委。12月下旬,他们在泰安市徂徕山区受到黎玉、林浩、洪涛、景晓村等山东省委领导人的亲切接见。从此,胡寅投入波澜壮阔的抗日活动。他怀着革命的激情昼夜编演文艺节目,在群众中宣讲“抗日则生,不抗日则亡”的道理,动员群众“有人出人,有枪出枪,有钱出钱,有粮出粮”。募捐粮饷,扩大抗日武装。胡寅、孙陶林等

八路军山东人民抗日游击队第四支队在训练中

流亡学生的朴实作风和宣传发动群众的突出表现，得到了党组织的赞许。1938年1月1日，山东省委在徂徕山四禅寺正式宣布抗日武装起义，成立了八路军山东人民抗日游击队第四支队。支队下设两个中队、一个宣传队。胡寅是当时百余名起义抗日战士之一，参加了部队整编。为提高起义人员的政治觉悟和组织纪律性，支队开展了学习教育，以提高觉悟、增强抗战必胜的信心，胡寅成为第一批政治战士。

胡寅参加了徂徕山起义后的第一场战斗寺岭伏击战。1月26日，支队从情报得知有一股日军将从大汶口去新泰，当机立断决定组成突击队，伏击日军。部队挑选了部分精干人员和武器，进入设伏阵地——位于公路边的寺岭庄。下午3点钟，日军的一支马车运输队由大汶口方向进入伏击圈。指挥员一声令下，战士们居高临下向敌人猛烈开火，打得敌人人仰马翻、鬼哭狼嚎。战斗中，胡寅与战士们沉着应战，利用有利地形奋勇杀敌。经过两小时激战，毙伤日军10余名，击毁敌军车一辆。首战告捷，打破了日军不可战胜的神话，增强了指战员们的胜利信心。

徂徕山抗日武装起义旧址四禅寺(大寺)

1938年3月，第四支队从徂徕山区转移到新泰。胡寅先后参加了谷里、烈庄、刘杜、岔河一带宣传抗日和扩大武装的工作。4月，胡寅跟随第四支队，在洪涛、林浩率领下，从莱芜插入博山。在攻打莱芜的战斗中，一举毙俘敌军300多人。经过多次战斗的锻炼，胡寅逐步成长为一名优秀的政治工作者。5月，部队发展到4000余人，整编为三个团和两个直属分队，胡寅任中队指导员。

善战善谋　震慑敌伪

1940年12月，八路军山东人民抗日游击队第四支队整编为山东纵队一旅，胡寅调任一旅三团政治处主任。1941年，部队再次整编，胡寅调任山东纵队四旅十二团政治委员。在抗日战争最艰苦的年代，沂蒙山区发生了特大灾荒，面对日伪残酷的封锁、扫荡，为了解决后勤供给上的极度困难，胡寅与团长石新多次研究生产自救、节约度荒的方案，带头到山沟野岭开荒种地，摘野果、挖野菜充饥。艰苦生活使他得了胃病，但他仍坚持让炊事员把生活标准压低。

1942年,胡寅率十二团一部在鲁南地区活动。7月敌人扫荡后,胡寅率部插入敌后,隐蔽在沂水河边的村里,寻机打击敌人。当时,有一股日军常到河里洗澡,把枪架在河边,且未设岗哨。胡寅率领三十几名战士埋伏在附近丛林,待日军全部下水后突然冲出,一举歼灭日军54人,缴获长短枪50余支,我方无一伤亡。

1942年8月1日,山东纵队四旅改编为鲁中军区部队,胡寅任军区十二团政治委员。在反扫荡、反蚕食斗争中,胡寅先后与石新、武中奇等率部转战泗水、莱芜、沂源、章丘等地,为扩大沂蒙山区抗日根据地作出了贡献。

1943年春节前后,为使鲁中、鲁北抗日解放区联成一片,鲁中区党委和鲁中军区决定选派胡寅任章丘县委书记兼独立营政委,带领章丘军民开展反封锁、反蚕食斗争。胡寅为了掌握章丘的实际情况,组织干部战士深入章丘各村调查情况,察看地形,听取基层干部和抗日群众的意见。胡寅召开县委会会议研究制定了斗争策略:一是加强独立营的武装力量,实行上下结合,先打薄弱之敌,争取主动权;二是积极开展统战工作,团结进步势力,争取中间势力,坚决打击日伪军;三是实行减租减息政策,调动群众的抗日积极性,扩大人民武装。胡寅到任不久,在泰山军分区部队的支援下,集中优势兵力,一举拔除了垛庄据点,毙伤俘敌200多人,缴获大批武器弹药。土顽王启贞部公开投降日寇,在庄科、小龙堂安设据点,充当日寇的马前卒,残杀抗日军民,危害极大。为狠狠打击投降派,经上级批准,胡寅率部将两处敌人分割包围,激战一夜,消灭王部两个营。

统战工作 细致入微

为争取各阶层团结抗日,胡寅坚决执行党的统战政策,做了很多卓有成效的工作。他带领县区干部,深入农村开展减租减息,对工作中出现的问题,亲自调查,及时解决。当时清港泉、大射垛庄的群众发动不起来,胡寅通过调查发现这两个村在处理红枪会问题上有偏差,对操纵红枪会的坏人打击不到位。胡寅立即代表县委向群众赔礼道歉,严惩了隐藏在幕后的汉奸分子,群众很快就被发动起来。

为争取中间势力和瓦解伪顽势力,胡寅做了大量争取教育工作。国民党乡长刘兰圃有爱国之心,他就登门拜访,晓以民族大义,两人成为朋友。后期,刘兰圃为抗日做了不少有益的工作。对伪顽头目,胡寅则分不同情况,有的列其罪状,指明出路;有的阐明政策,解除疑虑;有的则投石探底,考验其态度。在胡寅的争取教育下,国民党地方部队翟毓蔚、周长富、刘振东等部,与章丘独立营建立了交往,减少了摩擦,相互通报了不少日寇扫荡的情报,打击了日军,削弱了国民党的反共势力,为发展扩大抗日力量创造了条件。1945年春,章丘县为泰山军分区输送了大批兵员,其独立营亦扩大到三个整编连,300余人;抗日根据地扩大到七个区，每区建立了30—50人的区中队。在经济上，通过发展生产，广泛开展生产救灾，彻底改变了原来依赖泰山专署统销供应的经济状况，使章丘县在自给自足的基础上，每年还向上级缴纳公粮30余万斤。

鞠躬尽瘁　死而后已

1945年8月，艰苦卓绝的抗日战争胜利了，胡寅奉调任鲁中警备三旅七团政治委员。9月，部队奉命从龙口渡海去东北。胡寅征尘未洗就投入部队的动员教育工作，并顺利完成渡海任务。12月上旬，三旅七团进驻辽宁鞍山地区，整编为东北人民自治军，胡寅投入当地土改建政工作。1947年2月，三旅七团整编为辽南军区独立师一团。胡寅率部参加了解放长春、四平街等重大战役。战斗中，他两次负伤，仍坚持战地指挥，为广大指战员作出了表率。在辽沈战役中，他率部英勇冲杀，捷足先登，被誉为优秀的政治工作者和指挥员。1948年10月，胡寅被任命为东北野战军第五纵队第十三师政治部主任。1948年11月，根据中共中央军事委员会关于统一全军编制及部队番号的命令，东北野战军第五纵队改称中国人民解放军第四十二军，第十三师改称一二四师，徐国夫任代师长，李辉任政治委员，胡寅任政治部主任。

辽沈战役结束后，胡寅所在部队奉命以隐蔽动作入关参加平津战役。部队夜行晓宿，赶往平津前线。1948年12月3日夜，在河北省喜峰口附近，胡寅等人乘坐的吉普车刹车失灵，撞山后翻下悬崖，师长徐国夫负重伤，政委李辉和胡寅不幸光荣殉职。1949年4月，平津战役结束后，胡寅所在部队第四十二军编入第四野战军第十四兵团，在河北涿县召开了一万余人的追悼大会，沉痛悼念李辉、胡寅两位烈士。

青山处处埋忠骨，香菊枝枝祭英魂。胡寅烈士的忠骨安葬于河北省三屯营，中华人民共和国成立后移葬于石家庄华北烈士陵园。

参考文献

1.山东省档案局编：《会聚在党旗下：档案中的革命先烈故事》，济南：山东人民出版社，2011年。

2.中共青岛市委党史资料征委会办公室编：《中共青岛党史大事记：1921—1949》，青岛：中共党史资料出版社，1990年。

电波传两岸　心声焕黎明

——汪声和烈士

1950年9月6日，两辆满载宪兵的卡车缓缓驶出台北法庭，一路驶向台北马场町刑场。卡车上押着汪声和、裴俊夫妇和李朋、廖凤娥夫妇四人。他们下车后，在刑场上高呼口号。汪声和视死如归，从容自若，频频向夫人裴俊点头致意。他们一同慷慨就义，倒在了黎明到来之前的枪口下。

汪声和(1920—1950)，北京人，中共党员，红色特工，无线电机械师。1943—1946年，求学于迁至成都的齐鲁大学文学院政治经济系，曾任学生自治会主席，从事地下工作。1946年，齐鲁大学迁回济南时，汪声和转华西协合大学借读，后中断学业。为了党的工作需要，1947年8月，他到上海，进入国民党民航局任电台台长。中华人民共和国成立前夕，受党委派赴台湾工作。1950年9月6日牺牲。

热血青年　树立理想

1920年，汪声和出生在北平一个知识分子家庭，小学在北平市一小就读，中学在北平市第五中学就读。

1937 年，日本帝国主义发动全面侵华战争，正在北平五中读书的汪声和与二弟汪声鸣目睹了中国受尽侵略者欺压的惨景，义愤填膺。1939 年，汪声和与汪声鸣在北平五中参加了革命工作。

因汪声和的爷爷是清朝王爷家的塾师，当时全家都住在北京什刹海前井胡同七号——王府的后花园内（中华人民共和国成立后改建成小学）。中共北平地下党组织考虑到汪家环境好、地址隐蔽，决定将地下电台放在此处。根据中共北平地下党组织的安排，汪声和与汪声鸣在家里废寝忘食地学习组装电台，练习收发报。

为了隐蔽电台，汪声和、汪声鸣将电台做成普通收音机的样子摆在桌上。当需要收发报时，他们仅需要改装几个电子管就可以将这个“普通的收音机”马上变成一部“土电台”。怎么解决暴露在外面的天线问题呢？他们将院中的大树树皮割开，把天线放在里面。为了解决电台耗电高的难题，他们将路灯的电线接到家中或改装电表。

在中学学习时，汪声和是一名品学兼优的学生。高中毕业后，他按照党组织的安排到了昆明，顺利考入欧亚航空公司（即中央航空公司），任无线电机务员。1939 年，汪声和调往兰州，在西北导航电台工作，担任兰州站无线电机械师一职。

汪声和因不满国民党统治现状，经常研读马克思列宁主义著作和共产主义书籍，思想左倾。调到兰州后，在中共地下党的影响和帮助下，他思想进步很快，逐渐树立了推翻旧世界建立新世界的理想。

秘密入党　投身革命

1942 年春，欧亚航空公司调汪声和去成都做无线电技师。当时成都电台有一个报务员陈甫子（时任董必武同志联络员），因相处渐久，对汪声和的思想渐渐有所了解，因此时常和他谈论一些政治问题。当时蒋介石掀起第三次反共高潮，汪声和在陈甫子家经常可以看到重庆出版的《新华日报》和《群众》杂志（党的刊物），这些报刊对汪声和的思想影响很大。

1942 年 8 月的一个晚上，陈甫子请汪声和到他家里去，说有事要他帮忙。陈甫子从床下的箱子里拿出一部小型收发报机，请汪声和代为修理。经过几个月相处，汪声和对陈甫子的思想也略知一些，认定他可能是共产党的人，于是帮他修好电台。陈甫子向汪声和亮明自己的中共党员身份，希望汪声和也加入中共组织。汪声和说：“考虑一日，后天再回答。”三天后，汪声和下班后来到陈甫子家，表示愿意接受他的介绍，加入中国共产党。

发展汪声和入党后，陈甫子在重庆向董必武同志当面作了汇报。根据组织的安排，董必武同志通过联络员陈甫子直接领导汪声和的工作。中共地下党组织交给汪声和的任务是三项:为中国共产党和第三国际收集情报,负责我党地下电台机件的维护和保养,提高自己的收发报技术。

1943 年 3 月,欧亚航空公司改组为中央航空公司,汪声和被派驻成都站,仍做无线电技师。汪声和入党前后为党组织做了大量工作,提供了大量有价值的敌人情报。

求学齐鲁　领导学运

1937 年 7 月抗日战争爆发后,齐鲁大学迁到成都,在华西坝上借用华西协合大学的校园、校舍、实验室、教学医院和图书设备等条件办学。1943 年,汪声和考入齐鲁大学经济系。刚上大学时,他本想读理工科,但是因为一边在航空公司工作一边读书,时间不够用,最后选择了文学院的政治经济系。两年后,当他辞职时,虽然全部时间都可以用来学习了,但是四年的大学课程已学完大半,再转系学理工是件非常困难的事,所以他只好放弃了学习理工科课程的想法。

齐鲁大学史社系同学合影(后排左为汪声和)

在齐鲁大学学习期间,他一边在中央航空公司工作,一边上学,同时还从事学运和其他革命活动。汪声和是西南地区党外进步群众组织朝明学术研究社最早的成员和筹备人之一。他利用朝明社从事学生运动、领导同学参与革命斗争。朝明社是校际组织,每校成立分社,华西协合大学分社为旷野社,齐鲁大学分社为海潮社,四川大学分社为旭光社,等等。这些分社按期出版壁报,揭发国民党的黑暗统治,吸引中立的同学阅读,扩大影响。汪声和还积极选修朝明社指导彭迪先、黄宪章等进步教授的课程,对经典著作爱不释手。在齐鲁大学发生的几次革命斗争中,如反对国民党反动派发动学生参加青年军、反对国民党校长汤吉禾、争取学生自治会领导权和《齐鲁文摘》事件等,汪声和都在党的领导下站在斗争的前列。

由于斗争取得胜利,他在学生中享有较高的威信,1945 年当选为学生自治会主席。在这所有悠久历史的著名大学,他第一次为进步势力夺取了学生自治会的领导权。当时,中国共产党通过学生自治会领导校内学生开展各种进步活动,十分活跃,进步社团相继成立,学生积极参加革命活动,这引起了反动势力的极大恐慌。他们组织反动势力,对学生自治会主要领导汪声和与陈嘉勋进行了激烈的围攻,说他们“为共产党宣传”,是“赤色帝国主义分子”,要汪声和下台。

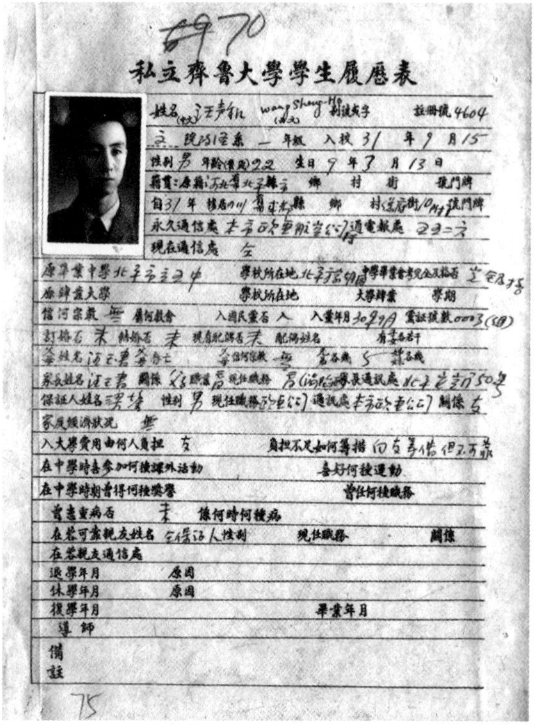
私立齊魯大學學生履歷表

姓名(中文) 汪声和 (西文) Wang Sheng-Ho 註冊號 4604
院 系 一 年級 入校 31 年 9 月 15
性別 男 年齡(實歲) 22 生日 9 年 7 月 13 日
籍貫：原籍 省 縣 鄉 村 街 號門牌
自 31 年 移居 縣 鄉 村 街 號門牌
永久通信處 通電報處
現在通信處 仝
原畢業中學 學校所在地 中學畢業會考是否及格否
原肄業大學 學校所在地 大學肄業 學期
信何宗教 無 屬何教會 入國民黨否 入 入黨年月 黨証號數
訂婚否 未 結婚否 未 現有配偶否 未 配偶姓名 有妻否若干
父姓名 父業何 父信何宗教 無 父存否 兄弟姊妹
家長姓名 關係 現任職務 通訊處
保証人姓名 性別 男 現任職務 通訊處 關係 友
家庭經濟狀況 無
入大學費用由何人負担 友 負担不足如何籌措
在中學時喜參加何種課外活動 喜好何種運動
在中學時期曾得何種獎譽 曾任何種職務
曾患重病否 未 係何時何種病
在蓉可靠親友姓名 人性別 現任職務 關係
在蓉親友通信處
退學年月 原因
休學年月 原因
復學年月 畢業年月
導師
備註

山东省档案馆藏汪声和履历表

但他们两人在党的领导下，在全校进步同学和成都华西坝地区各大学进步力量的声援下，进行坚决斗争，使得反动势力的阴谋最终未能得逞。

1946 年夏，齐鲁大学迁回济南，汪声和按照党组织安排依旧留在成都，转到华西协合大学政治经济系借读，继续学业。

1947 年 6 月，汪声和与裴俊在重庆结婚。婚后接受组织安排，偕夫人去武汉工作。9 月，陈甫子命令汪声和前往上海会晤苏联驻沪领事馆武官顾伦近，并接受其领导。从这时起，汪声和开始接受中共和苏共双重领导。是年冬天，按照党组织的安排，进入了国民党交通部民用航空局担任电台台长，仍留沪工作。

后来“两航起义”成功，与汪声和等长期在民航局从事地下工作的共产党员在群众中做了大量工作是分不开的。1949 年 2 月，汪声和、裴俊夫妇以民用航空局职员疏散名义，由上海外滩码头乘中兴轮赴台。他们在台北蒲城街 13 巷 31 号购置了一栋日式平房，在屋中秘密设立了电台，5—11 月，汪声和在蒲城街居住时，每月都与总台通报两次。11 月，汪声和从蒲城街 13 巷 31 号移居厦门街 133 巷 9 号居住，随后，与总部通报次数改为每周两次。由于通报次数过频、时间过长、双向通讯和通报时间、呼号、波长、电台位置未能经常变换等诸多原因，汪声和电台暴露的风险比过去大大增加。

汪声和与裴俊结婚照

不幸被捕　赴刑就义

1949 年 12 月，国民党军警电信监察所侦测到了汪声和电台大概位置，开始对汪声和的行踪有所怀疑，但因为汪声和电台工作方式非常隐秘，仅能对一些疑点严密监控。

1950 年 2 月，国民党军警从电讯交通上侦测在台北厦门街 133 巷 9 号附近有一个强力的秘密电台。他们日夜埋首侦查，终于在以电讯测向交集点下，锁定二三户日式住屋最为可疑，随后他们以分区停电、查户口、修理水电、防空演习等名目进去查看，但看不出任何可疑之处。最后国民党军统局电讯处处长魏大铭亲自上场，锁定其中一户最为可疑，便进去细查。该户人家为一对年轻夫妇，男名汪声和，似乎为一个正常的小家庭。侦查人员从天花板、墙壁、地板等一一打开细查，竟看不出一点可疑之处。特务们困惑不解，以为弄错了地方，只好退出。正待他们一一走出大门时，魏大铭再回头扫视一遍，突然发现小客厅中一小圆桌的柱脚显得特别粗大，与一般家具不成比例。当即命打开，里面赫然是套强力收发报机。

这种上为圆形桌面，下接四根弧形短木脚的小圆桌在台湾常见，多摆在客厅作茶几用，用它掩护电台效果极好。看见秘密已经暴露，裴俊将一包预藏的毒药硝酸银递给汪声和，夫妇准备共同服毒自杀，但此举被搜查的特务发觉，自杀未成，汪声和夫妇不幸被捕。7 月 20 日，汪声和及夫人裴俊、与汪声和有密切联络的李朋及夫人廖凤娥被判处死刑。9 月 6 日，四人在马场町被杀害。

1980 年，民政部追认汪声和、裴俊为革命烈士。

2009—2014 年，汪声和的五弟汪声光三赴台湾，寻找大哥汪声和夫妇二人的墓碑，分别于 2012 年和 2014 年将烈士的遗骸带回北京八宝山革命公墓革命烈士骨灰堂安放。经过了 64 年，汪声和夫妻终于魂归故里。2019 年 6 月 30 日，汪声和、裴俊两烈士的骨灰盒迁往新落成的北京八宝山革命公墓烈士陵园，永远安葬在那里。

参考文献

1.汪声达、汪声光：《潜伏敌营十三年：革命烈士汪声和的传奇一生》，《炎黄春秋》2021 年第 10 期。

2.岱峻：《红色特工汪声和传奇》，《南方周末》2007 年 4 月 19 日。

3.山东省档案馆馆藏档案，档号：J109-02-0372-050。

社会主义革命和建设时期

华夏有国士　永怀一星辰

——郭永怀烈士

1968年12月4日，郭永怀从青海核试验基地连夜乘机赴北京汇报工作。5日凌晨，飞机在北京机场着陆时失事。临危时，郭永怀将装有重要资料的公文包贴在胸口，和警卫员牟方东紧紧抱在一起，怀揣着对国家和事业的无限忠诚与热爱，用血肉之躯把研究数据文件完整地保护了下来。

郭永怀（1909—1968），山东荣成人，力学家、应用数学家、空气动力学家，中国科学院学部委员，中国近代力学奠基人。1926—1928年，求学于私立青岛大学附属中学。1960年，担负起国防科学研究的业务领导工作，为发展中国核弹、导弹、“东方红”卫星本体及返回卫星等作出了重要贡献，“两弹一星”功勋奖章获得者。1968年12月5日因飞机失事不幸遇难。

勤奋攻读的穷学生

1909年，郭永怀出生在胶东半岛荣成县的一个海边小村西滩郭家村。父亲务农，家境贫寒。郭永怀自幼就帮着家里拾柴火、放牛、赶海。他的叔叔是个秀

郭永怀(左一)在私立青岛大学附中读书时与同学合影

才,看到郭永怀从小好学,就把他带到自己的私塾里去念书。村子里没有高小,读完私塾后,郭永怀考取了离家45里远的石岛镇明德小学。勤奋刻苦使他在班上崭露头角,并以优异的成绩毕业。接着,郭永怀考取了私立青岛大学附中公费生,成了村子里的第一个中学生。

1929年盛夏,贫穷的郭永怀孤身一人来到天津,以优异的成绩考上南开大学预科理工班公费生。当时,学校里有一些学生嫌郭永怀土气,不屑于与他为伍,郭永怀则一头扎进了知识的海洋,并且找到了三五名志同道合的同学,在一起组织了一个新颖的读书会微社。他们平时相互切磋砥砺,星期日聚会,报告交流学习心得,数年如一日,从未间断。微社的同伴后来多数成了学者名流,其中有数学家胡世华、经济学家陈振汉等。他们把郭永怀视为忠厚长者,对他的人品学问十分佩服。1931年,郭永怀转入本科,决心攻读物理学。1933年,这位渴求知识的青年得到了北京大学物理系的奖学金。从此,他在名师指点下,学业上更加突飞猛进。

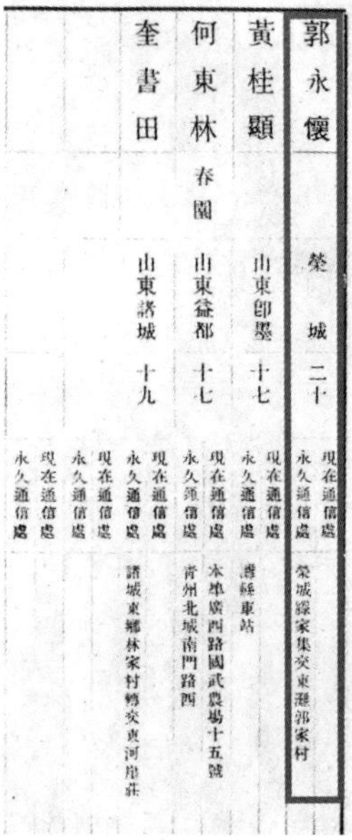

郭永懷		榮城	二十	現在通信處	永久通信處 榮城𣿬家集交東灘郭家村
黃桂顯		山東即墨	十七	現在通信處	永久通信處 濰縣東站
何東林	春園	山東益都	十七	現在通信處 本埠廣西路國武農場十五號	永久通信處 青州北城南門路西
奎書田		山東諸城	十九	現在通信處	永久通信處 諸城東鄉林家村轉交東河崖莊
				現在通信處	永久通信處
				現在通信處	永久通信處

山东大学档案馆藏私立青岛大学同学录

1938年,郭永怀随校迁往昆明国立西南联合大学。这时他的兴趣从光学转向力学。当时,他借住在昆明的昆华中学高中部。一个小小的四合院里真可谓人才济济,其中有后来成为知名学者的钱伟长、林家翘、段学复、汪德熙等人。1939年仲夏,传来招收中英庚款留学生的消息。郭永怀与钱伟长、林家翘一同应试,全部被录取。1940年9月郭永怀出国,开始了留学生涯。

在跨声速领域取得重大成就

1940年9月,郭永怀同钱伟长、林家翘一道远涉重洋,来到加拿大多伦多大学求学。他们在该校应用数学系知名教授、力学家辛吉(J. L. Synge)的亲自指导下进行学习。半年之后,他们都取得了出色的成绩。郭永怀在加拿大不到一年,就完成了《可压缩黏性流体在直管中的流动》这篇具有独特见解的论文,获得了硕士学位。接着,他向辛吉教授表示要研究一个更难的课题:可压缩流体跨声速流动的不连续问题。由于导师对此也不甚熟悉,郭永怀决心求教于当代航空大师冯·卡门(Theodore von Kármán)。

1941 年 5 月,郭永怀来到美国加州理工学院所在地帕萨迪那。那里有一大批世界上最优秀的流体力学和空气动力学专家聚集在冯·卡门身边,有装备最为先进的古根汉姆航空实验室,这对于立志投身航空工业的郭永怀来说,实在是一个难得的优良环境。他向冯·卡门陈述了自己想攻克跨声速难题的想法,不料正中冯·卡门下怀。这位性格热情的大师对站在他面前的腼腆的青年十分喜爱。他自己和他的同事也正在探索这个棘手的问题。

冯·卡门非常钦佩这个中国青年的无畏精神,他逢人便讲:“郭正在做一个最难的课题,你们不要用零碎事情去打扰他。”从此,郭永怀开始了最艰苦的研究工作。

历经困难、挫折和失败,经过 4 年多的时间,郭永怀终于在跨声速流动的研究上取得重大成果。1945 年,他以坚强的毅力完成了有关跨声速流动不连续解的出色论文,获得了博士学位。

郭永怀在跨声速领域里的学术成就获得了世界公认。值得指出的是,他和钱学森一起提出了上临界马赫数的概念。这是一项重大发现,为解决跨声速飞行的工程问题提供了理论基础。由于科学家和工程师的共同努力,人类终于在 1948 年突破了“声障”,跨声速飞行获得了成功。郭永怀的研究成果在其中起了重大作用。

在应用数学方面作出重大贡献

1946 年,由于郭永怀在空气动力学研究方面作出了突出贡献,在康奈尔大学主持航空研究生院的西尔斯(W. R. Sears)教授决定聘请郭永怀前去任教。9 月,郭永怀来到美国东部风景秀丽的城市伊萨卡。在那里,他度过了十个春秋,主要从事黏性流体力学研究。

郭永怀在冯·卡门的影响下继承了优良的科学传统,以科学和工程融合的态度从事研究工作。由于他擅长数学分析,因而能高屋建瓴,洞察复杂的数学方程的本质,准确无误地估计各物理量的数值关系,驾轻就熟地获得简洁、优美、合用的数学结果。在求解跨声速问题时,就是在函数论方面的高深造诣,使他比别人处于有利地位,克服了速度图法(hodograph)中的难点,捷足先登。

1953 年,郭永怀发表了《在中等雷诺数下绕平板的不可压缩黏性流动》一文,提出了准确描述平板前缘流场的新结果。之后,他再接再厉,用这一方法解

郭永怀出国时的证件照

决了有关的激波—边界层相互作用问题，于 1956 年发表了这一成果。这两项成果已经成为奇异摄动理论的经典。1956 年，钱学森在综述这一有普遍意义的数学方法时，为了纪念对此作出贡献的开创者，把它命名为 PLK 方法，即庞加莱—莱特希尔—郭永怀方法。

郭永怀在栖身国外的日子里，深切怀念着处在水深火热中的祖国。中华人民共和国成立前夕，康奈尔大学校园内出现了一个进步组织——中国科学工作者协会美国分会，他欣然参加，而且有会必到，还经常把朋友们邀请到家里，热烈地讨论祖国的命运和未来。1949 年 10 月 1 日，中华人民共和国成立，回国探亲的夫人李佩给他带回了祖国经历历史性巨变的佳音。他俩恨不得立即飞回祖国，参加建设，但回国阻力重重。

1955 年，周恩来总理在日内瓦经过外交上的斗争，赢得了胜利，钱学森归国了，郭永怀更是归心似箭。1956 年 11 月，郭永怀毅然放弃了在美国已经获得的荣誉、地位和优裕的工作、生活条件，回到了阔别多年的祖国。

开拓我国力学事业

郭永怀回国后不久，就与钱学森共同承担起刚成立不久的力学研究所的学术领导工作。郭永怀同力学界专家们一起运筹帷幄，认真研究了近代力学的发展方向，开拓了一些有重要意义的新兴领域，制定了学科发展规划，提出了开展力学研究的正确途径，使我国力学界的面貌大为改观，在短短的几年内，某些方面已接近世界水平。

1957 年，郭永怀经过精心准备，在力学研究所作了“现代空气动力学研究”的报告，运用他丰富的学识提出了国内空气动力学(特别是高超声速空气动力学)的发展方向，发表了许多深刻的见解。1958 年春，他和力学研究所所长钱学森、党委书记杨刚毅给力学研究所制定了为“上天、入地、下海”服务的发展方向，提出了要填补原有空白，大力进行空间技术、高速空气动力学、爆炸力学和高速水动力学的研究，对力学研究所日后的发展产生了重大影响。

20 世纪 50 年代，人类进入了空间技术时代，一些发达国家积极开展巨型导弹与火箭、人造卫星的研制。这时飞行器的速度已经接近或达到摆脱地球重力所必需的第一宇宙速度，于是高超声速空气动力学自然地成了力学研究的前沿阵地。郭永怀毫不迟疑地从理论研究和实验研究两方面组织队伍开展工作。由于郭永怀的出色组织和指导,他们在高超声速气体流动力学的理论研究方面取得了丰硕的成果。

郭永怀很早就认识到,必须在飞行器表面涂上防热材料(即烧蚀材料),并且坚定地认为,在做理论研究的同时,必须大力开展烧蚀材料的实验研究。在国际技术保密的状况下,国内必须因陋就简、自力更生地开展工作。20 世纪 60 年代,力学研究所和有关单位的同志们按照郭永怀提出的理论方法继续进行实验和理论研究,在极其困难的条件下摸索出了行之有效的防热途径。我国洲际导弹的试制成功和人造卫星的返回,标志着我国科学工作者在克服"热障"方面迈出了可喜的一步,而这里面就凝聚有郭永怀的一份心血。

郭永怀在从事高超声速课题的理论研究和分析计算的同时,对实验研究也十分重视。在郭永怀的指导下,科研人员研究起激波管、激波风洞,代替大型风洞进行实验研究。这为基础研究和国防任务提供了大量可靠的数据,为我国气动实验基地建设同类大型实验设备摸索了途径,更为重要的是培养了一批既懂实验技术又会理论分析的人才。

爆炸力学这个迅速发展的新学科也曾经引起郭永怀的极大关注。20 世纪 50 年代末期,他就亲自过问,组织起一支研究队伍。在他的关怀下,在当时还很年轻的室主任郑哲敏的率领下,爆炸力学研究室迅速地成长了起来。这个研究室多年来进行了上千次实验,完成了爆炸成型、定向爆破、穿甲破甲等方面的许多重要任务,多次获奖,为社会主义建设作出了积极贡献,并在爆炸相似律、空化理论、流体弹塑性模型等方面为爆炸力学这门新兴学科充实了内容。

为研制核武器而奋斗

1980 年 1 月,钱学森在《郭永怀文集》后记中写道:"郭永怀同志归国后,奋力工作,是中国科学院力学研究所的主要学术领导人;他做的比我做的多得多,但这还不是他的全部工作。1957 年初,有关方面问我谁是承担核武器爆炸力学工作最合适的人,我毫无迟疑地推荐了郭永怀同志。郭永怀同志对发展我国核武器是有很大贡献的。"

事实确实如此。郭永怀认为"千里之行,始于足下",必须首先组织起精悍的研究队伍,让大家充分掌握必需的基础科学知识。他和大家一起制定了近期、远期规划和研究措施。对于飞行力学、流体力学和环境科学等方面的问题,他给大家进行了细致入微的指导,并亲执教鞭,给大家讲授爆轰学这门涉及流体力学、固体力学、高温物理学和化学的边缘学科。他事必躬亲,不仅为大家安

郭永怀(右一)和钱学森(右二)在核武器试验基地

排了各种研究课题,而且自己动手做了大量的计算工作,解决了核武器研制中许多重大的疑难问题。为了攻克科学和工程技术难关,他亲自参加和主持各种技术委员会、研究班、讨论会,以他渊博的知识提出了很多极有价值的意见和建议,为我国核武器研究作出了积极的贡献。由于他和同志们的共同努力,我国核武器的水平在短时期内迅速接近世界水平。

1964 年 10 月 16 日,当我国上空升起第一朵蘑菇云时,他正在现场附近,其激动的心情是可以想象的。此后,他更加兢兢业业地投入新的战斗。除了参与核武器研制工作之外,他还对火箭发动机、超低空导弹、反导弹武器的研制和第一颗人造卫星的设计作出了重要贡献。

辛勤培养力学人才

回国后不久,郭永怀就与周培源、钱学森、钱伟长等一起,规划了全国高等学校力学专业的设置,组织领导了三届全国力学研究班。郭永怀亲自指导的八位研究生中,有三位成为中国科学院院士。

1958 年春,他和钱学森一起提议:为培养我国未来的航天科研人员,成立星际航行学院。此提议后来由中国科学院报经中央批准后,决定成立涵盖各重要学科和边缘科学研究的中国科学技术大学。郭永怀担任中国科学技术大学化学物理系主任,为该系的创立操劳筹划;同时,他还在该校的近代力学系开课,讲授边界层理论;他亲自带研究生,培养助手,指导一批青年搞研究工作。他循循善诱,诲人不倦,以渊博的学识和出色的指导艺术,以全部热情和关怀,为祖国造就了一大批优秀人才。

1962 年夏,郭永怀开始为在中国科学技术大学开讲"边界层理论"紧张备课,同助手们一起编写讲义。他几次放弃休假疗养的机会,坚持与助手们一起紧张工作,经过几个月的时间,终于编出了第一流的《边界层理论讲义》。

郭永怀不苟言笑,但对青年一代总是寄予深情,和蔼可亲。他对于所安排的头绪众多的课题,心里有一本"明细账"。青年研究人员经常会收到他写来的纸条,上面是他那刚健的手迹,往往写的是几篇可供参考的文献;有时,他亲自把书籍、文献送到青年人手里;有时,他突然跑来与大家讨论,用他考虑到的一个更好的想法来解答上次提出的问题;对于青年同志写的研究报告,他都要反复推敲,仔细修改。为了业务工作,大家可以随时去叩他的门,而他总会放下手头的工作,与来人热情地讨论。郭永怀就像一个辛勤的园丁,为培养年轻一代的力学工作者付出了巨大的心血。

治学严谨　勤奋终生

在学术问题上,郭永怀以严谨著称,从不容许含糊其词、模棱两可,更不容许草率从事、滥竽充数。他毕生发表的科学论文为数不多,但每篇都有一定的分量和价值。在发表之前,他总要反复核实,斟字酌句,非常慎重。回国以后,为了教学的需要,也为了系统介绍国外流体力学的经典著作,他亲自动手翻译普朗特(Ludwig Prandtl)著的《流体力学概论》。为使译著准确流畅,他反复对照了德文原版和英文译本,和有关同志商讨了数十次;对原书疏漏之处,他还加上了注释。前后历时 8 年,直至他牺牲后此书才正式出版。在指导科研工作的过程中,他要求制订工作计划时必须有指标、有进度,而且切实可行,如果空洞无物或言过其实就要退回重新制订;对于学术报告,他要求论点鲜明,论据充足,在一定条件下给出肯定或否定的结论;学术讨论中,他绝不放过任何一个细微的错误。

郭永怀坚持实事求是,从不人云亦云,一旦发现真理不在自己这一边,就及时修正错误。郭永怀对人严格,一丝不苟,但却平易近人。有时,即使他的意见是正确的,但客观上难以实现,他也会及时收回。他曾不止一次地对青年们说:“我给你们提的建议看法仅供你们参考,不一定按我的办法做,一切要经过实践的检验。”正因为他实事求是,坚持真理,虚怀若谷,不以势压人,所以他在人们心目中的威望更高了。

1965 年,郭永怀曾经讲过:“我作为一个中国人,特别是革命队伍中的一员,衷心希望我们这样一个大国早日实现四个现代化,早日建成繁荣富强的社会主义国家,来鼓舞全世界革命的人民。”他为实现这个宏伟的目标献出了自己的一切。

1968 年 12 月 5 日,郭永怀从核试验基地返回北京,飞机在北京机场着陆时失事。临危时,郭永怀将装有重要资料的公文包贴在胸口,与警卫员牟方东紧紧抱在一起。飞机坠毁后,救援人员在他们烧焦的遗体间发现了保存完好的公文包。1968年12月25日,郭永怀被追认为烈士。同日,中国第一颗热核导弹试验成功。1999年9月18日,郭永怀被追授"两弹一星"功勋奖章。

参考文献

1.江山主编:《家国情怀大师风范:"两弹一星"元勋郭永怀》,合肥:中国科学技术大学出版社,2016年。

2.中国力学学会、中国科学院力学研究所编:《郭永怀文集》,北京:科学出版社,1982年。

3.山东大学档案馆馆藏档案,档号:XSZL-1-10-2。

后　记

《山大英烈》编写工作早在2021年中国共产党成立100周年、山东大学建校120周年就开始酝酿，在本书主编搜集整理英烈人物生平简介的基础上，于2023年11月正式启动。

《山大英烈》编写工作启动之后，第一时间确定了编写工作方案(内容包括编写目标与任务、编写计划与进度安排、编写要求和人员分工、参考范例等)，成立了由山东大学档案馆、校史办人员组成的《山大英烈》编写组。在编写组多次讨论、反复论证和研讨的基础上，研究制定了《山大英烈》编写要求。成立《山大英烈》资料搜集小组，前后召开编写工作碰头会、交流会、推进会、研讨会、组稿会等十余次专题会议，六易其稿，多次审校。

本书主编对《山大英烈》的编写进行了系统谋划，明确了编写要求、编写体例、选材方法，对《山大英烈》进行了通稿和审核。本书副主编协助主编协调和推进《山大英烈》编写工作，对《山大英烈》文稿进行汇总、整理和审校。山东大学档案馆、校史办参编人员积极认真参加本书的编写，承担的编写工作如下：田雪华负责丛琯珠、姚第鸿、李淑铭烈士事迹的编写，初桐负责王以成、孔祥柯、王兴选烈士事迹的编写，杨洁负责张同普、王乐平、段亦民烈士事迹的编写，郑毅负责秦明堂、王全斌、周浩然烈士事迹的编写，苏红燕负责徐镜心、吴大洲、徐镜古、隋理堂、刘谦初、杨明斋、陈振麓烈士事迹的编写，张鹏负责班麟书、闻一多、汪声和烈士事迹的编写，楼蔚文负责刘冠三、胡寅烈士事迹的编写，李晨负责秦茂轩、何春尧、杨耕心烈士事迹的编写，于梦文负责彭明晶、祖茂林、何以文烈士事迹的编写，樊树娟负责于培绪、里希、朱达章烈士事迹的编写，史永志负责张倬甫烈士事迹的编写，常杰负责乐以琴烈士事迹的编写，孙华负责张自忠烈士事迹的编写，赵海负责戚夯烈士事迹的编写，路云生负责郭永怀烈士事迹的编写。资料搜集小组成员路云生、苏红燕、田雪华、李晨、于梦文、郑毅、初桐对《山大英烈》资料进行了补充和完善。赵海、史永志、苏红燕、田雪华、于梦文、郑毅参加了书稿的集中审校工作。

由于编写时间紧张，掌握资料不全，能力水平有限，本书难免存在错漏和遗憾，敬请读者批评指正，以便以后补充修正。本书编写过程中参阅引用的文献较多，存在标引不详尽的情况，在此对文献的作者表示衷心感谢。《山大英烈》编写工作得到了山东省档案馆等单位的大力支持和帮助，李建军、崔华杰、杨国山参与了书稿审阅，一并致谢。

《山大英烈》编写组

2024 年 10 月